Josef H. Reichholf:
Der Tropische Regenwald
Die Ökobiologie des artenreichsten
Naturraums der Erde

Vorwort von Prinz Bernhard der Niederlande
Mit 19 Zeichnungen von Andreas Suchantke

Deutscher
Taschenbuch
Verlag

Originalausgabe
Mai 1990
© 1990 Deutscher Taschenbuch Verlag GmbH & Co. KG,
München
Umschlaggestaltung: Celestino Piatti
Umschlagfoto: Bildagentur Mauritius/Thonig, Mittenwald
Gesamtherstellung: C. H. Beck'sche Buchdruckerei,
Nördlingen
Printed in Germany · ISBN 3-423-11262-X

Das Buch

Seit Menschengedenken wurden Wälder abgeholzt zum Nutzen des Menschen und seiner Zivilisation. Jetzt trifft die Vernichtung besonders den Tropischen Regenwald. Warum treten
die Mahner und Warner gerade dabei so vehement auf den
Plan? Was hat es mit dem Tropischen Regenwald auf sich,
warum werden verheerende Auswirkungen für den gesamten
Erdball prophezeit? Die Antwort läßt sich auf einen einfachen
Nenner bringen: Der Tropische Regenwald ist der vielfältigste
und artenreichste Naturraum der Erde; ein einzigartiges System naturgewachsenen Lebens, das außerdem entscheidend
zum gesamten Erdklima beiträgt. Josef H. Reichholf beschreibt
in diesem Buch das phantastische Ökosystem des Tropischen
Regenwaldes, der auf den ersten Blick nur eine gigantische, von
Ameisen bevölkerte grüne Masse zu sein scheint. Die biologische Reise des Autors durch dieses Paradies, das für den Menschen eher die sprichwörtlich grüne Hölle darstellt, vermittelt
neben einer Fülle von faszinierenden Details genaue Einblicke
in die ökologischen Zusammenhänge: in das höchst differen-
zierte Zusammenspiel der Tier- und Pflanzenwelt, des Nähr-
stoff- und Wasserkreislaufes. Erst wenn man diese Zusammenhänge erkennt, kann man begreifen, wie folgenschwer die Störung dieses sehr empfindlichen Gleichgewichts ist. Abgeholzte
Wälder kann man wieder aufforsten – den Tropischen Regenwald nicht.

Der Autor

Josef H. Reichholf, am 17. April 1945 in Niederbayern gebo-
ren, seit 1985 Professor in München. Er ist Wissenschaftler an
der Zoologischen Staatssammlung, München, und lehrt Evolutionsbiologie, Tiergeographie und Ökologie. Mitglied verschie-
dener internationaler wissenschaftlicher Vereinigungen, Vor-
standsmitglied des deutschen World Wide Fund for Nature
(WWF). Neben vielen Fachpublikationen veröffentlichte er
eine große Zahl von Büchern, darunter zuletzt ›Das Rätsel der
Menschwerdung‹ (1990).

Inhalt

Vorwort von Prinz Bernhard der Niederlande . . . .　7

Prolog
Halbzeit im Sterben der Tropischen Regenwälder . . . .　9

 1 Rahmenbedingungen . . . .　13
 2 Zentrum des Artenreichtums . . . .　26
 3 Vögel . . . .　42
 4 Insekten . . . .　56
 5 Insektenstaaten . . . .　62
 6 Farbenpracht und Gigantismus . . . .　76
 7 Merkwürdige Frösche . . . .　95
 8 Panzerechsen und Riesenschlangen . . . .　104
 9 Singende Fische . . . .　108
10 Enten und andere Wasservögel . . . .　116
11 Geheimnisse des Vogelzugs . . . .　124
12 Kolibris . . . .　128
13 Säugetiere . . . .　133
14 Primaten . . . .　143
15 Ökosystem Regenwald . . . .　152
16 Drei Grundvoraussetzungen . . . .　165
17 Tropische Diversität . . . .　170
18 Von der Nutzlosigkeit der Nutzung . . . .　177
19 Der wahre Wert der Tropischen Regenwälder . . . .　187

Literatur . . . .　193
Register . . . .　203

Erst langsam beginnen wir zu begreifen, wie wertvoll und unersetzlich tropische Wälder für uns alle sind. Sie sind die größten Schatzkammern der Erde, beherbergen über die Hälfte aller Tier- und Pflanzenarten und sind ein unerschöpfliches Reservoir an biologischer Vielfalt. Darüber hinaus sind tropische Wälder der Lebensraum vieler Naturvölker; sie spielen eine unerläßliche Rolle in der Aufrechterhaltung ökologischer Prozesse und beeinflussen entscheidend das regionale und weltweite Klimageschehen.

Seit Jahrhunderten leben Naturvölker in Harmonie mit den Wäldern, jagen und fischen dort, legen Hausgärten an, bewirtschaften und nutzen die Vielfalt dieser einzigartigen Ökosysteme, ohne sie auszubeuten oder zu zerstören.

Früher bedeckten tropische Wälder noch 12 Prozent der Landfläche auf der Erde, 1982 errechnete die Welternährungsorganisation FAO nur 7 Prozent. Auch diese Zahl ist inzwischen weit überholt. Wissenschaftler schätzen, daß es heute wahrscheinlich gerade noch 5 Prozent der Erde sind, die von tropischen Wäldern bedeckt sind. Der Grund: die Zerstörung durch den Menschen. Zur Zeit werden jährlich mindestens 20 Millionen Hektar geschlossener Tropenwälder – eine Fläche nahezu so groß wie die Bundesrepublik – abgeholzt, gerodet und niedergebrannt. Tagtäglich geht damit die unwiederbringliche Ausrottung vieler Tier- und Pflanzenarten und somit eines unersetzlichen genetischen Reservoirs einher.

Die Mitverantwortung der Industrieländer an der Zerstörung ist in den meisten Fällen groß.

Seit seiner Gründung im Jahr 1961 engagiert sich der WWF (World Wide Fund for Nature) für den Schutz tropischer Wälder, von Anfang an eine Priorität seiner Arbeit. Neben der wissenschaftlichen Erforschung dieser komplexen Ökosysteme setzt der WWF sich für die Ausweisung von Schutzgebieten zur Entwicklung von kontrollierten Nutzungskonzepten in den angrenzenden Zonen ein. Diese werden gemeinsam mit der örtlichen Bevölkerung in Anlehnung an ihre traditionellen Bewirtschaftungsweisen erarbeitet. Darüber hinaus fördert der WWF die Wiederherstellung und naturverträgliche Nutzung von bereits gestörten Naturwäldern und Waldbrachen. Der flächendeckende Schutz von Primärwäldern zählt zu einem Hauptziel der WWF-Arbeit. Denn diese sind für eine Erschließung und nachhaltige Nutzung in der Regel ungeeignet, im Hinblick auf ihr genetisches Potential und als Lebensraum von Naturvölkern einzigartig. Wir dürfen ihrer Vernichtung nicht länger tatenlos zusehen oder durch den Transfer moderner Technologie, Kreditvergabe oder Investitionen sogar noch fördern.

Dieses Buch unterstützt die Arbeit des WWF zum Schutz tropischer Wälder in hervorragender Weise, indem es umfassend über ihre biologische Vielfalt und ihren Wert für alle Menschen aufklärt. Denn: Nur was wir schätzen, werden wir schützen. Daher wünsche ich dem Buch eine weite Verbreitung.

Prinz Bernhard der Niederlande
(ehemaliger Präsident des WWF International)
Schloß Soestdijk, im Frühjahr 1990

Prolog
Halbzeit im Sterben der Tropischen Regenwälder

Tropische Regenwälder bedecken gegenwärtig rund 7 Millionen Quadratkilometer der Erdoberfläche. Aber das ist nur noch die Hälfte des ursprünglichen Bestandes. Das, was fehlt, wurde in den letzten 30 Jahren vernichtet. Und dieses Zerstörungswerk schreitet mit zunehmendem Tempo voran, die Geschwindigkeit läßt sich in nackte Zahlen fassen: pro Jahr nun schon fast eine Viertelmillion Quadratkilometer. Das entspricht der Fläche der Bundesrepublik Deutschland. Pro Tag die doppelte Fläche des Stadtgebietes von München, und in dem kurzen Augenblick, in dem man den Buchtitel ›Der Tropische Regenwald‹ liest, hat die Erde einen Hektar eben dieses Regenwaldes verloren. Es wird nicht einmal mehr 30 Jahre dauern, bis dieser Wald nahezu vollständig verschwunden ist, wenn die Vernichtung so weiterläuft wie in den letzten Jahren.

Vielleicht kommt es aber auch nicht so weit. Es werden wohl genug Restflächen übrigbleiben, die man als Reservate erhält – für die Naturfreunde, damit sie die Natur der feuchten Tropen im Urzustand besichtigen können, so wie sie war, bevor die Wälder gerodet und in Ackerland, Viehweiden oder Plantagen umgestaltet wurden. Wir in Mitteleuropa leisten uns ein gutes Prozent der Landesfläche als Naturschutzgebiete. Verglichen mit diesem Standard, stehen somit heute noch 49 Prozent der Regenwälder in den Tropen zur Disposition. Genau genommen noch mehr, weil sich bei uns die Schutzgebiete keineswegs nur auf den Wald beziehen, sondern auch auf Gewässer und Gebirge, auf Trockengebiete und Nutzungsformen der Kulturlandschaft. Die 3 bis 5 Prozent Tropischen Regenwaldes, die weltweit bereits unter Schutz stehen, würden also völlig ausreichen, um den künftigen Generationen repräsentative, schöne Stücke dieses Großlebensraumes zu erhalten. Wenn wir schon mit Zahlen spielen und Vergleiche anstellen, dann müßten wir sogar die Umkehrung akzeptieren: Wir, die Industrienationen, sollten uns nach besten Kräften bemühen, ähnlich hohe Anteile der Landesflächen unter Naturschutz zu stellen wie die Länder des Tropengürtels. Oder bilden wir uns vielleicht gar ein, wir könnten uns weniger Naturerhaltung leisten als die armen Länder der Dritten Welt?

Zahlen und Argumente: Was besagen sie? Warum sind wir so betroffen vom Niedergang der Tropischen Regenwälder? Warum muß uns ihr Schwinden ungleich größere Sorgen machen als das Ozonloch über der Antarktis oder der radioaktive Fallout von Tschernobyl? Was gehen uns die Wälder an, die anderen Nationen gehören? Wir machen mit unseren doch auch so ziemlich, was wir wollen! Im Mittelalter wurden sie gerodet und zu nutzbringenderem Ackerland gemacht. Die Reste, oft kaum mehr als 10 Prozent des ursprünglichen Waldbestandes, wurden so ausgebeutet, daß sie zu Beginn des letzten Jahrhunderts gänzlich zu verschwinden drohten. Dann pflanzte man neue Wälder in Reih und Glied und machte so den mitteleuropäischen Wald zum Forst. Die Länder des Mittelmeerraumes begnügten sich bis in die jüngste Zeit damit, anstelle der noch vor 2000 Jahren hochstämmigen Wälder ein undurchdringliches, feueranfälliges Buschwerk, die Macchie, zum Schutz der Böden zu erhalten. Heute setzen wir die Wälder dem sauren Regen aus und erforschen, wie sie sterben, ohne in nennenswertem Umfang etwas gegen die Ursachen des Waldsterbens zu unternehmen.

Stattdessen steigt das Engagement für den Tropischen Regenwald. Wenn wir schon selbst nicht aus den eigenen und den früheren Fehlern gelernt haben, so wollen wir offensichtlich, daß andere daraus lernen. Die Vernichtung der Tropenwälder beunruhigt die Öffentlichkeit in den außertropischen Ländern in ungleich stärkerem Maße als in den davon betroffenen Ländern selbst. Vor Ort, am Rande des Regenwaldes, liegen die Gewichtungen offenbar ganz anders. Wie sonst wäre die Vehemenz zu verstehen, mit der die Wälder niedergemacht und verbrannt werden, die Sorglosigkeit, mit der sie von gigantischen Stauseen überflutet oder um der Edelhölzer willen auf Quadratkilometern bedenkenlos geschleift werden. Für die Länder des Tropengürtels stellen die Regenwälder ein Naturpotential dar: Sie sind natürliche Ressourcen, die genutzt werden können – die genutzt werden müssen, weil es an landwirtschaftlichen Nutzflächen und Devisen mangelt.

Warum mischen wir uns da ein? Warum bringen wir nicht zuerst unser eigenes Haus in Ordnung und konzentrieren uns auf den vorbildlichen Umgang mit den Ressourcen der Natur, als Beispiel für andere und mit Überzeugungskraft? Die Antwort ist einfach: weil dies keinerlei Wirkung auf das Schicksal der Tropischen Regenwälder hätte. Deren Vernichtung schreitet voran, obwohl schon seit mehr als einem Jahrzehnt versucht wird gegenzusteuern. Fast scheint es, daß die Nutzung der Regenwälder um so mehr beschleunigt wird, je stärker sich die außertropische Welt für ihre Erhaltung einsetzt. Vor allem in den südamerikanischen Tropen nimmt der Druck auf die Regenwälder immer mehr zu. Im brasilianischen Küstengebirge, der Serra do Mar, sind sie schon bis auf winzige Reste vernichtet. Der Staat São Paulo, der fast auf ganzer Fläche bewaldet war, weist gerade noch ein Prozent an Waldresten auf, wenn man die Plantagen von australischem Eukalyptus und amerikanischen Kiefern außer acht läßt. Auf breiter Front rückt die Waldvernichtung in Mato Grosso, in Rondonia und im Staat Pará vor. In Kolumbien wurden ganze Andentäler so gut wie entwaldet. Die Waldverluste sind riesig; sie stehen in keinem Verhältnis zu den kärglichen Versuchen, durch Aufforstung etwas zu retten.

Ähnlich sieht die Lage in Westafrika aus, das vor 20 Jahren noch 18 Prozent des Weltbestandes an Tropischem Regenwald hatte. Günstiger liegen die Verhältnisse in Südostasien, das den größten Teil des Tropenholzes für den Weltmarkt produziert, aber noch immer vergleichsweise geringe Flächenverluste an Wald zu verzeichnen hat. 32 Prozent der Regenwälder befinden sich dort. Der große Rest, rund die Hälfte, entfällt auf die amerikanischen Tropen. Die Vorkommen in Nordostaustralien, auf Madagaskar und auf Inseln im Tropengürtel sind insgesamt flächenmäßig zu klein, um in dieser Weltbilanz aufzutauchen.

Die Bilanz der Vernichtung legt eine entscheidende Frage nahe, die der Leitgedanke dieses Buches ist: Was hat es mit dem Tropischen Regenwald überhaupt auf sich? Was ist an ihm, daß mit solcher Vehemenz weltweit für seine Erhaltung gekämpft wird? Es sind längst nicht mehr nur ein paar idealistische Naturfreunde, die sich für eine Naturidylle einsetzen. Es geht um mehr als nur um museale Naturreservate. Aber warum? Für die Antwort muß man sich einlassen auf die Biologie dieses wohl faszinierendsten Naturraums der Erde. Einblicke in die Ökobiologie des Tropischen Regenwalds erschließen seine Besonderheit, seine Einmaligkeit; erst so läßt sich ermessen, warum es so wichtig ist, soviel wie irgend möglich von diesem unersetzlichen Großlebensraum zu erhalten. An den Anfang ist die Frage gestellt, wie die Regenwälder zustande kamen. In groben Zügen soll geklärt werden, was die Rahmenbedingungen für ihre Existenz sind.

1
Rahmenbedingungen

Das Klima setzt den Rahmen: In der Tropenzone zwischen den Wendekreisen können sich Tropische Regenwälder entwickeln, wenn die jährliche Niederschlagsmenge wenigstens 2000 Millimeter erreicht und keine Trockenzeit von mehreren Monaten auftritt. Unter solchen klimatischen Bedingungen übersteigt die Regenmenge die Verdunstungsrate. Es stellen sich dauerfeuchte Verhältnisse ein. Die Lufttemperatur bleibt wegen des hohen Feuchtigkeitsgehaltes der Luft erheblich unter den Werten der Hitzegebiete der trockenen Tropen. Selten übersteigt sie 33°C; zumeist bewegt sie sich zwischen 22 oder 23°C in der Nacht und 28 bis 30°C am Mittag, wenn die Sonne den Höchststand erreicht. Die Luftfeuchtigkeit fällt selten unter 95 Prozent und überschreitet häufig den Taupunkt, also 100 Prozent. Feuchte Schwüle kennzeichnet das Klima der feuchten Tropen. Das ist die Umwelt des Tropischen Regenwaldes; eine Umwelt, die, wie zu zeigen sein wird, ursächlich mit seiner Struktur zusammenhängt.

Tropische Regenwälder erreichen ihre größten Ausdehnungen in den Niederungsgebieten der äquatorialen Kontinente. In Amazonien, im Kongobecken, auf den großen, zum asiatischen Festlandssockel gehörenden Inseln Borneo und Sumatra sowie in den Niederungen Südostasiens liegen die größten zusammenhängenden Tropenwaldgebiete. An den Berghängen ziehen sie sich bis in Höhen von 1000 oder 1200 Metern hoch. Schon ab etwa 600 Metern Meereshöhe beginnt sich der Regenwald zu verändern. Er geht allmählich, zumeist nahezu unmerklich in einen Bergregenwald über, den ein kühleres, noch feuchteres Klima kennzeichnet. In diesen Höhen schließen sich Feuchtwälder mit krüppelwüchsigen Bäumen und außerordentlich reicher Entwicklung von Moosen und Farnen an. An manchen tropischen Hochgebirgen bilden sie eine eigene Höhenstufe. Sie wird als »Elfenwald«, auch im fachlichen Sprachgebrauch, charakterisiert, weil Kleines zu groß geraten und Großes klein geworden erscheint. Heidekrautgewächse bilden übermanns-

Baumfarne. Sie wachsen vorwiegend in den sehr feuchten Berg- und
Schluchtwäldern der inneren Tropenzone. Im Tropischen Regenwald des
Tieflandes können sie sich nicht gegen die Konkurrenz der »modernen«
Bäume behaupten. Die Baumfarne gehören zu den stammesgeschichtlich

14

hohe Gewächse, Moosbärte hängen meterlang von den Ästen, und der Besucher versinkt wadentief im schwammigen, von Pflanzenpolstern gebildeten Untergrund.

Die Höhenzonen sind gewöhnlich deutlicher abgegrenzt als die verschiedenen Typen von Regenwäldern, die sich im Tiefland ausbilden. Auf Böden ohne Staunässe wächst Hochwald, der eindrucksvolle Wuchshöhen erreichen kann. Das Kronendach befindet sich in 30 bis 40 Metern Höhe, überragt von »Urwaldriesen«, die bis zu 70 Meter erreichen können. Sie sind aber keineswegs die größten Bäume. Die Mammutbäume im westlichen Nordamerika und manche Eukalyptus-Arten werden viel höher und mächtiger. 120, ja 150 Meter Höhe sind von den größten von ihnen erreicht worden.

In flachen Senken, aus denen die Wassermassen der Niederschläge nicht schnell genug ablaufen können, bilden sich Sumpfwälder. Oft sind sie durch fast artreine Bestände bestimmter Palmenarten gekennzeichnet. Ein anderer, weit verbreiteter und wichtiger Waldtyp findet sich entlang der Flüsse im Überschwemmungsbereich. (Wie die chemische Zusammensetzung der Böden Einfluß nimmt auf die Zusammensetzung und die Wüchsigkeit der Regenwälder, darauf wird noch ausführlicher eingegangen.) Schließlich gehen die Tropischen Regenwälder an flachen Küsten in den Mangrovedschungel über, in dem Ebbe und Flut das Geschehen bestimmen.

Die Niederschlagsmengen setzen den klimatischen Rahmen – und nicht die geographische Begrenzung der Tropenzone an den Wendekreisen! Wo die jährliche Niederschlagsmenge unter 2000 Millimeter absinkt, können sich in der Regel im Tropengürtel keine dauerfeuchten Regenwälder halten, weil die von der hochstehenden Sonne verursachte Verdunstung dann über längere Zeit den Nachschub an Feuchtigkeit übersteigt. Dauert dies drei oder mehr Monate lang, entstehen Saison-Regenwälder. Am weitesten verbreitet und am markantesten ausgebildet sind sie im südasiatischen Monsunklima zu finden. Solche Wälder werfen ihr Laub ab, wenn die Trockenzeiten regelmäßig

---

sehr alten Baumformen, die ihre Blütezeit im frühen Erdmittelalter hatten. Sie gelten daher als »lebende Fossilien« unter den Bäumen des Tropischen Regenwaldes.

auftreten und mehr als drei Monate dauern. Während und kurz nach der Regenzeit können sie wie richtige Tropische Regenwälder aussehen, aber bald macht sich die aufkommende Trockenzeit bemerkbar.

Umgekehrt liegt der Fall, wenn unter bestimmten geographischen Voraussetzungen, wie beispielsweise in Südostbrasilien und Ostparaguay, im randtropischen und subtropischen Bereich Wälder zu finden sind, die große Niederschläge in weitgehend ausgeglichenen Mengen übers Jahr erhalten. Sie ähneln dann dem Tropischen Regenwald recht stark, sind aber sinkenden Temperaturen gegenüber relativ unempfindlich. Die Grenzwerte von 20°C werden in diesen außertropischen Wäldern im Winterhalbjahr häufig unterschritten, wenn Kaltluft aus dem Süden bis über den Wendekreis äquatorwärts vordringt. Auch wenn damit noch kein Frost verbunden ist, bedeutet der starke Temperaturabfall dennoch eine erhebliche Einschränkung der Lebensmöglichkeiten für tropische Arten. Sind innerhalb der Tropen die Niederschlagsmengen die entscheidende Voraussetzung für die Entwicklung von Tropischem Regenwald, so ist die Vegetation außerhalb der Tropen von den großen Schwankungen der Temperatur bestimmt.

Nicht nur nach unten zu wirkt die Temperatur begrenzend; auch die große Hitze der Rand- und Subtropen während des Sonnenhöchststandes schränkt die Waldentwicklung ein. Die Regenwälder gehen in Saisonwälder mit Trockenzeiten über, in denen sich die Bäume auf die Hitze einstellen, und bei weiterem Abfall der Niederschlagsmengen und steigender Sommerhitze bilden sich Savannen. In diesen kann sich der Baumwuchs nur entlang von Flußläufen einigermaßen entfalten, da dort beständig gute Wasserversorgung gewährleistet ist. Der Wald greift dann die Flüsse aufwärts wie mit dünnen Fingern in die Savannenlandschaft.

Im Bereich der Wendekreise wird die Sommerhitze jedoch durch absinkende Luftmassen aus den inneren Tropen so verstärkt, daß sich auch die Savannenvegetation nicht mehr halten kann. Die anhaltenden Hochdruckwetterlagen mit ungebremster, durch keine hohe Luftfeuchtigkeit abgeschirmte Einstrahlung verschiebt das Verhältnis von Niederschlag und Verdunstung so sehr zugunsten der Verdunstung, daß sich Halbwüsten oder Wüsten ausbilden. Die Evapotranspiration, also der Wasserverlust durch Verdunstung, und die Möglichkeiten, Ersatz dafür aus dem Grundwasser oder aus den Niederschlägen zu entnehmen, wird zur zentralen Größe für das Pflanzenwachstum. Immer mehr Arten fallen aus, je ungünstiger die Verhältnisse werden. Das Klima ist weltweit in der Tropenzone verhältnismäßig einheitlich und maßgeblich bestimmt vom Austausch der Luftmassen zwischen Äquator und Wendekreisen.

Im äquatorialen Bereich verursacht die starke Einstrahlung der senkrecht stehenden Sonne die Erwärmung der feuchten Luftmassen. Sie steigen auf, kühlen sich dabei ab und geben die übermäßige Feuchtigkeit in Form von heftigen Niederschlägen ab. Die abgekühlte Luft fließt in der Höhe beiderseits des jeweiligen Sonnenhöchststandes in Richtung Wendekreise, wo sie in großem Umfang absinkt. Hatten die aufsteigenden Luftmassen das äquatoriale Tiefdrucksystem erzeugt, so verursachen die zurückfließenden nun beim Absinken die beständigen Hochdruckgebiete im Bereich der Wendekreise. So entstanden die Wüstengürtel der Erde. Im bodennahen Bereich der Wendekreise werden die Luftmassen nun vom Windsystem der Passate erfaßt, die schräg zum Sonnenhöchststand hinwehen und damit die aufsteigenden Luftmassen wieder ersetzen. Wenn sie über den Ozean strömen, beladen sie sich mit Feuchtigkeit und bringen Regen in die Tropenzone der Kontinente.

Wie zwei gewaltige Walzenringe rollen auf diese Weise, im Jahreslauf mit dem Sonnenstand pendelnd, die Luftmassen im bodennahen Bereich zu den inneren Tropen, wo sie aufsteigen, sich abregnen und abkühlen, um daraufhin im oberen Walzenteil in Richtung auf die Wendekreise transportiert zu werden, wo sie absinken und wieder in das Passatsystem einbezogen werden. Da sich die Erde gleichsam unter ihrer Lufthülle wegdreht, strömen die Luftmassen nicht direkt senkrecht äquatorwärts, sondern schräg westwärts.

Dieses globale, Meer und Land miteinander verbindende Austauschsystem der tropischen Luftmassen ist für die Tropischen Regenwälder von größter Bedeutung. Es macht einen eminent wichtigen Zusammenhang zwischen Afrika und Südamerika sichtbar. Denn dieses System der Umwälzung von

Luftmassen kann in der geschilderten Weise nur dort funktionieren, wo die Landmassenverteilung beiderseits des Äquators einigermaßen ausgeglichen ist. Dies trifft zu für Südamerika, für Afrika und für die südostasiatische Inselwelt mit den angrenzenden Kontinentalblöcken von Asien und Australien (Nordostteil), nicht aber für das tropische Südasien. Dort fehlt ein Gegenstück im Indischen Ozean.

Das hat zur Folge, daß die asiatischen Tropen im kontinentalen Bereich nicht durch das Passatsystem, sondern durch den Monsun mit Niederschlägen versorgt werden. Die große Landmasse Asiens heizt sich im Sommer so stark auf, daß sie feuchtigkeitsbeladene Luftmassen aus dem Raum über dem Indischen Ozean nicht äquatorwärts fließen läßt, sondern zum Festland hinlenkt. Diese verursachen dort die Monsunregen, die an Menge und Heftigkeit die Niederschläge in den südamerikanischen oder westafrikanischen Tropen erheblich übertreffen können. Im Stau des Himalaya gibt es Orte mit mehr als 10 Metern Niederschlagshöhen pro Jahr. Auf sintflutartige Regenfälle während der Monsunzeit folgt dann im Winterhalbjahr anhaltende Trockenheit, die Nordindien zu einer Halbwüste werden läßt, wo nach der Monsunzeit noch blühendes Land zu finden war. Unter derartig stark schwankenden Niederschlagsverhältnissen können sich keine Tropischen Regenwälder entfalten. Das Monsunklima begünstigt den »Dschungel«, der ganz anders aussieht und völlig unterschiedlich funktioniert.

Auch die Lage und die Richtung von Gebirgsketten nehmen Einfluß auf die Niederschlagsverhältnisse und damit auf die Ausbildung von Tropischem Regenwald. Stauen sich Luftmassen, fördert dies die Niederschlagtätigkeit, während fallende Luftmassen hinter Bergrücken Feuchtigkeit aufnehmen können und damit vorhandene Trockenphasen verstärken oder solche auslösen. Dieser Föhn-Effekt spielt auf der Lee-Seite der Gebirge eine bedeutende Rolle für die Ausbildung des Klimas. Allein diesem Umstand ist es zuzuschreiben, daß das Kongobecken ungleich weniger Niederschläge abbekommt als Amazonien. Der mächtige Riegel des Ostafrikanischen Hochlandes hindert feuchte Luftmassen vom Indischen Ozean, von Osten her einzudringen. Amazonien ist dagegen – genau in der günstigsten Richtung des Passat-Systems – zum Atlantik offen. Die

Luftmassen stauen sich erst vor den Anden, 4000 Kilometer tief landeinwärts, wo sich denn auch die Zentren der Niederschlagstätigkeit in Amazonien befinden.

Die schon vom Ursprung her erheblich geringeren Feuchtigkeitsmengen, welche vom tropischen Südwestpazifik nach Nordostaustralien fließen und in Queensland einen schmalen Streifen Tropischen Regenwaldes entlang der Küste mit Niederschlägen versorgen, reichen bei weitem nicht aus, um nach Überwindung der gar nicht hohen Gebirgsbarriere dahinter gleichfalls noch ausreichende Niederschläge zu verursachen. Sie genügen nur für eine Trockenbusch- und Savannenvegetation.

Geographische Gegebenheiten modifizieren somit in starkem Maße die Verhältnisse in den inneren Tropen. Ihnen ist es zuzuschreiben, daß die Tropischen Regenwälder auf den Kontinenten in so ungleicher Verteilung vorhanden sind. Dennoch bilden sie zusammen einen weltumspannenden Großlebensraum, ein Biom; nämlich das Biom »Tropischer Regenwald«.

Tiefes Grün kennzeichnet diesen äquatorialen Gürtel aus Tropischem Regenwald. Aus dem Weltraum betrachtet, würde er sich ganz deutlich vom Braun der Savannen und vom hellen Ocker der Wüsten abheben. Das Gegenstück zu diesem dunklen Grün bildet das tiefe Blau der tropischen Ozeane.

Blau ist die »Wüstenfarbe des Meeres«, das Kennzeichen für sehr geringe Pflanzenproduktion im tropischen Ozean. Grün dagegen sind ganz andere Meeresgebiete: die kalten Meere in den Polarregionen und die Auftriebszonen von Tiefenwasser im Tropenbereich an der Westseite der Kontinentalblöcke. Besteht ein Zusammenhang zwischen diesen grünen Meeren und dem dumpfen Grün der feuchtwarmen Regenwälder, hat das jeweilige Grün etwas miteinander zu tun?

Dieser Vergleich liegt nahe – in beiden Fällen wird die grüne Farbe von Pflanzen hervorgerufen. Im grünen Wasser kalter Meere sind es winzig kleine Algen, welche die Färbung verursachen; in den Regenwäldern der Tropen sind es die immergrünen Kronen der Bäume, deren Blattwerk Myriaden winzig kleiner Gebilde enthält, in denen das Blattgrün steckt. Die Übereinstimmung geht tiefer, als man auf den ersten Blick annehmen würde. Denn die »winzig kleinen Gebilde«, die das Blattgrün in den Zellen der Blätter eingeschlossen haben, stammen von Algen ab, die vor mehr als einer halben Milliarde Jahren noch als freilebende Algenzellen existierten, bevor sie die Gemeinschaft mit anderen Pflanzen eingegangen sind. Die Fachsprache bezeichnet sie als »Chloroplasten«.

Sie stellen höchstwahrscheinlich symbiontische Blaualgen dar, die sich sogar unabhängig von den Zellen, in denen sie leben, durch Teilung vermehren. Wenn ihre entfernten Verwandten, die Meeresalgen, ihre größte Häufigkeit in den kalten Gewässern der Ozeane erreichen, dann sollte es dafür Gründe geben, aber mit dem Tropischen Regenwald ist kein offensichtlicher Zusammenhang erkennbar. Im Gegenteil: Kalte Meeresgebiete mit Wassertemperaturen um 4°C und innertropische Klimaverhältnisse mit beständig hohen Temperaturen bilden einen so augenfälligen Gegensatz, daß man einen Zusammenhang auszuschließen geneigt ist, wenn es um die Beschaffenheit des Tropischen Regenwaldes als Großlebensraum geht.

Aber merkwürdig ist es dennoch, daß das Meer dort blau und nicht auch am grünsten ist, wo das Grün an Land seinen Höhepunkt erreicht, zumal beide, Meeresalgen und Landpflanzen, mit dem gleichen Farbstoff, dem Chlorophyll, in den gleichen Zelleneinheiten arbeiten. Daß das Blattgrün bei den Landpflanzen in eigenständigen Zellkörperchen, in Organellen, eingeschlossen ist, die wie Körperorgane in den Blattzellen tätig sind, macht den wesentlichen Unterschied gewiß nicht aus. Im Grunde genommen kommt es nur auf das Blattgrün selbst an. Die weltweite Verteilung der Chlorophyll-Häufigkeit spiegelt die Produktionsverhältnisse; genauer: die Primärproduktion. Von ihr hängen fast alle übrigen Lebensvorgänge einschließlich unserer eigenen ab. Sie läßt sich anhand des »Chlorophyll-Index« als vorhandene oder »stehende Ernte« (Biomasse) angeben. Die Chlorophyll-Dichte pro Flächeneinheit ist ein sehr zuverlässiges Maß für »stehende Ernte« und ihre globale Verteilung. Im Tropischen Regenwald erreicht sie die höchsten Werte. Der Chlorophyll-Gehalt kann auf mehr als 5 Gramm pro Quadratmeter ansteigen, und damit übertrifft er die übrigen Landlebensräume um das Fünf- bis Zehnfache.

Aber die algenreichen, kalten Meeresgebiete bringen es auf immerhin auch mehr als 1 Gramm pro Quadratmeter. Dieser Wert entspricht dem Mehrhundertfachen der Chlorophyll-

Dichte in blauen, tropischen Ozeanen. Sieht man von den regionalen Auftriebsgebieten an den Westküsten von Südamerika (Humboldt-Strom) und Südafrika (Benguela-Strom) sowie einigen weiteren, weniger bedeutenden Auftriebsgebieten in temperierten oder warmen Meeren ab, so ergibt sich ein klarer, globaler Trend. Die Chlorophyll-Dichte in den Meeren nimmt von den polaren Zonen kontinuierlich zur Tropenzone hin ab. Die größte Chlorophyll-Dichte erreicht das Weltmeer im Gürtel um die Antarktis und in den Gebieten zwischen Neufundland und Island sowie im Nordpazifik vor dem Übergang zum Eismeer.

An Land verläuft die Kurve der Chlorophyll-Dichte pro Flächeneinheit deutlich anders. Sie liegt sehr niedrig auf den polaren Randzonen mit Tundrabewuchs. Zu den gemäßigten Breiten hin steigt sie kräftig an und erreicht in den großen Gürteln landwirtschaftlicher Nutzflächen ein vorläufiges Maximum. Daraufhin fällt die Kurve wieder deutlich ab und durchläuft ein Minimum in der Wüstenzone. Danach setzt erneut ein starker Anstieg ein, der zum Höhepunkt im Tropischen Regenwald führt.

Dieser weltweite Verlauf verwundert nicht, aber gleichzeitig verschleiert er einen wichtigen, ja grundlegenden Unterschied zwischen Land und Meer: Von der vorhandenen Menge Blattgrün kann man nicht darauf schließen, daß sie auch eine ihrer Menge entsprechende Leistung entfaltet.

Das wäre nur dann der Fall, wenn die Produktionsbedingungen überall weitgehend die gleichen wären, also wenn sich die Großlebensräume der Erde nicht in Temperatur, Einstrahlungsstärke der Sonne und Verfügbarkeit von Nährstoffen unterscheiden würden. Allein schon die Temperatur sollte einen starken Einfluß auf die Leistung der Pflanzen entfalten. Die chemischen Reaktionen laufen temperaturabhängig ab. So steigt die Reaktionsgeschwindigkeit nach der vant'Hoffschen Regel bei einem Temperaturanstieg um 10°C auf das Zwei- bis Dreifache an – und umgekehrt. Das gilt in etwas abgeschwächter Weise auch für die biochemischen Reaktionen in den Zellen der Pflanzen und der Tiere. Eine Temperaturerhöhung um 10°C bewirkt ungefähr eine Verdopplung der Reaktionsgeschwindigkeiten. Wenn zwischen den kalten Ozeanen und dem

Kronendach des Tropischen Regenwaldes drei solcher Zehner-schritte im Temperaturunterschied gegeben sind, müßten die Geschwindigkeiten der biochemischen Abläufe infolgedessen den etwa sechsfachen Wert ausmachen. Nimmt man den Unterschied in der Chlorophyllmenge, nämlich das Fünffache des Wertes kalter, »grüner« Meeresgebiete, in die Kalkulation mit hinein, so steigt der Gesamtunterschied auf das Dreißigfache. Der Tropische Regenwald müßte also pro Flächeneinheit drei-ßigmal mehr leisten als die besten, die produktivsten Meeresgebiete.

Die Messungen haben ergeben, daß dies nicht der Fall ist. Aber was ist überhaupt die Leistung des Chlorophylls? Es katalysiert die Photosynthese, und seine Leistung ist recht einfach an der Menge des freigesetzten Sauerstoffs zu messen. Die Grundlage dafür bietet die Photosynthese-Gleichung:

$$6\,CO_2 + 6\,H_2O \rightarrow C_6H_{12}O_6 + 6\,O_2$$

Hierbei ist das Chlorophyll maßgeblich beteiligt. Es fängt die Energie des Sonnenlichtes mit seinem antennenartig gebauten Molekül ein und überträgt sie in feinen Abstufungen auf jenen chemischen Grundprozeß, der aus 6 Molekülen Kohlendioxid und 6 Molekülen Wasser ein Zuckermolekül, also eine organische Verbindung, aufbaut und dabei 6 Moleküle Sauerstoff abgibt. Die Menge des freigesetzten, leicht nachweis- und meßbaren Sauerstoffes dient daher als Bemessungsgrundlage für die Leistung der Photosynthese.

Bezieht man diese Größe auf die vorhandene Chlorophyll-Menge, erhält man die Rate der sogenannten Assimilation: freigesetzte Menge an Sauerstoff in Gramm pro Stunde im Verhältnis zur vorhandenen Menge Chlorophyll in Gramm.

Nun zeigt sich ein höchst überraschender Unterschied. Während die Assimilationsrate in Wäldern Werte von 0,4 bis 4 annimmt, steigt sie in den hochproduktiven Meeren auf über 10 an. Das heißt, daß dort viel mehr Sauerstoff, rund doppelt soviel wie im Tropischen Regenwald, pro Stunde und Flächeneinheit erzeugt wird. Die Temperatur spielt also nicht die oben angenommene, überragende Rolle. Es müssen andere Faktoren sein, die im Tropischen Regenwald das Geschehen mitbestimmen. Erklärungen liefert die Struktur des Ökosystems Tropischer Regenwälder. Für die Charakterisierung als Großlebensraum der Erde genügt hier die Gegenüberstellung einiger Vergleichswerte, welche die Leistung zum Ausdruck bringen. Sie lassen sich am besten mit den aus der Wirtschaft bekannten Umsätzen an Energie kennzeichnen.

Danach beläuft sich die durchschnittliche Brutto-Primärproduktion, ausgedrückt in Kilokalorien pro Quadratmeter und Jahr (kcal/m²/Jahr) im Tropischen Regenwald auf etwa 20 000 kcal/m²/Jahr. Tundra und Wüsten bringen es auf kaum mehr als ein Hundertstel davon, Graslander auf 2500, die Wälder der Taiga auf 3000, die saisonalen Trockenwälder auf knapp diesen Wert, aber Meeresgebiete um Flußmündungen und Korallenriffe erreichen ebenfalls mit 20 000 kcal/m²/Jahr einen sehr hohen Wert, der den Ergebnissen von Tropischen Regenwäldern gleichkommt. Die kalten Meeresgebiete und Auftriebszonen weisen mit 6000 kcal/m²/Jahr den dritthöchsten Wert natürlicher Produktionsgebiete auf, der nur durch Einsatz von Chemie und Kraftstoff in der modernen landwirtschaftlichen Produktion (12 000) und von Feuchtwäldern in den gemäßigten Breiten mit sehr guten Wachstumsbedingungen (8000) übertroffen wird. Der Wert für die produktiven Meere liegt aber dreimal so hoch wie die landwirtschaftliche Produktion im Weltdurchschnitt. Der Gesamtdurchschnitt erreicht einen Energiefluß von etwa 2000 kcal/m²/Jahr, was den Abstand vom Tropischen Regenwald und von den höchstproduktiven Gebieten im Meer ganz klar zum Ausdruck bringt, liegt er doch ziemlich genau bei einem Zehntel davon.

Die herausragende Stellung des Tropischen Regenwaldes unter den Großlebensräumen der Erde geht aus diesem Verhältnis von 10 zu 1 hervor; es gibt aber auch eine vorläufige Antwort darauf, womit der große Unterschied zu den hochproduktiven, kalten Meeresgebieten mit erheblich geringerer Chlorophyll-Masse zusammenhängt. Dort muß ein ungleich größerer Umsatz stattfinden, so daß eine nahezu gleiche Leistung trotz starker Unterschiede im Wärmehaushalt und in der Chlorophyll-Dichte zustandekommt.

Für das Verständnis der produktionsbiologischen Zusammenhänge und Gegebenheiten im Tropischen Regenwald ist dieser ausgeprägte Unterschied im Energieumsatz von größter Bedeutung.

Die dargelegten Befunde zeigen, daß der Tropische Regenwald nicht nur einen sehr hohen Gehalt an Chlorophyll aufweist, sondern daß er auch eine sehr große Biomasse besitzen muß, die sich gleichfalls im weltweiten Maßstab deutlich von der Biomasse anderer Großlebensräume unterscheidet. Beschränken wir uns auf die mit Blattgrün verbundene Biomasse, also die Masse des Pflanzenwuchses (Phytomasse), dann trifft diese Erwartung durchaus zu. In Tropischen Regenwäldern wurden Werte von 1000 Tonnen Phytomasse und mehr pro Hektar ermittelt, wovon allein die Blattbiomasse 20 bis 30 Tonnen ausmacht. In ihr steckt das Chlorophyll.

Diese Blattmasse leistet 29 Prozent der gesamten Brutto-Primärproduktion der Erde, obwohl sie – zusammen mit den subtropischen immergrünen Wäldern – auf nur 3 Prozent der Erdoberfläche wächst. Die immergrünen Regenwälder leisten damit, bemessen am Umsatz, genausoviel wie der gesamte offene Ozean, der über 65 Prozent der Erdoberfläche bedeckt.

Wenn man auf die Tropischen Regenwälder einwirkt, wenn man ihnen ein weiteres Drittel ihrer Fläche nimmt, würde davon zwar nur ein Prozent der Erdoberfläche betroffen sein. Aber die Auswirkung wäre so groß, wie wenn man ein Drittel des Weltmeeres, den gesamten Atlantischen Ozean, vernichtet hätte. Das Jonglieren mit den Zahlen sollte die Dimension des Problems verdeutlicht haben, das sich mit der Zerstörung der Tropischen Regenwälder aufgetan hat. Die wenigen Prozent der Erdoberfläche, die von diesem Großlebensraum eingenommen werden, spielen eine Schlüsselrolle im Naturhaushalt!

Als der Ökologe Helmut Lieth die oben genannten Werte, die weltweite Verbreitung und Anerkennung gefunden haben, kalkulierte, ging er noch von einem Bestand von 14 Millionen Quadratkilometern Tropischer Regenwald aus. Gegenwärtig, rund 30 Jahre danach, gibt es nurmehr die Hälfte davon. Wegen der Vernichtung der anderen Hälfte sind nun gewaltige Mengen Kohlendioxid in der Erdatmosphäre »unverarbeitet«, sie können nur zum Teil von den Algen im Meer und von raschwüchsigen Pflanzen in den kultivierten Gebieten an Land aufgenommen werden. Zwar verfügt das Meer selbst über eine beträchtliche Aufnahmefähigkeit für Kohlendioxid, das sich als »Kohlensäure« im Wasser löst, aber da gleichzeitig die Verbrennungsprozesse, die der Menschheit Energie liefern, in zunehmendem Maße Kohlendioxid freisetzen, nimmt es nicht wunder, daß der Gehalt dieses Gases in der Atmosphäre kontinuierlich ansteigt. Es fehlen die Tropenwälder, um das überschüssige Kohlendioxid aufzunehmen und auf Jahrhunderte festzulegen.

Darin unterscheiden sich nämlich die Wälder grundsätzlich von den sauerstoffproduzierenden, Kohlendioxid zehrenden Algen, die nur sehr kurzlebig sind. Sie leisten zwar einen hohen Umsatz, aber wegen ihrer geringen Größe sind sie nicht in der Lage, ihre Produktion in nennenswertem Umfang zu speichern, wie das die Bäume tun. Das Kohlendioxid, welches bei der Photosynthese in Kohlenhydrate umgebaut worden ist, wird Jahrhunderte oder Jahrtausende gespeichert, bis die Stämme zersetzt und wieder mineralisiert worden sind. Der geringere Umsatz pro Zeiteinheit der Bäume hat also große Vorteile für den Stoffhaushalt der Biosphäre. Die Wälder ganz allgemein, aber die Tropenwälder in besonders starkem Maße bilden »Fallen« für das Kohlendioxid. Gibt es sie nicht mehr in ausreichendem Umfang, müssen sich die Umsatzzyklen entsprechend beschleunigen, andernfalls kommt es zum drastischen Anstieg des Kohlendioxidgehalts der Luft.

Vieles deutet darauf hin, daß dieser Anstieg bereits kräftig eingesetzt hat, aber wir wissen nicht, wie er sich auswirken wird. Es kann zur Erwärmung der Erdatmosphäre führen, aber auch zu einer Abkühlung durch verstärkte Wolkenbildung. In jedem Fall würden sich ungünstige, für die Menschheit recht bedrohliche Folgen im Hinblick auf Verteilung und Höhe der landwirtschaftlichen Produktion sowie, im Falle einer nachhaltigen Erwärmung, ein kräftiger Anstieg des Meeresspiegels ergeben. Der Großlebensraum des Tropischen Regenwaldes wirkte als Puffer für solche klimatischen Veränderungen, weil er den Kohlenstoffhaushalt regulierte. Wir wissen nicht, ob diese Regulierung noch funktioniert, weil sich die Folgewirkungen erst mit Zeitverzögerungen einstellen.

Die Bedeutung des Tropischen Regenwalds läßt sich, wie das vorhergehende Kapitel gezeigt hat, recht überzeugend quantifizieren. Dieses Biom kann man in seiner Gesamtheit werten und seine Produktionsleistung als einheitliche grüne Masse im Vergleich zu anderen Großlebensräumen charakterisieren. Doch woraus setzt sich diese sprichwörtliche »grüne Hölle« zusammen? Erst aus der Kenntnis ihrer Strukturen läßt sich das Funktionsgefüge des Tropischen Regenwalds ableiten, eine notwendige Basis für weiterführende Fragen.

Woraus also besteht der Tropische Regenwald? Natürlich aus Bäumen, sonst wäre er kein Wald. Diese Bäume sind immergrün, das heißt, sie werfen ihre Blätter nicht zu bestimmten Jahreszeiten ab, sondern ersetzen sie nach und nach. Dadurch bleiben die Bäume jahraus, jahrein immergrün. Dies trifft aber auch für die meisten Nadelbäume der gemäßigten und kalten Breiten zu. Unsere Fichten- und Kiefernwälder bleiben gleichfalls immergrün. Nadelbäume (Koniferen) gibt es in Tropischen Regenwäldern gewöhnlich nicht. Sie sind in ihrem Leistungsvermögen den Laubbäumen unterlegen und würden von dieser stammesgeschichtlich moderneren Gruppe bald verdrängt sein oder auf Sonderstandorte beschränkt bleiben. Das hängt mit ihrem tungssystem zusammen, das bei weitem nicht so wirkungsvoll ausgestaltet ist wie das der Laubbäume. Diese besitzen durchgehende Leitbündel, die Wasser und Nährsalze aus den Wurzeln ins Blattwerk transportieren, ohne daß siebartig durchbrochene Trennwände wie bei den Koniferen den freien Fluß bremsen. Warum das so bedeutsam ist, wird sich bei der Behandlung der Lebensweise der Regenwaldbäume zeigen. Für die Charakterisierung des Tropischen Regenwaldes läßt sich aus dieser Tatsache nichts unmittelbar Bedeutungsvolles entnehmen, weil es die Laubbäume auch in unseren außertropischen Wäldern gibt, wo sie nicht selten mit Nadelbäumen zusammen angepflanzt worden sind und recht leistungsstarke Forste ergeben haben.

Die grobe Betrachtung läßt nur den einen Schluß zu, daß Laubbäume im Tropischen Regenwald absolut dominant sind, daß sie immergrün bleiben und andere Baumtypen, wie etwa die Palmen oder die Baumfarne, auf Sonderstandorte abdrängen. Damit wäre eine vielleicht vergleichbare Situation wie in Eichen- oder Buchenwäldern der gemäßigten Breiten gegeben, wo diese Laubbäume gleichfalls das Waldbild bestimmen und andere Baumtypen auf besonders feuchte oder sehr trockene Standorte verdrängen. Daß diese Laubbäume im Herbst ihr Blattwerk abwerfen, müßte nicht einmal als so bedeutsam eingestuft werden, weil die Laubbäume in den Saison-Regenwäldern am Rande der inneren Tropen, wo die Niederschlagsmengen nicht mehr ganz ausreichen und ihre Verteilung über die Monate nicht gleichmäßig genug ist, gleichfalls ihre Blätter zu Beginn der Trockenzeit verlieren.

Dennoch ist ein tiefgreifender Unterschied vorhanden, der sich allerdings erst bei näherer Betrachtung andeutet. Richtig zu erkennen gibt sich die Verschiedenartigkeit nur dem Spezialisten, der in der Lage ist, die Bäume des Tropischen Regenwaldes genau zu bestimmen. Dies ist sehr schwierig, weil die Artenzahl sehr groß ist, die äußerlich sichtbaren Unterschiede dagegen sehr gering sind. Der Tropische Regenwald besteht in der Regel aus einer Vielzahl von verschiedenen Baumarten. Mehrere Hundert können es pro Hektar sein.

In Zentralamazonien fanden Hans Klinge und seine Mitarbeiter über 500 verschiedene Arten von Holzgewächsen – Bäume, Baumjungwuchs und Lianen – auf einem einzigen Hektar. Das übertrifft die Artenzahl an Holzgewächsen in Europa um ein Vielfaches. Die Wälder hierzulande werden von einigen wenigen Baumarten gebildet, so daß wir sie folgerichtig nach diesen kennzeichnenden Baumarten benennen: Eichenwälder, Eichen-Hainbuchen-Mischwälder, Buchenwälder, Fichtenwälder, Kiefernwälder oder Buchen-Lärchen-Mischwälder, um die hauptsächlichen mitteleuropäischen Waldtypen zu nennen. Im Tropischen Regenwald ist das anders. Einzelne Baumarten treten selten im Bestand so hervor, daß sie ihn kennzeichnen könnten. Nur dort, wo bestimmte Boden(feuchtigkeits)verhältnisse gegeben sind, finden sich ausgedehntere Reinbestände von Palmen oder im Bergregenwald von Baumfarnen. Ansonsten verteilen sich die Bäume ziemlich gleichmäßig auf das Artenspektrum. In den zentralamazonischen Untersuchungen von Hans Klinge gab es keine dominanten Arten. Auf der Probefläche wurden rund 100 000 Holzgewächse registriert, von denen jedoch 86 Prozent kleiner als 1,50 Meter waren, also dem nachrückenden Jungwuchs zuzuordnen sind. Dieser läßt sich sehr schwer bestimmen, weil oft die Blätter noch recht verschieden von denen sind, die der hochgewachsene Baum trägt, und weil keine Blüten oder Samen vorhanden sind, an denen die genaue Artbestimmung vorgenommen werden könnte.

Somit beziehen sich die mehr als 500 Arten auf den Rest von etwas über 10 000 Holzgewächsen. Auf dem untersuchten Hektar waren demnach durchschnittlich nicht mehr als 20 Einzelbäume pro Art vorhanden; bei der Mehrzahl der Arten sogar weniger als 10, weil einige Lianen und Baumarten gewisse Häufungen aufwiesen. Eine völlig ausgeglichene Verteilung der Individuen über die Arten kam auch in diesem Fall nicht zustande; sie wäre das Höchstmaß an Diversität, welches unter natürlichen Bedingungen jedoch nie auftritt. Im Tropischen Regenwald nähert sich die Diversität der Arten jedoch ihrem möglichen Höchstwert. Ein kleiner Exkurs und eine kurze Zwischenberechnung sollen dies verdeutlichen und den Begriff Diversität erläutern.

Die Ermittlung der Artendiversität stellt eine auf die Informationstheorie zurückgehende Methode dar, die Reichhaltigkeit des Artenspektrums von Lebensräumen zu quantifizieren. Dabei kommt es auch auf die Häufigkeit der einzelnen Arten und nicht nur auf ihr bloßes Vorhandensein an. So macht es offensichtlich einen Unterschied, auch für die Abläufe im Naturhaushalt, ob 10 verschiedene Baumarten gleichmäßige Häufigkeit aufweisen, also mit durchschnittlich 10 Einzelbäumen je 100 Bäume vertreten sind, oder ob von diesen 10 Arten eine 91 Bäume stellt und die übrigen 9 Arten jeweils nur mit einem einzigen Baum vorkommen. Zweifellos wird man die gleichmäßige Artenverteilung als »diverser« empfinden als die ungleichmäßige, bei welcher die eine Art absolut vorherrscht. Die Methode der Diversitätsbestimmung verknüpft nun die Zahl der vorkommenden Arten mit ihrer anteiligen Häufigkeit in einer mathematischen Formel, deren Ergebnisberechnung einen Zahlenwert für die Diversität liefert.

In dieser Formel wird für jede einzelne Art ihre anteilige Häufigkeit (p_i) mit dem Logarithmus dieser anteiligen (relativen) Häufigkeit multipliziert und über diese Produkte die Summe gebildet. Da die Einzelwerte negativ ausfallen, weil die relativen Häufigkeiten kleiner als 1 sind (und in ihrer Summe 1 ergeben müssen), erhält die Formel noch ein Minuszeichen, wodurch positive, absolute Zahlen (ohne Dimension) entstehen. Sie stellen gleichsam Einheiten des »Informationsgehaltes« der untersuchten Stichproben oder des erfaßten Ausschnittes aus dem Artenspektrum dar. Die anteiligen Häufigkeiten errechnen sich aus der Häufigkeit (Anzahl) der einzelnen Arten, dividiert durch die Gesamthäufigkeit (Gesamtzahl) aller Arten. In die Formel umgesetzt, ergibt sich folgende Berechnungsmethode der Artendiversität (H'):

$$H' = - \sum p_i \log p_i \qquad p_i = \frac{N_i}{N}$$

Für diese Diversitätsberechnung nach Shannon und Wiener (1949) wird entweder der natürliche Logarithmus (ln) oder der Logarithmus zur Basis 2 ($\log_2$) verwendet. Letzterer liefert Ergebnisse in Informationseinheiten (bits). Die Arten werden auf diese Weise zu (biologischen) Informationsträgern gemacht. Die Häufigkeitsstruktur, in der sie im Lebensraum vorkommen, sagt viel aus (= gibt Information) über die Lebensbedingungen.

Auf den Tropischen Regenwald und seine Vielfalt an Bäumen bezogen ergibt sich daraus, daß die Diversität mit einem Wert von $H' = 6$ für die 500 Baumarten einen Vergleichswert für Laubwälder der gemäßigten Breiten, bei denen die Diversität der Bäume Werte um 0,6 erreicht, rund zehnmal so hoch liegt. Sie grenzt an den überhaupt möglichen Höchstwert bei Gleichverteilung der Arten ($H_{max} = 6,2$; für Logarithmus naturalis). Wird dieser Höchstwert, der sich als $H_{max} = \log n$ (n = Zahl der Arten) bestimmen läßt, gleich 100 Prozent (maximale Diversität) gesetzt, so liegt die wirkliche Diversität in Zentralamazonien bei fast 97 Prozent.

Für sich allein sagen die Diversitätsberechnungen nicht allzu viel aus. Erst wenn man sie mit einem Erwartungswert, wie ihn die maximale Diversität liefert, oder mit einem vergleichbaren Wert, wie er von den Laubwäldern der gemäßigten Breiten beigebracht werden kann, vergleicht, kommt eine sinnvolle und aufschlußreiche Aussage zustande, die mehr bringt als der bloße Vergleich der Artenzahlen. Die Berechnung der Diversität schafft diese Vergleichbarkeit, weil sie die Häufigkeitsstruktur der Arten mit berücksichtigt. Ohne diese Einbeziehung wären die im Beispiel mit den 10 Arten genannten Wälder gleich »divers«; eine Feststellung, die nicht nur falsch wäre, sondern auch Fehleinschätzungen zur Folge hätte, wenn es darum geht, zu beurteilen, wie sich die beiden Waldtypen weiterentwickeln werden. Besonders aufschlußreich ist der »Ausbildungsgrad der Diversität«, der im Tropischen Regenwald fast den höchstmöglichen Wert angenommen hat.

Daraus ergibt sich die Frage, ob dies nichts weiter als eine Eigenart der Tropennatur ist oder ob mehr hinter dieser hohen Diversität steckt. Kehren wir deshalb von diesem kurzen Ausflug zu den Methoden der quantitativ arbeitenden Ökologie zum Thema des Kapitels zurück.

Die außerordentlich hohe Artendiversität der Bäume in Zentralamazonien steht nicht isoliert. Es gibt zahlreiche Befunde, die ein recht schlüssiges Bild zum Baumartenreichtum Tropischer Regenwälder vermitteln. So kommen ähnlich hohe Artenzahlen von Bäumen auch in Oberamazonien, in Peru und Ecuador vor. In den umliegenden Regenwaldbereichen Amazoniens sinkt die Artenzahl auf kleinen Flächen von Hektar- oder Quadratkilometergröße auf 100 bis 200 ab. Solche Werte, stellenweise auch höhere, finden sich auf Borneo und Sumatra sowie in den zentralen Bereichen des Kongo-Regenwaldes in Afrika, wo jedoch zumeist schon deutlich weniger als 100 verschiedene Baumarten pro Hektar festgestellt werden. Die geringsten Artenzahlen wurden in einigen südostasiatischen Regenwäldern ermittelt, die von einer Gattung von Regenwaldbäumen beherrscht sind, nämlich von den Dipterocarpus-Arten. Diese »Zweiflügelfrucht«-Bäume, wie die wissenschaftliche Gattungsbezeichnung zu übersetzen wäre, entwickeln dort nicht selten ausgedehntere Reinbestände und weichen damit vom sonst weltweit vorherrschenden Typ des sehr artenreichen, hochgradig diversen Tropischen Regenwaldes deutlich ab. Auch in den Bergregenwäldern geht die Diversität zurück. Einzelne Gruppen zunächst, wie Baumfarne oder Bambus-Arten, schieben sich in den Vordergrund und werden bestimmend, bis es schließlich zur Ausbildung fast artreiner Bestände kommt, die in bestimmten Höhenstufen größere Flächen einnehmen können.

Als genereller Trend läßt sich festhalten: Die Diversität nimmt von den zentralen Bereichen der Tropischen Regenwälder zu den Rändern hin kräftig ab. Sie unterscheidet sich von Kontinent zu Kontinent. Die insgesamt höchste Diversität wurde für den amazonischen Regenwald registriert, gefolgt von Südostasien, während Afrika die geringste Ausbildung von Diversität aufweist. Doch innerhalb von Südostasien treten ähnlich starke Unterschiede auf wie in Amazonien vom Zentrum zu den Randgebieten und insbesondere beim Übergang nach Mittelamerika.

Verglichen mit den außertropischen Wäldern, liegt der Artenreichtum der Tropenwälder jedoch auf jeden Fall um eine bis zwei Größenordnungen höher. Artreine Bestände sind die Ausnahme, vielartige sind die Regel.

Solche Feststellungen über die wechselseitigen Unterschiede sagen mehr aus als Vergleiche absoluter Artenzahlen. Solche sind nur dann sinnvoll, wenn der Weltartenbestand der betreffenden Gruppe von Pflanzen oder Tieren einigermaßen genau bekannt ist.

Das ist beispielsweise bei den Vögeln der Fall. Auch intensive Nachforschungen in noch jüngst unzugänglichen Gebieten förderten keine größeren Zahlen noch unentdeckter Arten mehr zutage. Die Rate der Neubeschreibungen liegt bei nur ein bis zwei Arten pro Jahr. Verglichen mit der Gesamtzahl von knapp 9000 weltweit vorhandenen Vogelarten, liegt sie unerheblich niedrig, so daß sie auch nach Jahrzehnten das Ergebnis von Vergleichen nicht mehr grundsätzlich verändern kann.

Wie sieht es nun mit dem Artenreichtum der Vögel aus? Die Ergebnisse, die sich für diese Tiergruppe zusammenfassen lassen, sind höchst eindrucksvoll. Allein der Tropische Regenwald Südamerikas beherbergt ein Sechstel des Weltartenbestandes. Zusammen mit Afrika und Südostasien sowie Nordostaustralien und die von Tropischen Regenwäldern bedeckten Inseln steigt der Anteil auf über ein Drittel an. Nimmt man, was aus ökologischer Sicht durchaus zu rechtfertigen, ja nötig ist, auch die Gastvogelarten hinzu, die im Bereich der feuchten Tropen überwintern oder die Trockenzeit verbringen, entfällt mehr als die Hälfte des Artenspektrums der Vögel ganz oder zeitweise auf den Großlebensraum des Tropischen Regenwaldes. Viele Arten können nur deshalb in den außertropischen Lebensräumen sich fortpflanzen, weil sie im Regenwald die Möglichkeit zur Überwinterung haben.

Dies läßt sich aber auch anders herum betrachten. Wenn schon zahlreiche Vogelarten außerhalb ihrer Fortpflanzungszeit den Tropischen Regenwald aufsuchen, warum bleiben sie dann nicht auch zum Brüten dort? Sie könnten sich den aufwendigen, nicht selten über Kontinente reichenden Weitstreckenzug sparen und an Ort und Stelle, wo sie überwinterten, Brutreviere gründen. Die Tropen müssen doch besonders attraktiv für diese Tiergruppe sein, wie sonst wäre der immense Anstieg der Artenzahl der Brutvögel von den außertropischen Gebieten zu den Tropen hin zu verstehen.

Die Abbildung zeigt diesen Anstieg für die gut untersuchten Verhältnisse in Nordamerika und den Übergang über die Landenge von Mittelamerika zum äquatorialen Südamerika hin. Die auf Flächeneinheiten bezogene Zahl der Brutvogelarten steigt äquatorwärts exponentiell an. Die Engpässe in Mittelamerika wirken sich offensichtlich so gut wie nicht aus. Das kleine Land Panama hat mehr Vogelarten als der ganze nordamerikanische Kontinent. Dabei ist gewöhnlich die Zahl der Arten sehr stark von der Flächengröße abhängig. In der Tiergeographie wird diese Abhängigkeit »Arten-Areal-Beziehung« genannt. Sie besagt, daß die Zahl der Arten mit der Flächengröße in einer gut voraussagbaren, berechenbaren Weise zunimmt. Wie und welche Folgen das für die Beurteilung des Artenreichtums Tropischer Regenwälder hat, soll der kurze Exkurs zu diesem Konzept erläutern.

Die Zahl der Arten, die ein bestimmtes Gebiet bewohnen können, hängt nicht allein vom Vorhandensein geeigneter Lebensräume (also von der Biotop*qualität*), sondern auch von der Flächengröße (Biotop*quantität*) ab. Die einzelnen Arten kön-

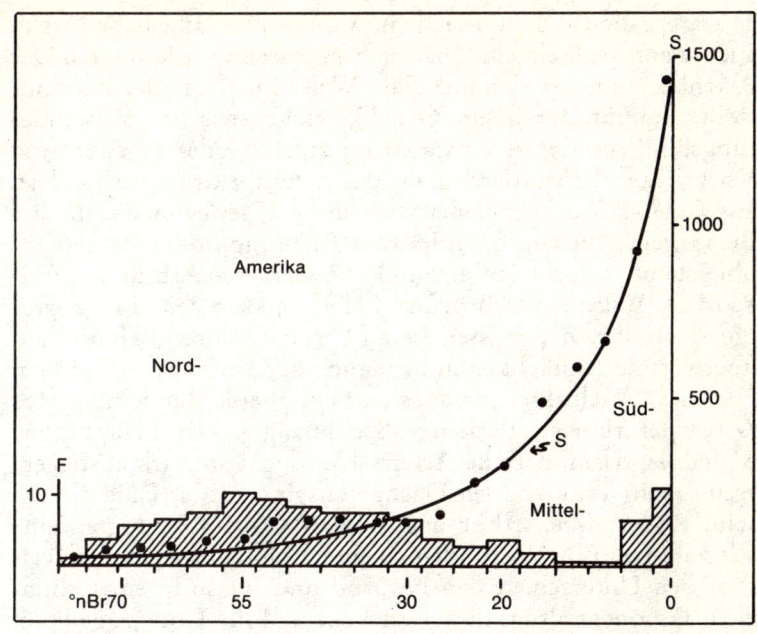

Zunahme der Vogelarten von Nordamerika über Mittelamerika nach Amazonien (S = Artenzahl, O = Äquator). Die Kurve spiegelt den immensen Anstieg der Diversität wider.

nen nur in einer Gemeinschaft von Artgenossen, welche einen örtlichen Bestand (eine Population) bilden, auf Dauer überleben. Je kleiner diese Populationen sind, um so größer ist die Gefahr, daß sie aussterben – und umgekehrt. Deswegen können sich auf Inseln gewöhnlich nicht so viele, oft sogar erheblich weniger Arten halten als am benachbarten, von den Lebensbedingungen her vergleichbaren Festland. Je kleiner die Inseln, um so dürftiger ist ihr Artenspektrum, und je größer, desto ähnlicher wird es den Festlandsverhältnissen.

Doch nicht die Größe allein nimmt Einfluß auf den überlebensfähigen Satz von Arten, sondern auch die Entfernung der Insel vom benachbarten Festland, das die »Quelle« der Arten darstellt. Ist die Insel weit abgelegen und klein, wird sie eine geringere »Trefferrate« von Arten abbekommen, die in der Lage wären, die Insel zu besiedeln, während festlandsnahe Inseln, auch wenn sie klein sind, häufiger Nachschub bekommen. Der Artenbestand, der sich auf diese Weise im Laufe der Zeit einstellt, kommt durch ein Gleichgewicht zwischen Zuwanderungsrate, die das Artenspektrum auffüllt oder ergänzt, und Verlustrate (Aussterberate), die das Artenspektrum vermindert, zustande. Für Inseln ließen sich diese Überlegungen, die am Beginn einer neuen, quantitativen Richtung in der Biogeographie standen, recht gut ermitteln. Robert MacArthur und Edward O. Wilson, die Begründer der Theorie der »Biogeographie von Inseln«, stießen beim Vergleich ihrer Befunde auf unerwartete Ähnlichkeiten bezüglich der Verhältnisse auf dem Festland. Auch dort erwies sich bei näherer Betrachtung das Artenspektrum als flächengrößenabhängig. Der Hauptunterschied lag darin, daß die Artenzahlen nicht so stark ansteigen, wenn man von kleineren Flächen ausging, als im Falle der Inseln. Robert MacArthur und Edward O. Wilson fügten eine Vielzahl von Einzelbefunden zu einem Modell zusammen, welches den Unterschied von Festland und Inseln in einer einfachen Exponentialfunktion ausdrückt und die Unterschiede im Artenreichtum berücksichtigt, der für die verschiedenen Gruppen von Tieren und Pflanzen von Natur aus gegeben ist. Dieses Modell wird durch die Formel

$$S = C \cdot A^z$$

ausgedrückt, wobei S die Artenzahl ist, die auf der Fläche A erwartet wird, C den gruppenspezifischen Faktor darstellt und z den »lagespezifischen« Exponenten. Gruppenspezifischer Faktor bedeutet die »Eichung« auf das Artenspektrum der untersuchten oder behandelten Gruppe von Organismen wie etwa Brutvögel, Schmetterlinge oder Baumarten. Er gibt an, wie viele Arten der betreffenden Gruppe im großen Durchschnitt auf der Flächeneinheit (Quadratkilometer) vorkommen. Wenn A = 1 (Quadratkilometer), ergibt sich dieser Faktor C als Artenzahl S pro Quadratkilometer; z schließlich, der »lagespezifische« Exponent, bestimmt mit seiner Größe, wie schnell das Artenspektrum mit Zunahme der Flächengröße zunimmt. Er nimmt bei flächen-kontinentalen Verhältnissen deutlich geringere Werte an – meistens 0,12 bis 0,14 – als bei insularen

Verhältnissen, unter denen z die doppelte Größe (0,28 bis 0,30 oder mehr) annimmt. Dieser Unterschied hängt nicht von der bearbeiteten Tier- oder Pflanzengruppe ab, sondern von der Lage des untersuchten Raumes auf Inseln oder auf dem Festland; daher die Bezeichnung »lagespezifischer« Exponent.

Wird diese Formel auf die Brutvögel Mitteleuropas angewendet, so erhält sie folgende Form:

$$S = 42 \cdot A^{0,14}$$

Die durchschnittliche Artenzahl pro Quadratkilometer beträgt somit für die mitteleuropäischen Brutvögel 42 Arten; ein Wert, der deutlich höher liegt als in Nordamerika. Das drückt die kleinteilige Struktur Mitteleuropas aus, die mehr Arten im gleichen Gebiet ermöglicht als die weitaus einheitlichere, großräumigere Landesnatur des nordamerikanischen Kontinents. Der Exponent drückt dennoch mit 0,14 typisch flächig-kontinentale Verhältnisse aus. Das heißt, daß die Flächengröße stark zunehmen muß, um weitere Arten einem gebietstypischen Spektrum hinzuzufügen. Auf Inseln wäre dies anders. Das zeigt der Teilausschnitt der Wasservögel aus dem mitteleuropäischen Artenspektrum, weil deren Lebensräume, die Gewässer, den Inseln im Meer vergleichbar sind und recht unterschiedliche Größen aufweisen. Ihre Gesamtartenzahl ist mit kaum 20 Arten gering, so daß der gruppenspezifische Faktor C nur den Wert 1,9 einnimmt. Dafür liegt aber z mit 0,25 schon sehr nahe am typischen Wert für Inseln. Die Artenzahl der Wasservögel steigt daher mit zunehmender Gewässergröße viel stärker an als die der Landvögel. Sie beginnen schon mit einem sehr viel höheren Niveau, und ihre Artenzahlen entwickeln sich nur langsam mit weiterer Flächenvergrößerung der Untersuchungsgebiete. Genauso ist es auf den richtigen ozeanischen Inseln.

Der besondere Wert dieses Berechnungsmodells liegt nun darin, daß es uns in die Lage versetzt, für jede realistische Flächengröße einen Erwartungswert zu errechnen, der dann dem tatsächlichen Befund für dieses Gebiet gegenübergestellt werden kann. Stimmen Befund und Erwartung im Rahmen zulässiger statistischer Abweichungen überein, ist die Vorhersage nach diesem Modell richtig ausgefallen. Der Zusammenhang mit der Flächengröße wurde damit hergestellt. Weitere Faktoren, wie Qualitäten der Biotope, die von der erfaßten Fläche mit eingeschlossen worden sind, spielen keine bedeutsame Rolle mehr. Die Befunde entsprechen dem erwarteten Durchschnitt.

Anders dagegen sieht es aus, wenn Befund und Erwartung nicht übereinstimmen – so das Beispiel der Artenzunahme zu den amerikanischen Tropen hin. MacArthur und Wilson hatten für die kontinentale Situation in Nordamerika die Arten-Areal-Beziehung für die Brutvögel ermittelt und eine sehr gute Übereinstimmung mit dem Modell erzielt. Die Artenzahlen erwiesen sich hinreichend genau flächengrößenabhängig, aber nur bis zum Beginn der Tropenzone. Dann stellten sich ganz offenkundig andere Verhältnisse ein. Die Artenzahl schnellt so sehr in die Höhe, daß die kontinentale Flächenabhängigkeit überhaupt keine Rolle mehr zu spielen scheint. War somit das Modell falsch oder nur auf bestimmte geographische Bereiche anwendbar? Machte die Andersartigkeit der Tropen so viel aus?

Das Modell besagt zunächst ganz klar, daß der überproportionale Anstieg trotz geringfügiger Flächenvergrößerung den Übergang in ein neues Faunengebiet charakterisiert. Eine tiergeographische Grenze ist überschritten worden; eine längst wohlbekannte Grenze zwischen den amerikanischen Tropen, als Neogaea oder Neotropis im biogeographischen Schrifttum bezeichnet, und der nordamerikanischen Region, die Nearktis, die weitaus engere Beziehungen zu den Nordkontinenten der Alten Welt aufweist als zu Südamerika, mit dem sie direkt verbunden ist. Die Nearktis wird demzufolge mit der Paläarktis Eurasiens zur »Holarktis« zusammengenommen, ein Faunen- und Florenreich mit hoher Eigenständigkeit trotz Aufspaltung in zwei Kontinentalmassen.

Zu diesen längst bekannten Befunden hatte die Arten-Areal-Beziehung also nur eine weitere Bestätigung hinzugefügt. So scheint es zumindest, aber so ist es nicht. Denn wäre dort, wo sich die Bereiche berühren, nichts weiter passiert, als daß zwei unterschiedliche Faunen zusammenkommen, dann hätte sich nur an der Kontaktzone ein sprunghafter Anstieg der Artenzahlen ergeben, wie wir das in kleinem Maßstab von Grenzen zwischen zwei verschiedenartigen Biotopen (Ökotone genannt, die sich stets als besonders artenreich erweisen) hinlänglich kennen. Hingegen setzte sich der Artenanstieg rapide fort und stieg bis zum Äquator hin an, wo er im Tropischen Regenwald Amazoniens den Höhepunkt und Scheitel erreicht.

MacArthur und Wilson hatten auch hierfür einen Erklärungsansatz bereit, der auf früheren Forschungsergebnissen von Robert MacArthur aufbaute. Er hatte festgestellt, daß die Artenvielfalt an Kleinvögeln vom Schichtenaufbau des Waldes abhing. Wälder mit deutlich ausgeprägter Schichtung in drei »Stockwerke«, die Bodenschicht, die Strauch- und Jungwuchsschicht sowie die Kronenschicht, hatten deutlich mehr Vogelarten als solche, denen die Mittelschicht fehlte. Konnte es nicht sein, daß im Tropischen Regenwald, der im Süden Mexikos anfing und sich immer dichter über die Landenge Mittelamerikas nach Südamerika hinüberzog, wo er in den Tälern der Ostanden und in Amazonien seine größte Entfaltung erreichte, daß in diesem Verlauf zwei oder mehr »Stockwerke« hinzukommen, die den Anstieg des Artenreichtums verursachen? Die quantitative Methode der Arten-Areal-Beziehung hatte dafür einen besseren Einstieg vermittelt als die vorherigen Befunde, weil diese die Berechnung von Erwartungswerten zuließ und nicht einfach Befund an Befund aneinanderreiht. Die nähere Auseinandersetzung mit dem Inhalt dieser Beziehung lohnte sich und erbrachte bedeutende Fortschritte für die Wissenschaft. Die Formel ergab, daß der Stockwerksaufbau allein nicht die Antwort auf den Anstieg des Artenreichtums der Brutvögel zu den amerikanischen Tropen hin liefern konnte. Dafür war der Anstieg zu stark.

Die Abschweifung zur Arten-Areal-Beziehung wirft somit die grundlegende Frage auf, wie der außerordentliche Artenreichtum zu verstehen ist, der sich im Tropischen Regenwald zeigt. Die beiden bisher berücksichtigten Gruppen, Bäume und Vögel, können den Einstieg in diese, für das Verständnis des Tropischen Regenwaldes eminent wichtige Frage vermitteln, weil der weltweite Artenbestand, den sie aufweisen, gut genug bekannt ist.

Bei den Bäumen ergibt sich freilich eine Schwierigkeit: Sie sind als bodengebundene Organismen nur vergleichsweise langsam, durch Verbreitung von Samen, in der Lage, ihr Areal auszudehnen, also sich auszubreiten. Es wäre vorstellbar, daß dieser Prozeß so langsam verläuft, daß sich viele Arten von ihren Entstehungsorten nicht rasch genug über den grundsätzlich geeigneten Lebensraum ausbreiten konnten. Damit kamen sie auch nicht in Konkurrenz zueinander, und sie konnten räumlich voneinander getrennt überleben. Dagegen spricht allerdings der Befund, daß in Zentralamazonien nicht nur sehr hohe Artenzahlen an Bäumen und Lianen festzustellen sind, sondern daß diese Artenvielfalt auf engstem Raum zusammenlebt, sich durchdringt und offensichtlich seit längerer Zeit auf diese Weise existiert.

Für Vögel gelten die Einschränkungen, die sich aus der Ausbreitungsfähigkeit der Bäume ergeben, gewiß nicht. Die allermeisten Arten können gut bis sehr gut fliegen. Viele sind in der Lage, kontinentale Distanzen zu überwinden. Sie müßten deswegen schon nach vergleichsweise kurzer Zeit die Möglichkeit gehabt haben, alle ihnen zusagenden Plätze aufzufinden. Daher sei hier im weiteren an den Vögeln demonstriert, was die Besonderheit der Artenvielfalt im Tropischen Regenwald ist.

Betrachten wir jetzt nur den Tropischen Regenwald Amerikas. Er beginnt als beherrschende Vegetationsform im südlichen Mexiko und erstreckt sich kontinuierlich, ohne nennenswerte Unterbrechungen, welche die Vögel an ihrer Ausbreitung gehindert haben könnten, über Mittelamerika nach Amazonien hinein. Somit dürften wir nach der Arten-Areal-Beziehung nur vergleichsweise geringe Unterschiede in den Artenzahlen für diesen einheitlichen Großlebensraum erwarten, wenn die Mehrzahl der Arten nebeneinander vorkommen kann, wie wir das von unseren Waldvögeln kennen. Die Unterschiede in den Vogelpopulationen zwischen südskandinavischen Laubwäldern und solchen im südlichen Mitteleuropa sind in der Tat gering. Noch geringer fallen sie für die Arten aus, welche die Nadelwaldzone bewohnen. Die Artenzahlen nehmen dann von Europa bis Ostsibirien schön regelmäßig und dem Modell folgend mit der Flächengröße zu. In den Tropenwäldern steigen sie aber exponentiell an. Die möglichen zusätzlichen ein bis zwei Stockwerke bringen zu wenig, als daß sie die Erklärung für den Artenreichtum liefern könnten. Ein weiterer bedeutungsvoller Faktor muß hinzukommen, welcher den Anstieg bewirkt.

Hierfür können wir nochmals auf die Arten-Areal-Beziehung

zurückgreifen. Der Exkurs hatte ergeben, daß die Artenzahl auf Inseln viel stärker ansteigt als unter kontinentalen Verhältnissen, also sollte man die Form der Berechnung für Inseln wählen. Das Ergebnis sieht paradox aus: Für die Vorhersage des hohen Artenreichtums der Vögel im Tropischen Regenwald eignen sich die für Inseln typischen Rahmenbedingungen besser als die für flächig-kontinentale Verhältnisse. Die Vögel der Tropenwälder verhalten sich offenbar in erheblichem Umfang so, als ob sie Inseln besiedeln würden und nicht geschlossene Waldgebiete auf dem Festland.

Zahlreiche Areale der einzelnen Arten grenzen aneinander, ohne sich zu überlagern. Dadurch verdoppelt sich, auf eine bestimmte Fläche bezogen, in der Bilanz die Artenzahl nahezu. Berücksichtigt man nun noch, wie schon ausgeführt, die größere Diversität im »Stockwerksaufbau« des Regenwaldes, also die Dichte und die Struktur der Vegetation, dann kommen jene rund 400 Vogelarten zusammen, die sich auf Untersuchungsgebieten in Ostperu, im Kongobecken oder auf Borneo haben ermitteln lassen. Sie entsprechen ungefähr einer Verdopplung der Artenzahl im weiteren Sinne waldbewohnender Vogelarten, wie sie auch in Europa vorhanden sind, auf dieser ökologischen Basis einer umfangreicheren Waldstruktur ohne jahreszeitliche Einschränkungen.

Die Verdreifachung dieses Wertes für Amazonien ergibt sich dann aus der geographischen Trennung der vielen Arten, deren Vorkommen sich nicht überlappen. Solche Verhältnisse finden sich auch in Afrika, wo der Grundwert des Artenspektrums, auf Kleinflächen bezogen, die dem C-Wert der Arten-Areal-Beziehung entsprechen, nicht einmal das Eineinhalbfache des europäischen Grundwertes von 42 Arten pro Quadratkilometer ausmacht. Aber die Gesamtzahl der Arten steigt durch die außerordentlich starke Aufsplitterung in voneinander getrennte geographische Areale auf 1400 Arten und übertrifft damit Mitteleuropa mit seinen knapp 250 Arten bei weitem.

Damit sind zwei gänzlich unterschiedliche Formen von Diversität bei den Bäumen und den Vögeln des Tropischen Regenwaldes sichtbar geworden. Die Vogelwelt kombiniert offensichtlich räumlich getrennte Artenvielfalt mit solcher, die an Ort und Stelle vorhanden ist, wie bei den Bäumen des zentralamazonischen Waldes. Die Mehrzahl der Vogelarten kommt nicht im selben Lebensraum vor; die Diversität bekommt bei dieser Gruppe eine sehr starke geographische Komponente.

Versuchen wir dazu die Anknüpfung an Bekanntes. Wie sehen die Verhältnisse bei unseren Vögeln aus? Nehmen wir vor allem jene Arten und Artengruppen, die den weiten Zug ins tropische Winterquartier machen, weil sie dort zumindest zeitweise Bestandteil der Artengemeinschaft werden, die auf Dauer in den Tropenwäldern lebt. Die allermeisten dieser Arten aus »unserer« Avifauna kommen im europäischen Brutgebiet zusammen in denselben Wäldern vor. Sie leben sympatrisch, was bedeutet, daß sich ihre Vorkommen zur Fortpflanzungszeit geographisch nicht ausschließen. Bei einer ganzen Reihe von Arten überschneiden sich sogar die einzelnen Brutreviere, so daß sie an derselben Stelle, syntop, vorkommen. So können wir in einem mitteleuropäischen Laubwald ohne weiteres sich überschneidende oder sogar nahezu völlig überdeckende Brutreviere von Mönchs- und Gartengrasmücke, Fitislaubsänger und Zilpzalp, Gelbspötter und Trauerschnäpper sowie weiteren insektenfressenden Singvogelarten, auch solchen, die als Jahresvögel im Gebiet bleiben, vorfinden. Diese Arten sind keineswegs selten, sondern in großen Beständen in Europa vorhanden. Zu vielen Millionen ziehen sie nach Abschluß des Brutgeschäftes ins afrikanische Winterquartier.

Noch deutlich reichhaltiger ist die Palette nordamerikanischer Waldvögel, die im selben Lebensraum während der Brutzeit vorkommen und in die mittel- und südamerikanischen Tropen zur Überwinterung ziehen. Ein ähnlicher Wechsel vollzieht sich in Asien und Australien. Mehr als eine Milliarde Vögel beteiligt sich an diesem weltweiten Austausch. Die Tropenzone erweist sich auch in dieser Hinsicht eingebunden in weltweite Austauschprozesse, die keineswegs an geographischen oder klimatischen Grenzen Halt machen.

Was den Artenreichtum der Vögel in den Tropischen Regenwäldern betrifft, so bleibt allerdings die Frage offen, warum er sich so anders verhält als in Nordamerika oder in Eurasien. Weshalb gelangt gerade in der Tropenzone das inselartige Verbreitungsmuster zu einer solch großen Geltung? Die Flugfähigkeit der Vögel würde genau die entgegengesetzte Annahme nahelegen, daß klimatisch so einheitliche und zusammenhängende Räume wie gerade Amazonien, das Kongobecken oder auch die großen Inseln Borneo und Sumatra besonders ausgeprägt kontinentale Verbreitungsmuster der Vogelarten zeigen müßten. Sie tun es nicht.

3
Vögel

Von allen Tiergruppen sind die Vögel sicher die am besten erforschten Tiere auf der Erde. Mit nur ganz wenigen Ausnahmen sind sie tagaktiv und optisch orientiert, was unseren eigenen Fähigkeiten besser entspricht als die bei vielen Arten waldbewohnender Säugetiere ausgeprägte Nachtaktivität, sowie deren starke Orientierung mit dem Geruchssinn oder mit dem Tastsinn. Und die Größe der meisten Vogelarten kommt unseren Möglichkeiten der Beobachtung ohne aufwendige technische Hilfsmittel entgegen. Sie lassen sich zumeist an äußeren Gefiedermerkmalen oder an der Stimme gut unterscheiden, um nur die für wissenschaftliche Untersuchungen wichtigsten Eigenschaften der Vögel hervorzuheben. Eine große Zahl gründlicher Untersuchungen ist weltweit an tropischen Vogelarten vorgenommen worden, so daß wir nicht nur über die Verbreitungsmuster besser als bei jeder anderen Tiergruppe informiert sind, sondern auch über die Lebensweise ihrer bedeutendsten Vertreter.

Wer erstmals in Tropischen Regenwäldern den Versuch unternimmt, Vögel zu beobachten, die Arten zu bestimmen und ihre Lebensweise zu erforschen, wird in aller Regel die überraschende, ja enttäuschende Erfahrung machen müssen, daß man sich sehr schwer tut, die Vögel überhaupt zu Gesicht zu bekommen. Stundenlang kann man in Zentralamazonien auf Waldpfaden unterwegs sein, ohne überhaupt auch nur einen einzigen Vogel zu sehen oder zu hören. Der unvergleichliche Gesang des Uirapurú, des brasilianischen Flötenzaunkönigs (Cyphorinus arada), vorgetragen im Dämmerlicht des sich neigenden Tages im Unterholz des amazonischen Regenwaldes, wirkt nicht zuletzt auch deswegen so bezaubernd, weil kein vielstimmiger Chor anderer Vogelstimmen die Flötentöne überlagert. Welterfahrene Ornithologen, die in Ostafrika gleichsam im Handumdrehen 120 bis 150 verschiedene Vogelarten registrieren und in zwei Wochen mühelos 350 Arten und mehr zusammenbringen, tun sich sehr schwer, wenigstens 100

Arten in Zentralamazonien im Verlauf von zwei oder drei Wochen intensiver Geländestudien zu erfassen. Dennoch steigt, wenn man nur lang genug unterwegs ist, über die Monate hinweg die Artenzahl kontinuierlich an, so daß nach Jahresfrist 300 bis 400 Arten die Notizbücher füllen.

Damit sollte deutlich geworden sein: Die meisten Vogelarten sind selten, haben eine geringe Bestandsdichte. Es gibt keine tropische Fülle von Vögeln, die bei der Ankunft auf den Besucher hereinbricht, wie das die hohen Artenzahlen erwarten ließen. Manche Arten streifen unstet umher, fehlen oft wochenlang an einer bestimmten Stelle, die sie schließlich wieder aufsuchen, andere wiederum sind jahraus, jahrein an genau denselben Plätzen zu finden. Fängt man sie weg, sind sie oft schon nach wenigen Tagen durch andere Individuen der gleichen Art ersetzt, deren Vorhandensein man nicht bemerkt hatte. In den südamerikanischen Tropen hat sich eine ganze Gruppe von Vögeln, die Ameisenvögel (Formicariidae), darauf spezialisiert, den Wanderzügen von Ameisen zu folgen. Weitere Arten, die nicht in die Verwandtschaft der Ameisenvögel gehören, schließen sich an, so daß der Wald in der Nähe eines Ameisenzuges plötzlich von einer Vielzahl kleiner und mittelgroßer Vögel erfüllt ist, während vorher fast völlige Leere herrschte. Es bilden sich auch Gruppen von artverschiedenen Vögeln, die gemeinsam durch den Wald streifen und dabei die Vorzüge unterschiedlicher Such- und Jagdmethoden zum gegenseitigen Vorteil ausnutzen.

Bei den Untersuchungen zur Siedlungsdichte der Regenwaldvögel und zu ihrem Bruterfolg stellte sich heraus, daß die einzelnen Arten durchschnittlich weitaus geringere Siedlungsdichte als vergleichbare Vögel außertropischer Wälder aufweisen. Reviere mit weniger als 1000 Quadratmetern, wie sie bei mitteleuropäischen Singvögeln vorkommen können, gibt es offenbar in den Tropischen Regenwäldern nicht. Allerdings verstecken die meisten Arten ihre Nester so gut, daß es sehr schwierig ist, über ein ausreichend großes Gebiet den gesamten Brutbestand festzustellen. Hinzu kommt, daß die Brutzeiten jahreszeitlich nicht festgelegt sind und weitaus stärker streuen können als in den durch den Sommer-Winter-Rhythmus gesteuerten außertropischen Breiten oder in den vom Wechsel zwischen Regen-

und Trockenzeiten geprägten tropischen Savannen und Steppen. Die größere Artenzahl pro Flächeneinheit könnte jedoch eine Siedlungsdichte insgesamt ergeben, die jene außertropischer Gebiete erreicht oder übertrifft. Häufig ist aber das Gegenteil der Fall: Auch die kombinierte Gesamtsiedlungsdichte der Waldvogelarten erreicht nicht den Wert produktiver Gebiete in den gemäßigten Breiten oder subpolaren Wälder.

Die Gelegegrößen fallen bei vergleichbaren Arten zumeist deutlich geringer in den Tropenwäldern aus als in außertropischen Gebieten. Seit langem ist bekannt, daß die Eizahl pro Gelege von den Subtropen zum Polarkreis hin zunimmt. Dies wird gewöhnlich mit den hohen Verlusten erklärt, die nördliche Brutpopulationen durch die längeren Zugwege in die Winterquartiere auszugleichen haben. Was sollte aber dann die weiter südlich lebenden Populationen daran hindern, ähnlich große Gelege zu zeitigen und damit ihre Fortpflanzungsrate zu erhöhen? Sie könnten sich damit möglicherweise im Winterquartier gegen die Vertreter der nördlicheren Populationen besser behaupten. Aus evolutionsbiologischer Sicht wäre eine derartige Erklärung, daß der Vogel seinen Fortpflanzungsaufwand direkt auf die zu erwartenden Verluste einrichtet, nicht vertretbar. Die Art müßte auf jeden Fall ihre Möglichkeiten voll ausschöpfen,

Die Familie der Ameisenvögel (Formicariidae). Sie entwickelte in den mittel- und südamerikanischen Tropen eine große Artenvielfalt. Sie weist auf die große Bedeutung der Ameisen im Naturhaushalt des amerikanischen Tropenwaldes hin. Rechts oben sind zwei typische Vertreter der gleichfalls amerikanischen Vogelfamilie der Baumsteiger (Dendrocolaptidae) abgebildet: der Sichelbaumhacker (Campylorhamphus trochilirostris) und rechts der Scheitelfleck-Baumsteiger (Lepidocolaptes affinis). Die einzelnen Ameisenvogelarten; unterste Reihe, von links: Schwarzscheitel-Ameisenpitta (Pittasoma michleri), Kurzschwanz-Ameisendrossel (Chamaeza campanisoma), Schwarzgesichts-Ameisendrossel (Formicarius analis); zweite Reihe von unten, von links: Gelbbrust-Ameisenpitta (Grallaricula flavirostris), Gebänderter Ameisenwürger (Thamnophilus doliatus), Streifenbrust-Ameisenpitta (Hylopezus perspicillatus); dritte Reihe von unten: Großer Ameisenwürger (Taraba major), Gefleckter Ameisenvogel (Hylophylax naevoides), darüber: Weißbart-Ameisenvogel (Pithys albifrons); ganz oben links: Schwarzer Ameisenvogel (Cercomacra nigricans).

weil jede auch nur leichte Erhöhung des Fortpflanzungspotentials eine sich verstärkende Wirkung entfalten würde, bis die Möglichkeiten ausgeschöpft sind.

Die Gründe müssen anderswo gesucht werden: Die nördlichen Populationen können eine größere Eizahl bewältigen und mehr Junge pro Brut aufziehen als die südlicheren, weil zur Fortpflanzungszeit im Norden, nahe dem Polarkreis, die Tage sehr viel länger sind als im subtropischen Süden oder gar in der inneren Tropenzone. Den dortigen Brutvögeln steht nur ein 12-Stunden-Tag zur Verfügung, während die skandinavischen, kanadischen oder nordrussischen Brutvögel 18, 20 oder mehr Stunden nutzen können, je nachdem, wie weit nach Norden ihre Brutgebiete reichen. Sie können damit viel mehr Zeit für die Nahrungsbeschaffung aufwenden als die unter tropischen Bedingungen lebenden Arten.

Genaugenommen ist es in den tropischen Wäldern nicht einmal 12 Stunden am Tag hell, weil im Inneren des Waldes die Lichtintensität so gering ist, daß schon Stunden vor Sonnenuntergang die Helligkeit nicht mehr zur Nahrungssuche ausreicht. Entsprechend länger dauert es auch am Morgen, bis genügend Licht vorhanden ist. Den Waldboden erreicht nur etwa ein Prozent der Lichtmenge, die oben auf die Kronen trifft. Nur die Kronenbewohner haben somit die volle Länge des 12-Stunden-Tages zur Verfügung. Diese Einschränkung im Zeitbudget stellt einen ganz wesentlichen Faktor für die Einschränkung der Gelegegröße dar: Die Zeit reicht nicht aus, um ähnliche Leistungen zu vollbringen, wie wir sie von Singvögeln unserer Breiten kennen.

Aber reicht das Zeitbudget als Erklärung für die geringe Gelegegröße und Siedlungsdichte aus? Der Zeitverlust könnte ja durch eine Erhöhung der Siedlungsdichte kompensiert werden. Wenn zwei Altvögel auf einem Hektar bei einem 20-Stunden-Tag ein Nest mit 8 Jungvögeln versorgen können, dann sollte es genauso möglich sein, daß – unter den tropischen Zeitbedingungen – vier Altvögel, also zwei Paare, zwei Nester mit je 4 Jungen auf der gleichen Fläche von einem Hektar betreuen. Die Flächenproduktivität bliebe dann die gleiche – bei halbiertem Zeitbudget zwar nur halb so große Jungenzahl pro Nest, dennoch doppelte Siedlungsdichte! Doch das ist ausschließlich

Theorie. Denn tatsächlich ist die Siedlungsdichte der Arten des Tropischen Regenwaldes nicht nur nicht höher als bei vergleichbaren Vögeln außertropischer Lebensräume, sondern sogar zumeist deutlich geringer; die Überlegungen zum Zeitbudget können somit nicht die volle Antwort bringen. Welche Erklärungsmöglichkeiten stehen noch offen?

Zu den maßgeblichen Faktoren der Bestandsentwicklung jeder Tierart gehört der sogenannte Feinddruck. Wie verhält es sich damit? Hierfür liegen zahlreiche Hinweise vor, darunter vor allem die außerordentlich gute Tarnung, die viele Kleinvogelnester auszeichnet. Bei einigen Arten konnte sogar ein direkter Zusammenhang zwischen Nestbauweise und Feinddruck nachgewiesen werden. So verlängern die südindisch-ceylonesischen Bajaweber (Ploceus philippinus), eine Webervogelart, die senkrecht nach unten gerichtete Einschlupfröhre zu ihrem retortenförmigen Nest auf das Doppelte bis Dreifache, wenn im betreffenden Gebiet Baumschlangen häufig sind, die in die Nester eindringen, um die Brut daraus hervorzuholen. Je länger die Röhre, um so schwieriger wird es für die Schlangen, zuerst außen am Nest senkrecht abwärts zu klettern und sich dann u-förmig zurückzubiegen, um in das Nest hineinzugelangen. Afrikanische Schließbeutelmeisen (Anthoscopus caroli) fabrizieren einen falschen, blind endenden Eingang unter dem richtigen, den sie nach dem Ein- oder Ausfliegen so zuziehen, daß eine Baumschlange den richtigen Weg, der ins Nest führt, nicht bemerkt.

Südamerikanische Stärlinge, die frei pendelnde Hängenester bauen, schließen sich häufig wehrhaften Wespen oder Bienen an, die schon ein Nest in der Baumkrone gebaut haben. Die aggressiven Insekten bewirken einen Schutz für die Stärlingsnester. Sie können darauf verzichten, wenn die Brutkolonie von einer anderen Stärlingsart parasitiert wird, die nach Art des Kuckucks ihre Eier in fremde Wirtsvogelnester legt, weil die früher schlüpfenden, sehr agilen Brutparasiten den nachher schlüpfenden Wirtsvogeljungen die Schmeißfliegen abpicken, deren Larven sie töten würden.

Wehrlose Segler wie der südamerikanische Greisenkopfsegler (Cypseloides senex) durchfliegen zum Nisten die »Wasservorhänge« von Wasserfällen, um in den Nischen dahinter zu brüten. Dort sind Nester und Junge vor Feinden sicher. Aber die erste eigenständige Lebenstätigkeit der flüggen Jungsegler muß darin bestehen, sich aus dem Nest zu stürzen und die Wasserwand zu durchfliegen, die ihnen während ihrer ganzen Nestlingszeit den Ausblick auf den freien Luftraum verwehrt hatte. Nicht nur zum Nisten fliegen die Segler hinter die Wasservorhänge, sondern auch zum Übernachten.

Es gehört gewiß zu den eindrucksvollsten Naturbeobachtungen an den weltberühmten Iguaçú-Wasserfällen zwischen Brasilien und Argentinien, in einer Zone randtropischer Feuchtwälder gelegen, die eine Vorstellung von Tropischem Regenwald geben, wenn vor Sonnenuntergang die ersten Gruppen von Seglern über den Gischtmassen auftauchen und der Durchflug durch die Wasserwände beginnt. Wie in selbstmörderischer Absicht stürzen sich die Segler in die Wasserfälle – um dahinter zu schlafen.

Ein wirklich starker Druck von Feinden muß auf den Vögeln lasten, wenn sie zu solchen Nist- und Verhaltensweisen gelangen. Tatsächlich ergaben die Untersuchungen zum Bruterfolg fast ausnahmslos auch sehr hohe Verlustraten. Kaum ein Viertel, meistens sogar nicht mehr als ein Fünftel aller Brutversuche hat Erfolg. Die große Mehrzahl der Bruten scheitert, und das trotz der guten Tarnung der Nester. Der Feinddruck bewirkt somit ganz offensichtlich die geringere Siedlungsdichte.

Hohe Brutverluste sind jedoch auch in unserer Vogelwelt nicht ungewöhnlich. Kleine Arten, wie beispielsweise die Schwanzmeisen, die so kunstvolle und anscheinend so gut mit Flechten getarnte Kugelnester bauen, haben mit Verlusten von 70 bis 80 Prozent der Nester zu kämpfen. Sie gleichen die hohen Verluste durch ein höchst bemerkenswertes Sozialverhalten aus. Die Paare, deren Nester von Feinden vernichtet worden sind, beteiligen sich bei den anderen, deren Nester unentdeckt blieben, bei der Jungenaufzucht. Vier bis sechs Altvögel können an einem erfolgreichen Nest fütternd beteiligt sein, wie anhand beringter Vögel festgestellt wurde. Auf diese Weise schaffen sie es, 10 bis 12 Junge mit Erfolg großzuziehen, was einem Paar alleine kaum gelingen könnte. Diese durchaus wechselseitige Hilfe am Nest steigert die Überlebenschancen der Jungen, weil sie in besserer Kondition das Nest verlassen als ohne diese Hilfe. Die hohen Nestverluste werden auf diese Weise kompensiert.

Der Gedanke liegt nahe, daß ein derartiges Ausgleichssystem auch die hohen Nestverluste tropischer Vögel vermindern oder sogar kompensieren könnte. Es wurden auch wechselseitige Hilfe und »kommunales Brüten« bei zahlreichen Arten festgestellt. Doch wenn wir eine besonders charakteristische Vogelart der amerikanischen Tropen in diesem Zusammenhang betrachten, den schwarzen Ani-Kuckuck (Crotophaga ani), dann sieht das, was der Hilfe bei der Jungenbetreuung zu entsprechen scheint, erheblich anders aus. Die Ani-Kuckucke leben dauerhaft in kleinen Schwärmen von 10 oder mehr Vögeln zusammen. Sie warnen beim Nahen von Feinden, verhelfen sich gegenseitig zu günstigen Futterquellen, putzen sich und synchronisieren ihre Aktivitäten. Das Ergebnis dieser ausgeprägten Gemeinschaft ist – anders als bei den Schwanzmeisen – die Beschränkung der Fortpflanzung auf das ranghöchste Paar der Gruppe. Die anderen helfen bei der Versorgung der Jungen mit. Das besondere Sozialverhalten dieser Kuckucke vergrößert somit nicht in der erwarteten Weise die Nachwuchsleistung, sondern bewirkt nichts weiter, als daß sich ein Paar aus der ganzen Gruppe fortpflanzt. Die übrigen 10, 12 oder mehr Mitglieder bleiben von vornherein von der Fortpflanzung ausgeschlossen. Sie müssen warten, bis das dominante Paar ausfällt und sie nachrücken können.

Die letzte Möglichkeit schließlich, die hohen Nestverluste auszugleichen, wäre das erneute Brüten. Den Tropenwaldvögeln steht dafür das ganze Jahr zur Verfügung und nicht bloß eine mehr oder weniger kurze Saison im Frühsommer. Doch nur zwei Brutversuche pro Jahr scheinen bei vielen Waldvogelarten die Regel zu sein.

Was hier am Beispiel der Vögel erläutert wurde, sollte in der Gesamtbilanz überzeugen – daß es im Tropischen Regenwald nicht die oft erwartete hohe Siedlungsdichte gibt und daß die meisten Arten nur selten vorkommen. Artenreichtum und Seltenheit scheinen Hand in Hand zu gehen. Doch aus dem bisher Gesagten läßt sich die eigentliche Ursache noch nicht ableiten. Aber wir können einen Hinweis verwerten, der von den Zugvögeln stammt, die zum Überwintern in die Tropen kommen.

Die wenigsten von ihnen suchen nämlich, wenn sie ihr tropisches Winterquartier erreicht haben, die Regenwälder auf. Im Gegensatz zu ihrer Lebensweise im Brutgebiet weichen vor allem die insektenfressenden Arten auf die Savannen aus, wo sie den Großteil ihres Winteraufenthaltes verbringen. Unsere Waldvögel ziehen nicht in den dichten, üppigen Regenwald, sondern nehmen mit der heißen, offenen Savanne vorlieb; zum Schaden für einige Arten, wie die Entwicklungen im Zusammenhang mit der Dürrekatastrophe in der Sahel-Zone in den letzten beiden Jahrzehnten gezeigt haben. Der Mangel an Niederschlägen ließ die Verhältnisse in dieser Übergangszone von der Wüste zur echten Savanne für Mensch und Tier so extrem werden, daß bei einigen europäischen Singvogelarten die Bestände zusammenbrachen, weil die Lebensbedingungen in der Sahel-Zone zu ungünstig geworden waren. Die Millionenheere der Rauchschwalben, die alljährlich nach Afrika ziehen, halten sich über den Steppen und Savannen, nicht über den Wäldern des Kongo-Gebietes auf. Dorthin ziehen nur ganz wenige Arten, wie die Gartengrasmücke und der Pirol, doch wie sie sich wirklich im Winterquartier verteilen, ist noch nicht genau genug bekannt. Die nordamerikanischen Zugvögel überwintern im karibischen Raum, aber nur in sehr geringem Umfang in den riesigen Wäldern Amazoniens, und im Prinzip dasselbe trifft für die asiatischen Arten zu, die im dürren Winter Nordindiens verweilen, ohne zu den üppigen südindischen Wäldern weiterzufliegen.

Zwar sind die Tropen Überwinterungsgebiet der Zugvögel, aber eben nicht der Tropische Regenwald; er erweist sich als wenig attraktiv für die Zugvögel aus außertropischen Gebieten. Der Zustrom der Überwinterer erhöht die dortige Vogeldichte nicht wesentlich.

Wie läßt sich das verstehen? Würde es sich bei den Zugvögeln überwiegend um Arten handeln, die von den Samen der Gräser leben, wäre die Bevorzugung der tropischen Savannen klar. Der Regenwald ist kein Grasland und somit kein geeignetes Winterquartier für Savannenvögel. Aber bei den Zugvögeln stellen Arten, die in Wäldern leben und die von Insektennahrung abhängig sind, den weitaus größten Teil. Für sie ist die Savanne nicht der günstigste Lebensraum, im Regenwald ist das Angebot an Insekten bedeutend besser.

Welches sind nun die Vögel im Regenwald? Ihre Zusammensetzung müßte Aufschluß über die Verhältnisse geben. Das
Spektrum der Anpassungsformen ist sehr weit. Praktisch jeder
Typ ist vertreten, wie er bei Waldvögeln im weitesten Sinne
weltweit auftritt. Faßt man die verschiedenen Typen nach der
Art ihrer Ernährung zusammen, dann bildet in allen Tropischen Regenwäldern die nahrungsökologische Gruppe, die Gilde der Insektenfresser, die Hauptgruppe. Sie umfaßt mehr als
die Hälfte des Artenspektrums. Die nächst große Gruppe setzt
sich aus Arten zusammen, die sich von Früchten ernähren.
Fruchtfresser sind insbesondere in den Tropen der Alten Welt
verbreitet und häufig. Fruchttauben und Turakos, aber auch
Paradies- und Laubenvögel gehören dazu. Es soll aber schon
hier betont werden, daß die Zuordnung zu einem bestimmten
Ernährungstyp häufig nicht eindeutig ist. Bei vielen, vielleicht
bei der Mehrzahl der Arten ist das Nahrungsspektrum sehr
weit. Enge Spezialisierung zeigt sich viel eher in der Art der
Nahrungssuche oder in der Technik des Nahrungserwerbs als
in der Art der Nahrung selbst. Fruchtfresser können – und
müssen oft auch – ihr Menü in großem Umfang durch Insekten
ergänzen, wie auch umgekehrt Insektenfresser bei günstigem
Angebot Früchte oder andere Nahrungsquellen nutzen. Der
Spezialisierungsgrad erweist sich bei näherer Betrachtung geringer als erwartet.

Die dritte Gruppe bilden all jene – in der Regel kleinen –
Vogelarten, die von Nektar leben. Bekannteste Vertreter dieser
artenreichen Gilde sind in Amerika die Kolibris und in den
altweltlichen Tropen die Nektarvögel. In Australien haben die
Honigesser eine ähnliche Nahrungsnische eingenommen, so
daß weltweit in der Tropenzone Nektar als Nahrungsquelle
von kleinen Vögeln genutzt wird. Wie im Zusammenhang mit
den Energie-Umsetzungen gezeigt werden wird, reicht der
Nektar allein jedoch nicht aus, um eine vollwertige Ernährung
der »Nektarvögel« sicherzustellen.

Eine weitere, nach Zahl und Größe der Arten bedeutende
Gilde stellen die Samenfresser dar. Sie reichen von den kleinen
Arten, die entsprechend kleine Samen verwerten, bis zu den
weltweit in der Tropenzone verbreiteten Papageien, unter ihnen Vertreter, deren Schnäbel so mächtig sind, daß sie unsere

mechanischen Nußknacker an Leistung übertreffen. Ein großer Ara kann so hartschalige Nüsse wie die brasilianische Paranuß, die wir mit dem Hammer öffnen müssen, fast mühelos knacken. Kakadus in Australien und Neuguinea haben ähnlich massige Schnäbel entwickelt. Die Kraftübertragung erfolgt so wirkungsvoll über die Schnabelmechanik, daß ein Druck von über 100 Kilopond pro Quadratzentimeter entsteht. Der mit dem größten Papageienschnabel ausgestattete Arakakadu (Probosciger aterrimus) aus Nordaustralien und Neuguinea bewältigt mit seinem »Werkzeug« die steinharten Canarium-Nüsse. Er sägt ein Loch mit den scharfen Schnabelkanten in die Nuß und holt mit der langen Hakenspitze des Schnabels den Inhalt heraus.

So erstaunlich derartige Anpassungen sind, so sehr bringen sie auch die Stärke des Selektionsdruckes zum Ausdruck, der die Evolution der hochspezialisierten Schnabelkonstruktionen verursacht hat. Allein die Ordnung der Papageien umfaßt nahezu 350 Arten weltweit. Sie konkurriert damit hinsichtlich des Artenreichtums mit den kleinsten Vertretern der Vogelwelt, mit den Kolibris, für die eine nahezu gleich große Artenzahl festzustellen ist. In beiden Vogelgruppen lebt die große Mehrzahl der Arten im innertropischen Bereich.

Auf die artenreiche Gilde der Fischfresser wird in anderem Zusammenhang eingegangen. Hier ist für diese Gruppe nur festzuhalten, daß insbesondere bei den Eisvögeln (Alcedinidae) ein Großteil der Arten nicht an Gewässern im Bereich des Tropischen Regenwaldes vorkommt, sondern in Savannen, an Waldrändern und im subtropischen Bereich, wo sie vorwiegend Großinsekten fangen. Ihr Verteilungsmuster ist recht interessant: In den amerikanischen Tropen leben fünf Arten, in Afrika 15 und in Südostasien und der angrenzenden Inselwelt 60. Das größte Flußsystem der Erde, Amazonien, hat also den kleinsten Anteil an der Artenvielfalt der Eisvögel. Auch andere Gruppen überwiegend fischfressender Vogelarten weichen in den inneren Tropen auf Insektennahrung an Land aus. Das beste Beispiel ist der Kuhreiher (Bubulcus ibis), dem es um 1930 gelungen ist, ohne Mitwirkung des Menschen Amerika zu besiedeln. Eine Gruppe von Kuhreihern schaffte die Überquerung des Südatlantiks von Afrika her, wohl getragen vom Passat, und sie siedelte sich im Nordosten von Südamerika an. Von dort breitete sich dieser kleine Reiher schnell über weite Teile von Südamerika und bis nach Nordamerika aus. Seine Vorkommen hängen von Weidevieh ab, das die Insekten aufstöbert, von denen sich die Kuhreiher ernähren.

Als letzte größere Anpassungsgruppe sind schließlich die Greifvögel zu erwähnen, die mit 205 Arten eine sehr reichhaltige Ordnung bilden. Die beiden kräftigsten Arten, die amerikanische Harpyie (Harpia harpyja) und der Philippinische Affenadler (Pithecophaga jefferyi) kommen zwar in Tropischen Regenwäldern vor, aber sie sind außerordentlich selten. Die Mehrzahl der Greifvögel in Tropenwäldern gehört zum Habichtstyp. Es handelt sich um schnelle, wendige, mittelgroße bis kleine Greifvogelarten, die gut zwischen den Baumkronen manövrieren können. Ihr Beutespektrum umfaßt vorwiegend Kleinvogelarten, kleine Säugetiere und in einzelnen Fällen Fledermäuse.

Das Artenspektrum der Greifvögel Tropischer Regenwälder ist reichhaltig, aber stets bleiben sie selten bis sehr selten. Greifvogelansammlungen, wie sie aus den ostafrikanischen Savannen oder aus dem südamerikanischen Gran-Chaco-Gebiet bekannt sind, wo man innerhalb eines Tages mehrere Hundert Greifvögel beobachten kann, treten im Bereich des Tropischen Regenwaldes nicht auf. Geier fehlen in der Regenwaldzone der Alten Welt fast vollständig. In den amerikanischen Tropen fliegen Königs- (Sarcorhamphus papa) und Truthahngeier (Cathartes aura) sowie der nahe mit letzteren verwandte Gelbkopfgeier (Cathartes melambrotos) niedrig über den Wäldern. Im Gegensatz zu den echten Geiern der Alten Welt sind sie in der Lage, Tierkadaver zu riechen. Sie sind sehr selten, verglichen mit der Geierhäufigkeit in Afrika und Asien, wo noch weitere Aasverwerter hinzukommen. In der Häufigkeit der Geier und aasverwertenden Greifvögel besteht also ein leicht zu beobachtender und auffallender Unterschied zwischen den Tropen der verschiedenen Kontinente und außerdem zwischen Savanne und Regenwald. Dies wirft die weitere Frage auf, wie es sich überhaupt mit den Großtieren im Tropischen Regenwald verhält. Denn damit ist auch festgestellt, daß diese nur selten im Tropischen Regenwald auftreten können, insbesondere im südamerikanischen Regenwald.

Blenden wir noch einmal kurz zurück auf die Ausgangsfrage: Warum meiden die Wintergäste den Tropischen Regenwald weitgehend, und warum ziehen sie überwiegend die tropischen Savannen und Steppenzonen vor? An der Art der Nahrung, die sie benötigen, kann es nicht liegen, weil die Artengruppe der Insektenfresser im Tropischen Regenwald weltweit die dominierende Vogelgilde darstellt. Es sei betont: Die Zusammensetzung der Vogelwelt in den Tropenwäldern deckt ein sehr weites Spektrum ab, das alle Formen von Insektennahrung mit einschließt, und es enthält außerdem zwei Gruppen vorwiegend tropischer Anpassungsrichtungen, die Frucht- und die Nektarverwerter. Das macht einen wesentlichen Teil der übergroßen Reichhaltigkeit der Vogelwelt aus. Folglich muß es andere Gründe geben, warum sich die Insektenfresser, die zum Überwintern in die Tropen kommen, aus den Regenwäldern fernhalten und die offenen Landschaftstypen vorziehen.

Ein solcher Grund könnte die Konkurrenz sein. Sie bewirkt, daß die besser angepaßten, feiner eingenischten Regenwaldarten die Fremdlinge nicht in den Wald eindringen lassen. Der Effekt ist in der Ökologie wohlbekannt. Artenreiche Lebensräume erschweren fremden Arten das Eindringen; artenarme erleichtern es. Oder, anders ausgedrückt: Je mehr Arten sich schon eingenischt haben, um so schwerer fällt es weiteren, noch eine Nische zu finden. Die Nischen, die spezifischen Lebensräume der einzelnen Arten, lassen sich nicht beliebig fein aufteilen. Nur dort, wo noch größere Lücken im Nutzungsmuster zwischen den Arten vorhanden sind, können sich weitere Arten hineinschieben. Ansonsten kommt es zur Verdrängung.

Diese theoretische Vorstellung mag überzeugend klingen, aber sie hat im konkreten Fall ihre Schwächen. Die Vogelarten im Tropischen Regenwald sind zwar hinsichtlich ihrer Artenspektren »dicht gepackt«, aber, was ihre Siedlungsdichte betrifft, »dünn gesät«. Nur wenn die Siedlungsdichte entsprechend hoch wäre, könnte die dichte Packung der Arten dem Eindringen weiterer entsprechend massiven Widerstand entgegensetzen.

Infolgedessen muß eine andere Ursache für die geringe Nutzung der Tropischen Regenwälder durch Zugvögel aus außertropischen Gebieten vorliegen; eine Ursache, die eigentlich auch die Entstehung des Vogelzuges gleich miterklären müßte. Denn warum haben so viele Singvogelarten ihre Tropenheimat verlassen, um Tausende von Kilometern entfernt davon zu brüten, die Jungen großzuziehen und im Anschluß daran wieder zurückzukommen in ihr Herkunftsgebiet?

Um einer Antwort näher zu kommen, wollen wir vorläufig das Thema wechseln und uns den Insekten zuwenden.

In den Regenwäldern der Tropen gibt es eine so artenreiche und vielfältige Insektenwelt wie nirgendwo auf der Erde. Der Artenreichtum übertrifft, wie jüngste Forschungen gezeigt haben, alle bisherigen Vorstellungen – die bereits eindrucksvoll genug gewesen waren. So fanden Forscher des amerikanischen Smithsonian-Instituts allein auf der kleinen Insel Barro Colorado in Panama in jahrzehntelanger Arbeit über 20 000 verschiedene Insektenarten. Das kommt etwa dem Artenbestand in Europa gleich. Fangergebnisse in anderen Tropenwaldgebieten haben ähnliche Befunde ergeben. Verglichen mit außertropischen Gebieten, lagen die Artenzahlen bis zum Mehrhundertfachen höher. Hätte man entsprechend umfassende Untersuchungen, wie sie für die Vögel vorliegen, auch für Insekten, so würde der Anstieg zu den Tropen hin mit Sicherheit noch erheblich steiler ausfallen.

Bis zu Beginn der achtziger Jahre wurde aufgrund dieses Kenntnisstandes der Artenbestand der Erde auf etwa 3 Millionen geschätzt. Ungefähr die Hälfte davon, so nahm man an, lebte in den Tropen, die andere im außertropischen Raum, das Weltmeer mit der Tiefsee eingeschlossen. Gerade die Hälfte, nämlich 1,5 Millionen Arten, war in wissenschaftlicher Systematik erfaßt, beschrieben und mit einem Namen versehen. Der Gesamtumfang des Artenbestandes war, so sah es aus, ganz gut abschätzbar.

Das änderte sich, als mehrere Forschergruppen begannen, sich näher mit dem Kronenbereich der Tropenwaldbäume zu befassen. Mit der Seiltechnik von Bergsteigern wurden die Wipfel der Tropenwaldriesen »begehbar« gemacht. Den entscheidenden Durchbruch erzielten in den späten siebziger und frühen achtziger Jahren verschiedene Forschergruppen in Panama, Peru und Venezuela. Gleichzeitig wurden die Methoden der Erfassung der Insektenfauna verbessert. Terry Erwin zog als erster die neue Bilanz. Seine Untersuchungen hatten eine solche Fülle neuer Arten, vor allem von Käfern und anderen Insekten, im Kronendach zutage gefördert, daß die bisherigen Vorstellungen von der Gesamtartenzahl der Erde nicht mehr zu halten waren. Er legte seiner Hochrechnung das Verhältnis zwischen den neu festgestellten und den bereits bekannten Arten in den verschiedenen Gattungen und Familien der Insekten zugrunde. Dieses Verhältnis gab Aufschluß über den tatsächlich zu erwartenden Gesamtbestand der Arten. Nach Erwins Ergebnissen mußte mit etwa dem Zehnfachen des bisher angenommenen Artenbestandes gerechnet werden.

Der Evolutionsbiologe Robert M. May faßte in den späten achtziger Jahren diese neuen Ergebnisse zusammen und stellte die bislang umfassendsten Hochrechnungen an. Sein Ergebnis veränderte die Sachlage nun vollends. Was bei Erwin noch als vielleicht zu hoch gegriffene Annahme gewertet werden mochte, bestätigte sich nun in völliger Klarheit: Der Artenbestand aller Tiere der Erde bewegt sich im Bereich zwischen etwa 20 und 80 Millionen. Den allergrößten Teil davon stellen die Insekten, und davon lebt wiederum der allergrößte Teil im Tropischen Regenwald. Mit den bis zum Jahre 1988 beschriebenen 1,82 Millionen Arten der Insekten war das Artenspektrum nicht einmal zu einem Zehntel und somit keineswegs auch nur annähernd erschöpfend erfaßt worden. Die Wirbeltiere waren von diesen neuen Berechnungen kaum betroffen, an ihrem Artenreichtum änderten die neuen Befunde so gut wie nichts, dieser kann als weitgehend erforscht gelten.

Wie sieht die Insektenvielfalt bei genauerer Betrachtung aus? Die nahezu unvorstellbare Vielfalt mehrerer bis vieler Millionen Insektenarten muß sich in irgendeiner Weise über die verschiedenen Ordnungen verteilen. Ist diese Verteilung zufällig, oder läßt sie ein bestimmtes Muster erkennen, das weiteren Aufschluß über die Insekten, ihre Lebens- und Evolutionsbedingungen vor allem im Tropischen Regenwald gibt? Neue Untersuchungen auf Borneo geben hierüber Aufschluß. Ihnen läßt sich zweifelsfrei entnehmen, daß Zufallsprozesse gewiß nicht mit im Spiel sind. Dort sind auf nur zehn Regenwaldbäumen über 2800 Gliedertierarten und insgesamt 24 000 Individuen festgestellt worden. Die Zahl der Spinnenarten – 5 Prozent der Gesamtsumme – ist noch nicht ausgewertet worden. Die Aufteilung nach den verschiedenen Gruppen, zumeist Ordnungen, bezieht sich damit nur auf die Insekten.

Den Spitzenplatz teilen sich die Käfer und die Hautflügler mit jeweils 30 Prozent am Artenspektrum. Während sich die Käfer fast ausschließlich von Pflanzen ernähren, machen die Parasiten bei den Hautflüglern den weitaus größten Teil aus. Die Artenzahl der Bienen und Wespen ist im Vergleich dazu verschwindend gering. Die parasitischen Wespen stellten allein 739 der 2800 Arten. Die gleichfalls zu den Hautflüglern gehörenden Ameisen wurden getrennt behandelt. Diese Familie war mit 99 Arten und 4489 Individuen in der untersuchten Stichprobe vertreten. Bemerkenswert: 437 Arten der Hautflügler war mit nur einem einzigen Individuum vertreten. Die größte Zahl pro Art waren 19 Individuen – auch hier also eine erstaunlich geringe Dichte von Artgenossen. Zählt man 24 000 Gliedertiere (Arthropoden) auf zehn Bäumen, dann sieht das nach sehr viel mehr aus, als es in Wirklichkeit ist. Das ergibt nicht einmal ein Insekt pro Blatt. Auf Bäumen in den außertropischen Breiten können Millionen Insekten in einer einzigen Krone vorkommen. Aber sie gehören zu einigen wenigen Arten, beispielsweise zu Blattläusen oder zu den Raupen einer Schmetterlingsart, die gerade eine Massenvermehrung durchmacht.

Doch werfen wir nochmals einen Blick auf die Ergebnisse der jüngsten Forschung. Schmetterlinge, die man im Tropenwald am meisten erwartet, sind mit nur ein paar Prozent im Artenspektrum recht bescheiden vertreten. Sie stellten auch keine nennenswerten Anteile am Häufigkeitsspektrum. Den dritten Rangplatz nahmen vielmehr die Zweiflügler (Diptera) ein, gefolgt von den Wanzen (Hemiptera) und den Flechtlingen, Rinden- und Staubläusen (Psocoptera). Heuschreckenverwandte schlossen sich an. Danach nahmen die Anteile der weiteren Gruppen stark ab.

Nach der Häufigkeit geordnet und unter Berücksichtigung der Körpergröße ergibt sich eine interessante Umkehrung. Die Spitzenstellung nehmen nun die Ameisen ein. Die Käfer und die Wanzen folgen. Die Zweiflügler, die viele sehr kleine Arten umfassen, stellen den größten Anteil an den Individuen und rücken mit den Wanzen fast gleichauf, während die Schmetterlinge auf ihrer niedrigen Position verbleiben, die sie unmittelbar an die winzigen Springschwänze (Collembolen) anschließt, die in der Bodenstreu vorkommen.

Dieses sehr aufwendig erarbeitete Ergebnis läßt sich in ähnliche, nach den Arten nicht so genau durchgearbeitete Befunde aus anderen Tropenwäldern einbauen. Greifen wir davon zwei charakteristische und aufschlußreiche Zahlenreihen heraus.

Die erste betrifft die Gesamtzahl der Arthropoden (dies sind Insekten und Spinnen sowie Tausendfüßler und einige andere Gruppen). In Zentralbrasilien wurden durchschnittlich 32,1 Gliedertiere pro Quadratmeter gefunden, in den Randbereichen waren es 160,9; auf Borneo lag der Mittelwert bei 119,9 und auf der Insel Seram bei 1200,6. Zwischen dem geringsten und dem höchsten Wert liegt somit der Faktor 37,4. Die Wälder von Seram erwiesen sich damit als fast vierzigmal reicher an Insekten und anderen Arthropoden als der zentralamazonische Regenwald.

Dieses Gefälle ist außerordentlich bedeutsam für die Beurteilung der Verfügbarkeit von Insektennahrung und für die Zusammenhänge zwischen den Bäumen des Waldes und den Insekten, die davon leben. Betrachtet man die Insekten als eine Art »Produktion« des Waldes, dann bestehen offensichtlich sehr unterschiedliche Produktionshöhen in den verschiedenen Regenwäldern: Amazonien schneidet am schlechtesten ab, gefolgt von Gebieten auf Borneo, während kleine Inseln und zum Teil auch afrikanische Regenwälder erheblich höhere Werte liefern.

Die zweite Zahlenreihe betrifft allein die Ameisen und ihren Anteil am gesamten Artenspektrum der Arthropoden. In Amazonien stellen sie mit 43,4 bis 53,4 den weitaus größten Teil, während sie in außertropischen Gebieten, zum Beispiel in England und in Südafrika, weniger als 10 Prozent ausmachen. Dies läßt sich ohne besondere Hilfsmittel und ohne größeren Aufwand von jedem Regenwaldbesucher selbst beobachten. Ameisen begegnen auf Schritt und Tritt. Man tut gut daran, auf sie zu achten, weil ihre Stiche und Bisse ausgesprochen schmerzhaft sein können. In manchen Regenwaldgebieten sind Hunderte von Arten auf einem Hektar zu finden, von denen viele in Tausenden von Individuen vorkommen. Wenn irgendeine Insektenart im Tropischen Regenwald wirklich in großer Individuenzahl vorkommt, dann gehört sie gewiß zu den Ameisen. Selbst in den Untersuchungsergebnissen von Borneo, die oben ausführlicher vorgestellt worden sind, entfielen statistisch 40 Individuen auf je eine der 99 Arten. Natürlich waren Arten darunter, die mit erheblich mehr Individuen vertreten waren, und solche, die nur sehr selten vorkamen. Allein der hohe Durchschnittswert, doppelt so hoch wie bei der häufigsten Art der übrigen Hautflügler, bringt bereits die Dominanz der Ameisen klar zum Ausdruck.

Dennoch lassen sie sich nicht so direkt mit den anderen Insekten vergleichen, weil praktisch alle diese Ameisen sterile, nicht fortpflanzungsfähige Arbeiterinnen oder »Soldaten« sind. Gerade die häufigen Ameisenarten leben in mehr oder weniger volkreichen Staaten, in denen nur eine oder mehrere Königinnen die Fortpflanzung vornehmen. All die Käfer und Schmetterlinge, die Wanzen und Fliegen, die parasitischen Wespen mit ihrer Artenfülle und die winzig kleinen Staubläuse oder die Urinsekten sind durch Individuen vertreten, die normalerweise im voll entwickelten Zustand, als Imagines, fortpflanzungsfähig sind. Bei den Ameisen (und den ihnen in vieler Hinsicht ähnlichen, aber aus ganz anderer Verwandtschaft kommenden Termiten) ist das nicht der Fall. Die Fortpflanzung obliegt allein den Königinnen und den zu bestimmten Zeiten auftretenden Männchen, die bei den Termiten als »König« im Staat leben können, bei den Ameisen aber nach erfolgter Fortpflanzung nicht mehr lange im Nest bleiben. Eine dauerhafte Anwesenheit von Männchen bildet eher die Ausnahme. Ähnliche Verhältnisse sind bekanntlich bei den Bienen und Hummeln gegeben, wo die Männchen als »Drohnen« bezeichnet und häufig nach dem Hochzeitsflug bekämpft und getötet werden.

Neben den Ameisen fallen im Tropischen Regenwald weitere Vertreter von staatenbildenden Insekten auf. Nester von Wespen und Bienen, in den amerikanischen Tropen insbesondere auch von stachellosen Bienen (Meliponinae), finden sich in vergleichsweise großer Zahl. Auf gut drainierten Böden errichten die Termiten ihre Nester gewöhnlich unterirdisch. In sehr feuchtem oder häufig überschwemmtem Gelände bauen sie auf Bäumen ihre charakteristischen Nestanlagen, von denen überdachte Gänge wie Adern zum Boden hinabführen. Das absolute Vorherrschen sozialer Insekten kennzeichnet das Leben dieser Tiere im Tropischen Regenwald mehr als die schwer zu erkennende Artenvielfalt der Käfer und der parasitischen Hautflügler. Dieses Grundmuster der Häufigkeitsverhältnisse bei den Insekten ist in allen Tropenwäldern zu finden. Die Ameisen nehmen zu, während die übrigen Insekten seltener werden. Zwei Trends laufen hier weltweit gegeneinander: Von den Tropen zu den gemäßigten Breiten nehmen die Insekten an Häufigkeit zu, die Ameisen aber ab. Weshalb sind die Ameisen gerade in jenen Regenwäldern besonders häufig, in denen die allgemeine Insektenhäufigkeit gering ist? Und warum spielen die sozialen Insekten im Tropischen Regenwald eine so große Rolle?

Die Fragen gehen immer weiter ins Detail. Wenn wir sie vertiefen, verlieren wir uns nicht in Besonderheiten, sondern sie vermitteln den Einstieg zu den grundlegenderen Zusammenhängen, die sich bei der bloßen Feststellung des Artenreichtums nicht erkennen lassen.

Greifen wir daher den Ausschnitt der Ameisen und der anderen sozialen Insekten aus der unabsehbaren Fülle des Insektenlebens heraus, um ihre Rolle zu klären. Drei Beispiele sollen die verschiedenen Facetten des Ameisenlebens anschaulich machen.

Das erste handelt von einer Ameisengruppe, die nahezu jeder Tropenwaldbesucher in Amerika zu Gesicht bekommt, wenn er nur ein wenig auf die Kleinlebewelt am Boden achtet. Denn die Straßen, die diese Ameisen anlegen, sind kaum zu übersehen. In zentimeter- bis dezimeterbreiten Bahnen durchziehen sie den Wald, queren Waldpfade, laufen über umgestürzte Bäume und verästeln sich irgendwo, während sie am anderen Ende in faustgroßen Löchern im Boden verschwinden. Ein Blick auf diese Ameisenstraßen verrät sofort, worum es sich handelt. Es sind Blattschneiderameisen (Unterfamilie Attinae), die in schier endlosen Kolonnen vornehmlich Blattstücke, aber auch Blütenteile oder Fruchtstückchen nestwärts transportieren, während in der Gegenrichtung mehrspurige Marschkolonnen ausschwärmen, die noch nichts tragen. Die Blattstücke werden wie Segel hochgehalten. Bei manchen Arten sitzen winzige Ameisen auf diesen Blättern und wehren angreifende, gleichfalls winzige Wespen ab, die versuchen, mit Ablage ihrer Eier die Blattschneiderameisen zu parasitieren. Die Blattstücke zeigen recht einheitliche Formen. Oft tragen die Blattschneider stundenlang Stücke von derselben Pflanzenart zu ihrem Bau und richten dadurch erhebliche Schäden in Pflanzungen an.

Sie treten zu Millionen auf. Ihre Kolonien gehören zu den größten Ameisenstaaten überhaupt. Büsche oder kleinere Bäume können sie in einer Nacht so gut wie völlig entlauben. Dabei schneidet die einzelne Ameise mit ihren kräftigen Kiefern halbmondförmig Stück für Stück aus den Blättern. Jede passende Portion wird abgeschleppt und zum Nest transportiert; dazu müssen sie viele Meter aus der Baumkrone erst zu Boden kommen und haben dann noch viele Meter vor sich, bis der Eingang erreicht ist. Die Tätigkeit ist nach menschlichen Begriffen mühevoll.

Dann geht der Weg weiter in den Boden hinab. Dort wurden in passender Tiefe, weit genug vom Grundwasserspiegel entfernt, viele kuppelförmige Kammern angelegt. Sie sind untereinander verbunden und haben Be- und Entlüftungsschächte. Die mittleren Kammern bilden das eigentliche Nest mit der Königin und mit den Larven. Die umgebenden Kammern sind Speisekammer und Küche zugleich, angefüllt mit einem Brei fein zerkauter Blattstücke. Die Arbeiterinnen hatten ihre Fracht dorthin transportiert und bearbeitet. Der Blattbrei fängt rasch zu verschimmeln an, aber es ist nicht irgendein Schimmelpilz, sondern ein besonderer Pilz, der sich da entwickelt. Und die Ameisen kultivieren ihn geradezu: Sie sorgen dafür, daß neu angelegte, mit Blattbrei versehene Kammern mit dem Pilz beimpft werden.

In der gleichmäßigen Wärme und Feuchtigkeit der unterirdischen Kammern wächst der Pilz ausgezeichnet. Rasch fängt er an, knöpfchenartige Fruchtkörper auszubilden; sie werden als »Ambrosiakörper« bezeichnet. Diese Fruchtkörper zwicken die Blattschneiderameisen ab und verzehren sie: Nur davon und von nichts anderem können sie leben! Der Pilz Rhizotes gongylophora versorgt also die Blattschneiderameisen – und sie versorgen ihn. Eine perfekte Symbiose zwischen Pilz und Ameise garantiert dem einen Partner beste Wachstumsbedingungen sowie den Weitertransport in neue Nester, wenn solche angelegt werden, und dem anderen eine beständige Nahrungsquelle, die sie sich allerdings in ihren unterirdischen Pilzkulturen mit großem Aufwand erarbeiten müssen. Von den Blättern und dem sonstigen Pflanzenmaterial, das sie zusammentragen, können die Ameisen nicht leben. Es taugt für den Pilz, nicht aber für sie als Nahrungsquelle. Zudem müssen sie die Pilzkammern »ausmisten«, um verbrauchtes Pflanzenmaterial und abgestorbene Pilzkulturen zu entfernen.

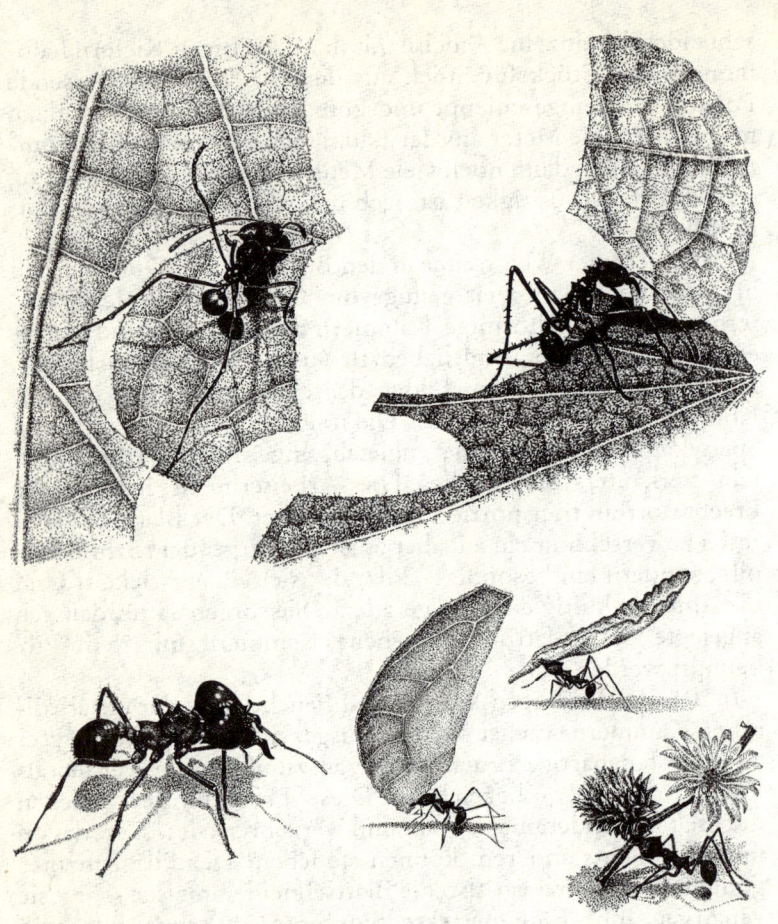

Blattschneiderameisen (Gattung Atta). Ein Blattstück passender Größe wird mit den scharfen Kiefern herausgeschnitten, dann senkrecht gestellt und zum unterirdischen Nest transportiert. »Soldaten« mit mächtigen Kiefern bewachen und verteidigen die Blatt-Transporte, die auch Blüten und Stücke von Früchten sein können. Bei den Arbeiterinnen gibt es deutliche Größenunterschiede. Sie ergeben sich aus der Qualität und der Menge der Nahrung, die den Larven gefüttert worden ist. Die Nestanlagen befinden sich metertief im Boden. Sie bestehen aus zahlreichen Kammern, die um die eigentliche Nestanlage angeordnet sind und die Pilzkulturen enthalten; sie stehen untereinander über Gänge in Verbindung. Neben angefangenen Pilzkammern mit noch unvollständigen Kulturen gibt es vor allem solche, in denen der Pilz (Rhizotes gongylophora) gedeiht

64

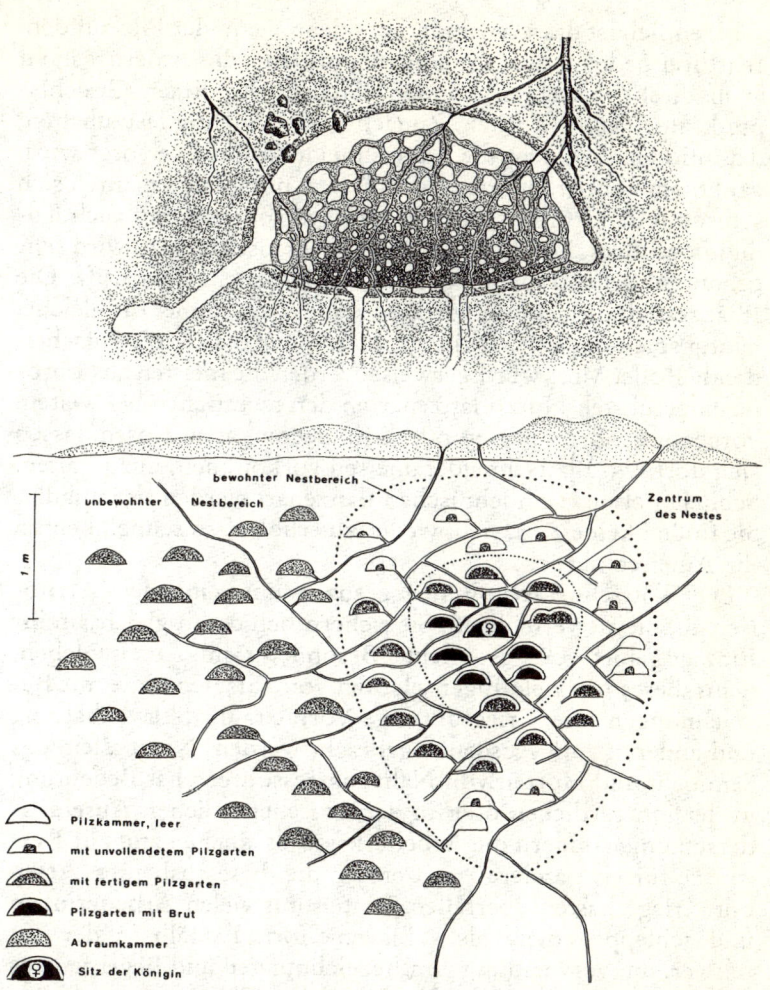

unbewohnter Nestbereich
bewohnter Nestbereich
Zentrum des Nestes

Pilzkammer, leer
mit unvollendetem Pilzgarten
mit fertigem Pilzgarten
Pilzgarten mit Brut
Abraumkammer
Sitz der Königin

und die Fruchtkörper ausbildet, von denen die Ameisen leben. Altern die Pilzkulturen, werden sie aufgegeben; eigene Kammern nehmen den »Abraum« auf, und Wurzeln von Bäumen wachsen hinein und entnehmen die dort noch reichlich vorhandenen Nährstoffe. Die punktierte Zone umgrenzt den bewohnten Nestbereich mit dem Zentrum, in welchem sich die Kammern mit der Ameisenbrut und die Wohnkammer der Königin befinden. Im Laufe der Zeit verschiebt sich die Nestanlage, weil immer mehr von den Pilzkammern unbrauchbar geworden sind und durch neue ersetzt werden müssen.

65

Eigentlich ist das verwunderlich, denn wenn der Pilz auf dem Blattbrei gedeiht, warum sollten ihn dann die Ameisen nicht auch direkt verzehren können? Stellen wir diesen Gesichtspunkt noch etwas zurück. Zunächst ist es wichtig festzuhalten, daß mit der Pilzzucht die Blattschneiderkolonie versorgt wird. Millionen von Arbeiterinnen sind dazu nötig. Sie ernähren sich selbst mit den Ambrosiakörpern und versorgen damit auch Königin und Brut. Das Material, das sie heranschleppen, wird sehr genau auf seine Tauglichkeit für die Pilzzucht überprüft. Die Pflanzenart, die genutzt wird, ist keineswegs immer die gleiche, häufig spielt der Entwicklungszustand der Blätter die entscheidende Rolle. Merkwürdigerweise werden die meisten aus Europa eingeführten Nutzpflanzenarten den heimischen bei weitem vorgezogen. Brombeeren oder Himbeeren, auch Rosen, lassen sich dort, wo Blattschneiderameisen vorkommen, nicht halten. Schneller als jede einheimische Pflanzenart werden sie entlaubt. Sie finden keine Zeit, sich wieder zu erholen, so schnell kehren die Ameisen zurück.

Die Blattschneiderkolonien grenzen untereinander Territorien ab, die sie verteidigen. Sie sichern sich damit gleichsam ihr Einzugsgebiet. Das ist nichts Besonderes im Ameisenleben, denn dieses hat viele Eigenschaften von »Staaten«, die mit Bezeichnungen wie Kriegführung, Vorratsraub, Sklavenhaltung und anderen zum Ausdruck gebracht werden. Nicht allein das Sammeln und Horten von Nahrungsressourcen hat Bedeutung in der innerartlichen oder in der zwischenartlichen Auseinandersetzung, sondern die Arbeiterkaste als solche kann zur Ressource für eine andere Art werden, die diese ausbeutet. Arten mit Kriegerkasten überfallen Staaten mit vielen Arbeiterinnen und schleppen diese als »Sklaven« fort. Es fällt in der Tat schwer, die Verwendung von Bezeichnungen und Begriffen aus der Lebenswelt des Menschen in solchen Fällen zu vermeiden. Vorratsbeschaffung, also Ausbeutung von Ressourcen einerseits, und die Arbeiterkaste als Ressource andererseits, nehmen also Schlüsselpositionen im Leben der Ameisen ein. All das ist keine Besonderheit der Tropen, sondern auch in außertropischen Lebensräumen zu finden. Aber in den Tropischen Regenwäldern stellen die Ameisen einen so hohen Anteil am Artenspektrum der Insekten, daß mit dieser Lebensweise offenbar gewichtige Vorteile verbunden sein müssen. Worin sie bestehen könnten, wird aus dem Beispiel der Blattschneiderameisen noch nicht klar.

Betrachten wir deshalb das zweite Beispiel: Ameisen, die in bestimmten Bäumen leben. Entlang der aus den Anden kommenden Zuflüsse des Amazonas und auch an seinem Hauptlauf wachsen in verhältnismäßig großer Zahl Bäume, die durch große, gefiederte Blätter auffallen. Es handelt sich um Arten der Gattung Cecropia, die als Ameisenbäume bekannt sind. In Brasilien nennt man sie Embaúba. Ihre Stämme und Äste sind ähnlich wie Bambus in Abschnitte gekammert. Die meisten dieser Kammern besitzen eine kleine, kreisförmige Öffnung. Klopft man vorsichtig an den Stamm, kommen Unmengen kleiner Ameisen heraus. Sie sind bereit, den Baum zu verteidigen. Ihre Angriffe sind sehr schmerzhaft, so daß man es vorziehen wird, den Cecropien nicht zu nahe zu kommen. Das gilt nicht nur für den Menschen, sondern noch mehr für Insekten aller Art oder für blattfressende Säugetiere. Die Ameisen halten sie von den Cecropien fern, ausgenommen die Faultiere, die sich wohl zu langsam bewegen, um von den Ameisen entdeckt zu werden. Außerdem schützt sie ihr sehr dichtes Fell recht wirkungsvoll.

Für die Ameisen leistet der Baum allerdings mehr als nur die Bereitstellung von Wohnräumen in seinem bereits gekammerten Stamm. Am Ansatz der langen Blattstiele entwickeln sich nämlich aus der Rinde der Cecropie kleine, knöllchenförmige Gebilde, die von den Ameisen verzehrt werden. Sie stellen die Nahrung dar und damit die entscheidende Gegenleistung für diese bemerkenswerte Partnerschaft zwischen einem Baum und Ameisen. Solche nektarähnlichen Abscheidungen (extraflorale Nektarien) außerhalb von Blüten kommen auch bei anderen Pflanzen im Tropischen Regenwald, stets in Verbindung mit Insekten, die dieses Angebot nutzen, in größerer Zahl vor. Die Partnerschaft liegt auf der Hand: Nahrung gegen Schutz.

Ameisen eignen sich als Schutztruppe in zweifacher Hinsicht viel besser als andere Insekten. Erstens sind die verteidigenden oder angreifenden Ameisen entbehrlich, weil sie sich nicht fortpflanzen. Sie haben demnach, fortpflanzungsbiologisch ausgedrückt, kein besonderes Interesse an der Selbsterhaltung zur

Erzeugung von Nachkommen. Sie tragen mit ihrer Leistung mehr zum Überleben der Kolonie und damit zum Überleben der fortpflanzungsfähigen Königin bei. Die Aufopferung kommt den späteren Geschlechtstieren zugute; das Eigenleben ist von geringem Wert.

Der zweite Grund liegt in der Fähigkeit, hochwirksame Sekrete herstellen zu können, die nicht nur auf andere Insekten, sondern auch auf Säugetiere und insbesondere auch auf Mikroben wirken. Die Nester, in denen sie leben, müssen gut genug »desinfiziert« werden können, sonst würden sie bei ihrem in jeder Hinsicht günstigen Innenklima sehr schnell verpilzen und von Bakterienkolonien durchwuchert werden. Die Ameisensäure – wir benutzen sie als Konservierungsmittel aus dem gleichen Grund: zur Hemmung des Mikrobenwachstums – stellt eine solch ideale Abwehrsubstanz dar. Bezeichnenderweise enthält sie nur Kohlenstoff, Sauerstoff und Wasserstoff. Sie ist die einfachste organische Säure ($HCOOH$) und ohne andere chemische Elemente, wie sie auch bei der Photosynthese benutzt werden, herstellbar. Dem Eindringen von Pilzen und Bakterien wird damit vorgebeugt. Die Bäume können sich aus diesem Grunde Ameisen als »Untermieter« weitaus eher leisten als andere Insektenarten, die nicht über solche Desinfektionsmittel verfügen.

Aber warum ist dieser Schutz überhaupt notwendig, wo doch die Insektenhäufigkeit so gering ist? Gerade die großen, blattfressenden Arten, etwa aus der Gruppe der Heuschrecken, und die Raupen der Schmetterlinge sind nach den aufgeführten Untersuchungen ungleich seltener als die Ameisen. In außertropischen Wäldern spielt Ameisenschutz vor Tierfraß so gut wie keine Rolle. Vielleicht gilt es, die Vielzahl von Insektenarten in Schach zu halten, damit nicht plötzlich irgendeine der Arten außer Kontrolle gerät und mit einer Massenvermehrung die gesamte Artengemeinschaft beeinträchtigt? Eine solche Kontrolle wäre dann ein Beitrag zur Stabilisierung der Lebensbedingungen in einer Umwelt, die durch das Fehlen von Winter oder starken Schwankungen der Witterungsverhältnisse allgemein günstige Rahmenbedingungen für das Anwachsen von Insektenbeständen bietet. Wir kennen die Massenentwicklungen von Insekten, die ganze Wälder zerstört haben, weil eine

Verkettung günstiger Witterungsverhältnisse so schnelle Vermehrung ermöglichte, daß die natürlichen Feinde nicht mehr Schritt halten konnten. Artenvielfalt als Stabilisierung der Lebensbedingungen; dieses Konzept fand viele Anhänger unter Ökologen und in der Ökologie-Bewegung.

Doch die Forschungsergebnisse der letzten beiden Jahrzehnte stellten die Formel Diversität gleich Stabilität sehr in Frage. Ohne Kenntnis der Mechanismen, die zu solchen komplexen Lebensgemeinschaften, zu derartigen Symbiosen geführt haben, und ohne Berücksichtigung der ganzen Breite der Anpassungswege, welche die betreffenden Vertreter der Gruppe tatsächlich eingeschlagen haben, ist es schwer oder unmöglich, den Ursache-Wirkung-Zusammenhang zu klären.

Deshalb greifen wir zu dem dritten Beispiel, das eine gänzlich andere Ameisen-Strategie zeigt, die überhaupt nichts mit Symbiose zu tun hat. Es sind dies die Wander- und die Treiberameisen, die unstet in den Tropenwäldern Amerikas und Afrikas umherziehen. Sie haben kein festes Nest. Die Königinnen und die Brut werden mitgetragen. Am Abend bilden diese Ameisen einfache Übernachtungsnester (Biwaks), in deren Zentrum sie Königin und Brut schützen. Ihre eigenen Körper schirmen das Fortpflanzungspotential von der Umwelt ab. Am nächsten Morgen ziehen die Kolonnen wieder los. Sie durchstöbern den Waldboden und die niedrige Vegetation. Was sie dort an Insekten und anderen Kleintieren finden, versuchen sie zu erbeuten. Eine Fluchtwelle geht den Ameisenkolonnen voraus. Von dieser profitieren die »Ameisenvögel«, die sich solchen Wanderzügen anschließen, um aufgescheuchte, fliegende Insekten zu erbeuten oder auch solche, die mit großen Sätzen davonspringen. Diese Wanderameisen nutzen tierische Nahrung und unterscheiden sich darin deutlich von den beiden anderen Beispielen. Ihre Nahrung entspricht im großen und ganzen der Nahrung unserer Großen Roten Waldameisen, die Raupen erbeuten und an jede andere Form tierischer Nahrung gehen, die sie bewältigen können.

Doch unsere Waldameisen leben in festen Nestern, die jahre-, mitunter jahrzehntelang bewohnt werden. Die Wander- oder Treiberameisen hingegen ziehen unstet umher und müssen dabei das Risiko eingehen, ihr Nachwuchspotential größerer Gefährdung als im sicheren Nest auszusetzen. Die Symbiose mit dem Baum beziehungsweise mit dem Pilz verhilft den anderen Ameisen zum dauerhaften Nisten des Staates an festen Plätzen, während die Jagd nach Insekten im Tropischen Regenwald Nomadendasein erfordert.

Werfen wir nun noch einen Blick auf die andere große Gruppe sozialer Insekten, die in der Tropennatur eine wichtige Rolle spielt, auf die Termiten. Sie führen ein Leben im Verborgenen, so daß ihre Häufigkeit nicht annähernd so in Erscheinung tritt wie die der Ameisen, obwohl sie in manchen Lebensräumen die Ameisen an Häufigkeit und Bedeutung für den Naturhaushalt bei weitem übertreffen. Ihre mengenmäßig größte Entfaltung zeigen sie in den tropischen Savannen, die regelrechte Termitenlandschaften sein können. Die Hügel stehen so dicht, daß man Mühe hat, mit dem Geländewagen durchzukommen, obwohl das offene Grasland oder die lichte Savanne sonst keine Hindernisse stellen. Ihre Baue werden so angelegt, daß sie das Innenklima auf eine möglichst günstige Weise regulieren. An Flüssen und im Überschwemmungs- oder Sumpfgebiet weichen sie mit der Nestanlage auf Bäume aus. Sie verwerten vor allem Inhaltsstoffe des Holzes und abgestorbener Pflanzenteile. Die am höchsten entwickelten Arten, so die Vertreter der Gattung Macrotermes, bedienen sich gleichfalls der Pilzzucht, um zu geeigneter Nahrung zu kommen. Symbiosen mit Mikroben, welche die sonst nicht verdaubaren Inhaltsstoffe der Nahrung zerlegen und die zusätzlich Mikrobeneiweiß als Ergänzung der dürftigen Nahrung liefern, sind häufig zu finden. Der Vergleich mit den Ameisen bietet sich nicht zuletzt auch deswegen an, weil sich in Aufbau und Funktion der Staaten große Ähnlichkeiten und Übereinstimmungen ergeben.

Betrachten wir beide Gruppen und nehmen wir Bienen, Hummeln und Wespen im Hinblick auf die grundlegenden Gemeinsamkeiten hinzu, so schält sich folgender Befund heraus: Bei all diesen staatenbildenden Insekten geht es nicht um das »soziale« Verhalten, sondern um die Trennung von Nahrungsbeschaffung und Fortpflanzung. Die sterilen Angehörigen der »Arbeiterkaste«, gleichgültig, ob sie nichts weiter ausführen, als Nahrung beizubringen, oder ob sie auch andere Rollen im Staat übernehmen, ziehen aus einem großen Umfeld Ressourcen zu-

sammen, die in dem einen oder in den wenigen Fortpflanzungs-
tieren konzentriert werden. Nur die Geschlechtstiere erhalten
so viel Nahrung, ja bei den hochentwickelten Staaten einen
solchen Überschuß davon, daß sie jede andere Aktivität einstellen und sich nur als Produzenten von Eiern betätigen. Sie können zwar über Befruchtung oder Nichtbefruchtung mit gespei-
chertem Samen von der Begattung Einfluß auf das Geschlecht
der sich entwickelnden Nachkommen nehmen, aber ob daraus
wirklich fortpflanzungsfähige Individuen werden, das bestimmt weitgehend die Fütterung durch die Arbeiter(innen).
Diese besitzen selbst unterentwickelte Gonaden, und im Falle
des Todes der Königin können sie sich zu Geschlechtstieren
weiterentwickeln. Die Zusammensetzung der Nahrung entscheidet darüber. Ist sie schlecht, entstehen die unfruchtbaren
Tiere gleichsam als Kümmerformen, ist sie gut, entwickeln sich
fortpflanzungsfähige Individuen.

Dieser einfache Zusammenhang erklärt nun einerseits das Zustandekommen der Staatenbildung, andererseits die Vorherr-
schaft der staatenbildenden Insekten im Tropischen Regenwald. Die ursprünglichen Formen der Termiten, Ameisen, Bienen und Wespen lebten einzeln, also solitär. Für die Gruppe
der Hautflügler, also für die Ameisen, Bienen und Wespen,
stellte Insekteneiweiß die Grundnahrung dar. Für die aus der
Verwandtschaft der Schaben stammenden Termiten bildeten
organische Abfallstoffe die Ausgangsnahrung. Als Angehörige
einer urtümlichen Entwicklungslinie der Insekten durchlaufen
sie in einer Serie von Häutungen eine unvollständige Verwandlung, die kein Puppenstadium enthält. Die Hautflügler hingegen besitzen das Puppenstadium. Je schlechter die Ernährungsbedingungen sind, um so mehr verzögert sich die Entwicklung
bei den Gruppen mit unvollständiger Verwandlung. Ihre Lar-
venstadien ähneln zwar dem Erwachsenenstadium, aber es fehlt
ihnen die Fortpflanzungsfähigkeit. Im Körper sind noch nicht
genügend Reserven angehäuft, die nötig sind, um Eier auszubilden.

Unfertig, wie sie sind, stehen ihnen zwei Wege offen. Entweder sie versuchen – jede Larve für sich – soviel Nahrung wie
möglich zu erlangen, um sich bis zum fortpflanzungsfähigen
Erwachsenenstadium weiterentwickeln zu können, oder sie be-

schaffen Nahrung für das Muttertier, um es in die Lage zu versetzen, reichlicher mit Nährstoffen ausgestattete Eier zu legen oder die nächste Brut besser zu versorgen. Da sie als Nachkommen dieses Muttertieres sehr eng mit ihrer Erzeugerin und mit ihren Geschwistern verwandt sind, fördert ihr »helfender Einsatz« die Ausbreitung des eigenen Erbgutes. Dies trifft insbesondere dann zu, wenn aufgrund der ungünstigen Verhältnisse so gut wie keine Chancen mehr für eine eigene Fortpflanzung bestehen. Soziales Verhalten wird somit gefördert, wenn die eigenen Fortpflanzungsmöglichkeiten so sehr eingeschränkt sind, daß sie kaum mehr zum Erfolg führen.

Das gilt genauso für die Hautflügler, bei denen der Druck, der von einer hinreichenden Nahrungsversorgung der Brut ausgeht, noch größer ist, weil schon im letzten Larvenstadium, das sich verpuppt, die Entscheidung über die Möglichkeit, sich fortzupflanzen, gefallen ist. Die Puppe kann nicht mehr gefüttert werden. Ist die Eizahl normalerweise groß, wie bei den meisten Schmetterlingsarten, macht eine Verminderung der Fruchtbarkeit nicht so viel aus wie bei solitären Wespen beispielsweise, die ihre wenigen Larven mit einem Vorrat an Raupen, anderen Insekten oder Spinnen versorgen müssen. Vermindert sich die Versorgung um zwei Drittel, ist die Wespenlarve oder die Gruppe von Wespenlarven nicht mehr in der Lage zu überleben, während bei den Schmetterlingen die Eizahl von 100 vielleicht auf 30 gesunken wäre. Unvollständig entwickelte Nachkommen würden somit als Träger des Fortpflanzungsgeschehens ausfallen. Aber sie können durch Mithilfe bei der Nahrungsbeschaffung ihrem Muttertier zu der Möglichkeit verhelfen, doch noch zu fortpflanzungsfähigem Nachwuchs zu kommen. Hier setzt die natürliche Auslese an und verstärkt den Prozeß: je mehr soziale Mithilfe, desto bessere Fortpflanzungsaussichten. Je erfolgreicher die Fortpflanzung, desto eher wird sich das Sozialverhalten stabilisieren und weiter ausbauen.

Abnehmende Nahrungsmenge oder verminderte Nahrungsqualität sind also die beiden Ansatzmöglichkeiten für die Entwicklung zum Insektenstaat. Das Beispiel der höchst effizienten Wanderameisen weist nun die Richtung. Sie sind unter den Lebensbedingungen der Tropenwälder nicht in der Lage, feste Wohnsitze und damit Territorien einzunehmen. Die eiweißreiche, qualitativ hochwertige Nahrung kann nur durch das nomadenhafte Umherstreifen im ausreichenden Umfang beigebracht werden. Wenn diese Interpretation zutrifft, dann müßten sich auf der gleichen Grundlage der Argumentation auch die Vorteile der Pilzzüchter-Staaten und der Symbiose mit dem Baum erklären lassen.

Dazu müssen wir den Unterschied in der Art der Nahrung näher betrachten. Bei den Insekten ist die Lage klar. Sie enthalten im Prinzip das gleiche Eiweiß, das die anderen, die »räuberischen« Insekten auch benötigen – und das auch die insektenfressenden Singvögel verwerten können. Der Eiweißgehalt ist also in der Insektennahrung hoch. Sie enthält auch verhältnismäßig viel Fett, wenn es sich um Entwicklungsstadien handelt, weil Fett den Energiespeicher für die noch folgenden Entwicklungsschritte darstellt. Aber der Gehalt an Zucker ist gering.

Ganz anders sehen die Verhältnisse aus, wenn wir die Inhaltsstoffe der Pilz-Fruchtkörper oder der Abscheidungen an der Basis der Blätter der Cecropien betrachten. Die Hauptmasse bilden Zucker; daher die Ähnlichkeit mit dem Nektar. Aminosäuren als Grundstoffe für die Eiweißbildung sind nur wenig bis sehr gering vorhanden. Fast die gleiche Situation zeigt sich im Falle des richtigen Blütennektars, aus dem die Bienen Honig machen. Der Zuckeranteil – wie Glucose, Saccharose und Fructose – beträgt zwischen knapp 10 und bis zu 80 Prozent des Nektars. Aminosäuren und Vitamine werden nur in sehr geringen Mengen dazu abgeschieden.

Was heißt das für die Bienen, Ameisen oder die anderen Nektar sammelnden Arten? Es bedeutet, daß sie »Brennstoffe« für den Betriebsstoffwechsel ihres Körpers reichlich abbekommen, aber nur sehr wenig für den Aufbau von Eiweiß. Etwas besser sind die Verhältnisse bei den Pilzzüchtern, weil der Anteil an Eiweiß und Eiweiß-Grundstoffen deutlich größer ist und weil insbesondere auch lebenswichtige Mineralstoffe darin enthalten sind. Wenn wir jedoch Champignons oder andere Pilze, die wir für unsere menschliche Ernährung nutzen, im Vergleich zu anderen Bestandteilen der täglichen Nahrung betrachten, wird klar, wie minderwertig die Pilze eigentlich sind. Sie liefern uns wenig mehr als guten Geschmack im Essen, weil wir gewöhnlich keinen Mangel an Mineralstoffen haben. Ihr Eiweißgehalt ist vernachlässigbar gering und ihre Zellwände können wir nicht verdauen.

Den pilzzüchtenden Ameisen geht es nicht viel anders. Die Ambrosiakörper reichen für den Betriebsstoffwechsel, aber es sind viele davon nötig, um den Grundbedarf an Eiweiß und Phosphorverbindungen zu decken. Etwas überspitzt läßt sich zusammenfassen: Die vielen nicht fortpflanzungsfähigen Arbeiter sammeln und tragen zusammen, um schlußendlich nur dem einen Individuum aus ihrer Mitte zur Fortpflanzung zu verhelfen, während sie selbst eine Nahrungsquelle nutzen, die ihnen zwar hohe Leistungsfähigkeit für die »Arbeit« garantiert, aber nicht nennenswert dazu beiträgt, daß sie selbst fortpflanzungsfähig werden können.

Die funktionelle Trennung zweier ganz unterschiedlicher Formen der Ernährung, die in den meisten Lebewesen zusammenfließen – nämlich Aufrechterhaltung des eigenen Lebens und Fortpflanzung als Weitergabe von Leben –, wird aus diesen Beispielen sichtbar. »Resource allocation«, Zuteilung von Ressourcen, ist das neue Schlagwort in der ökologischen Evolutionsbiologie, hinter dem sich derartige Ansätze, die Natur zu verstehen, verbergen. Noch sind wenige Fälle näher untersucht. Aber die Grundlinien deuten sich gut genug an, um ihnen folgen zu können.

Wieder ist zu fragen, was sie für den Tropischen Regenwald, für das Verständnis der Lebensvorgänge in diesem artenreichsten Großlebensraum aussagen. Wir sind ein gutes Stück vorangekommen, auch wenn bei der Behandlung der Details der Blick auf den größeren Zusammenhang vielleicht abhandengekommen scheint. Halten wir nochmals fest: Soziale, staatenbildende Insekten sind ein kennzeichnendes Element der Kleintierwelt im Tropischen Regenwald. Ihre Dominanz ist dort am größten, wo die Regenwälder besonders artenreich sind, wo aber die Insekten insgesamt nur in auffallend geringen Häufigkeiten vorkommen.

Nach den vorausgegangenen Ausführungen muß das bedeuten, daß die dominierenden Insektengruppen Schwierigkeiten mit der Nahrungsbeschaffung in diesen Regenwäldern haben. Diese Feststellung steht in krassem Gegensatz zur landläufigen Meinung, im Tropischen Regenwald würde es nur so wimmeln von Insekten. Die riesigen Artenzahlen, die in den letzten Jahren in die Diskussion eingebracht worden sind, bestärkten sicher viele in der Annahme, daß der Tropische Regenwald ein Insektenparadies sein müsse.

Nun finden wir uns aber vor der merkwürdigen Situation, diesen Wald zwar als Domäne der Insekten erachten zu müssen, wo sie den mit weitem Abstand größten Artenreichtum entwickelt haben, aber ihn gleichzeitig als insektenarm bezeichnen, wo man lange nach der erwarteten (Arten-)Fülle suchen muß, um wenigstens kleine Ausschnitte davon zu finden.

Letzteres paßt genau zum Befund aus der Vogelwelt. Die Siedlungsdichte der insektenfressenden Vögel ist trotz ihres Artenreichtums viel geringer als in außertropischen Bereichen, und die insektenfressenden Zugvögel benutzen den Regenwald nur in geringem Maße als Winterquartier.

Und wiederum: Man muß die beiden Größen Artenreichtum und Häufigkeit deutlich voneinander trennen. Dort, wo die Artenfülle besonders hoch ist, verbirgt sie sich in Seltenheit und schwerer Entdeckbarkeit. Wer mit der ökologischen Fachliteratur vertraut ist, kennt die sogenannten Thienemannschen Regeln: Gleichförmige Lebensbedingungen und Einseitigkeit der Ressourcen bedingen eine geringe Artenzahl, aber große Häufigkeiten, während vielfältige Bedingungen eine hohe Artenzahl in geringer Bestandsdichte begünstigen.

In dieser Regel steckt sicher viel Erfahrung, aber keine Erklärung. Denn die Vielfalt oder die Einförmigkeit der Lebensbedingungen werden vom Ergebnis her, von den Artenzahlen, bewertet. Die Voraussetzung geht damit in das Ergebnis ein und umgekehrt. Somit entsteht ein Zirkelschluß, der uns gerade an dieser Stelle nicht mehr weiterführen würde. Wir müssen ihn überwinden, wenn wir aus der Artenzusammensetzung heraus das Funktionsgefüge des Tropischen Regenwaldes verstehen wollen. Was steckt hinter dem hohen Artenreichtum? Was bedingt und gebiert die Diversität? Wozu dient sie im System? Die Insekten können noch weitere Informationen zu diesen Grundfragen liefern.

30, 50, vielleicht sogar bis zu 80 Millionen Insektenarten könnte es auf der Erde geben, wenn die neuen Hochrechnungen
stimmen. Warum blieb diese Fülle eigentlich so lange verbor-
gen? Naturforscher ziehen seit mehr als 200 Jahren in die letzten Winkel der Welt, um neue Arten zu entdecken. Wenn auch
das Kronendach der Tropischen Regenwälder schwer zu erreichen ist, so befindet es sich doch nicht völlig außer Reichweite.
Man kann die Bäume fällen – und hat dies auch seit Jahrhunderten getan. Bedarf es wirklich des hochgiftigen Insektizid-Rau-
ches, mit dem die Baumkronen begast werden, um an die Arten
zu kommen?

Da damit keine neuen Vogel- oder Froscharten, kein unbe-
kanntes Säugetier oder eine neue Echsenart entdeckt worden
ist, liegt die Annahme wohl nahe, daß es sich nahezu ausschließlich um kleine bis sehr kleine Arten handeln muß, die zu
den Hochrechnungen Anlaß gegeben haben. Die Aufgliede-
rung des Artenspektrums der 24 000 Insekten aus den 10 Bäumen von Borneo hatten mit den winzig kleinen parasitischen
Wespen als artenreichster Gruppe den Hinweis vermittelt, daß
die Größe, besser die Kleinheit, hierbei eine herausragende
Rolle spielt. Die Fülle der neu entdeckten Arten geht eindeutig
auf das Konto der winzig kleinen Insekten.

Nigel Stork, Entomologe am Britischen Museum, stellte sich
daher die Frage, ob es an den Kleinsten liegt, daß der Artenreichtum bisher so massiv unterschätzt worden ist. Er kam zu
einem etwas abweichenden Ergebnis: Nicht die kleinsten
Gruppen zeigen die größte Artenvielfalt, sondern solche, die
im unteren Drittel der Größenskala liegen. Dieser Befund
wurde durch weitere Untersuchungen bestätigt. Viele Käfer
und Hautflügler, die in besonders hohen Artenzahlen gefunden worden sind, gehören zwar zu den Gruppen mit geringen
Körpergrößen, aber eben nicht zu den Kleinsten. Die Artenvielfalt steigt nicht einfach mit abnehmender Körpergröße an.
Also liegt es in erster Linie an der Seltenheit der Arten.

60 Prozent der kleinen parasitischen Wespen waren bei den genauen Untersuchungen in Borneo nur in einem einzigen Exemplar gefunden worden. Dies wußten schon die berühmten Amazonasforscher Henry Bates und Alfred Russel Wallace, als sie vor ziemlich genau 100 Jahren feststellten, daß es im Tropischen Regenwald viel leichter ist, 10 verschiedene Arten von Schmetterlingen zu finden als 10 Stück von der gleichen Art.

Wenn die größte Häufung des Artenreichtums bei Insekten im unteren Drittel, zwischen einem und zwei Millimetern Körperlänge, liegt und nicht bei den ganz winzig kleinen, dann weist das auf eine Erklärung hin, die mit dem Bau der Blätter zusammenhängen könnte. Die größte Artenfülle wurde ja oben im Kronendach, also im Blattwerk der Bäume gefunden. Die genannten Millimetergrößen entsprechen den Schichtdicken der Gewebe in den Blättern und der Größe der Leitbündel.

Die wenigen Befunde, die es hierzu gibt, entsprechen genau dieser Erwartung. Für die Kleininsekten stellen die Blätter keinen einheitlichen, sondern vielmehr einen reich strukturierten Lebensraum dar, den sie in vielfältiger Weise nutzen. Manche Arten zapfen bestimmte Leitungsbahnen an und verwerten nur den Saftstrom, andere befressen das chlorophyllhaltige Palisadengewebe, wieder andere minieren unter der Außenschicht, der Epidermis. Sogar die Entfernung von Stiel oder von der Blattspitze spielt für die genaue Nischenwahl eine Rolle. Es macht offenbar einen großen Unterschied, ob die Blätter jung sind und noch wachsen oder ob sie schon altern und Inhaltsstoffe abgezogen werden. Weitere Unterschiede bedingt die Position der Blätter am Baum, ob sie sich oben in der äußersten Kronenschicht, in der Mitte oder im schattigeren Teil oder gar unten in Bodennähe befinden. Jede Baumart zergliedert sich auf diese Weise in eine Vielzahl von Nischen, die nur durch die darauf spezialisierten Arten als solche zu erkennen sind. Der Artenreichtum am Baum bemißt die Zahl der Nischen – nicht etwa das, was ein Beobachter an Unterteilungen feststellt. Deswegen war niemand vor Entdeckung des neuen Artenreichtums in der Lage, entsprechende Voraussagen zu machen.

Die Spezialisierung bis ins kleinste Detail ist also eine der

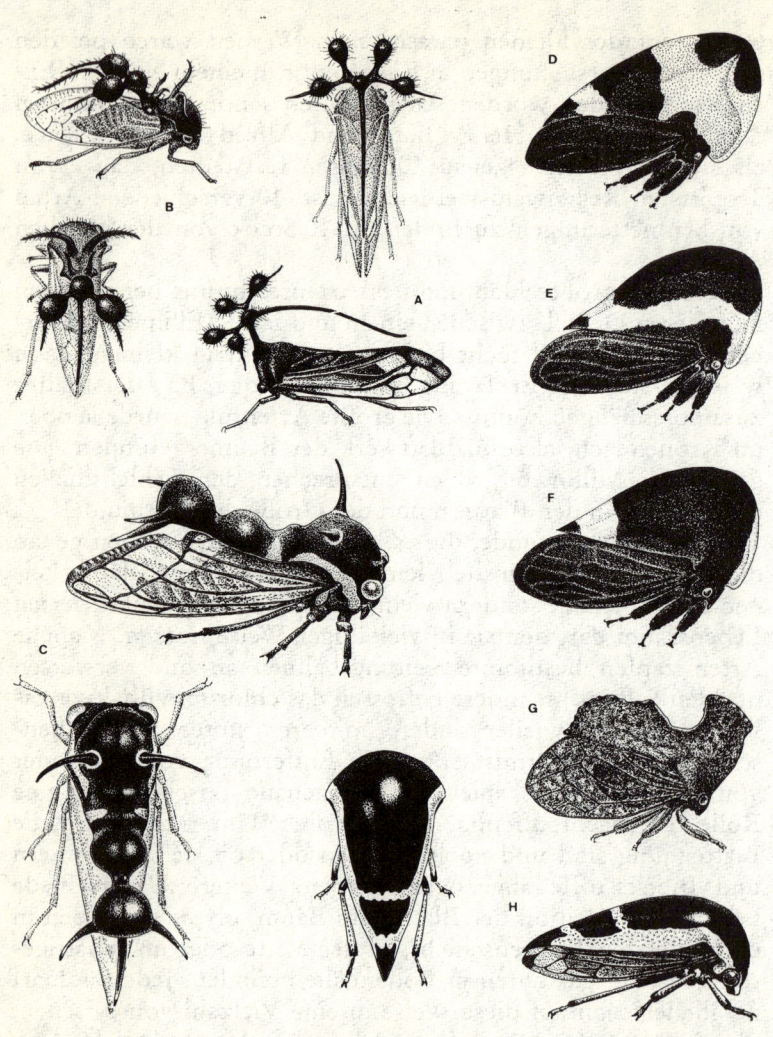

Buckelzirpen (Membracidae) aus dem südamerikanischen Regenwald. Die abgebildeten Tiere stammen teilweise aus der Serra do Mar, andere wurden im peruanischen Regenwald bei Panguana gefunden. A: Bocydium sp., 6 mm, Seitenansicht und von oben. B: Cyphonia sp., 4 mm, Seitenansicht und von oben. C: Heteronotis sp., 10 mm, Pronotum dunkelbraun, gelbe Randstreifen, Seitenansicht und von oben. D–F: Membracis sp., verschiedene Arten, 8–12 mm. D: schwarz mit orangegelber Aufhellung vorherrschenden Strategien der Nutzung des Tropischen Regenwaldes durch Insekten. Die Kleinheit ist eine Möglichkeit, die Ressourcen feiner aufzuteilen. Sie hat und findet jedoch ihre natürlichen Grenzen in den vorgegebenen Strukturen der Blätter oder der anderen Pflanzenorgane. Die Größenanpassung gibt, so betrachtet, durchaus Sinn.

Um so verwunderlicher ist es, daß nicht einmal die sehr kleinen Insekten in großen Mengen auftreten. Das Prinzip der Verminderung der Körpergröße zur ganz speziellen Nutzung bestimmter Möglichkeiten an den Pflanzen kennen wir bestens von den Blattläusen. Sie entsprechen recht gut den genannten Größenklassen, sie saugen spezifisch und machen sehr schnelle Vermehrungszyklen durch. Öfter als uns lieb ist, geraten sie außer Kontrolle. Wenn die geflügelten Geschlechtstiere im Spätsommer und Frühherbst schwärmen, ist die Luft über Hunderte von Quadratkilometern erfüllt von ihnen. Ameisen melken die saftsaugenden Blattläuse, Bienen besuchen sie und nutzen ihre zuckerhaltigen Ausscheidungen zur Herstellung von Honig, Marienkäfer verzehren sie zu Myriaden – damit ist das Arsenal der Feinde noch längst nicht erschöpft.

Wenn nicht naßkalte Witterung mit heftigen Regenfällen dazu beiträgt, ihrer Vermehrung Grenzen zu setzen, lassen sie sich durch all ihre natürlichen Feinde kaum jemals ernstlich dezimieren. Bei den wenigen Blattlausarten, die es in den mitteleuropäischen Breiten gibt, ist die Art und Weise, wie sie sich trotz ihrer Winzigkeit durchsetzen und wie sie immer wieder zu Beeinträchtigungen der pflanzlichen Produktion oder des Pflanzenlebens am Blumenfenster gelangen, recht bemerkenswert. Um wieviel mehr müßten die tropischen Arten in Massen auftreten, wo es doch dort keine ungünstige Witterung gibt, die ihrer Vermehrung Einhalt gebietet! Die geringe Bestandsdichte der Kleininsekten ist daher ein Phänomen, das durch ihre Artenfülle nur unzureichend ausgeglichen wird. Was sind die Ursachen?

und weißem Mal am Hinterende des Helmes, E und F: schwarz-weiß. G: Stegaspis sp., 8–10 mm, kastanien- bis schwarzbraun. H: Ochrolomia sp., 9 mm, schwarz und gelb, Seitenansicht und von oben.

Die Antwort liefern nicht sie, sondern die größten der Insekten. In den Tropischen Regenwäldern leben wahre Riesen, die es, zumindest was ihr Körpervolumen betrifft, mit kleinen Säugetieren aufnehmen können. Die größten Käfer erreichen Handlänge, die Fühler nicht mitberechnet. Den Rekord hält der Riesenbockkäfer Titanus giganteus aus Amazonien mit einer Körperlänge von 15 bis 16 Zentimetern. Einzelne Exemplare davon sollen sogar bis zu 20 Zentimeter erreichen. Dynastes hercules, der gleichfalls im tropischen Südamerika beheimatete Herkuleskäfer aus der Familie der Blatthornkäfer (Scarabaeidae) steht mit 15 Zentimetern nur wenig nach. Zu den Riesenkäfern gehören die Goliathkäfer, bei denen die größten Arten, wie Goliathus druryi, in Zentralafrika immerhin auch um die 10 Zentimeter lang werden.

Auch was das Gewicht betrifft, werden beachtliche Werte von großen Käfern erzielt. So wiegt Megasoma actaeon 30 Gramm, und die Spanne bei den Herkuleskäfern reicht von 15 bis 37,5 Gramm. Die größten dieser Käfer wiegen damit so viel wie 20 Stück des kleinsten Säugetiers, der Etruskerspitzmaus. Die Gewichte der Herkuleskäfer entsprechen ziemlich gut den Werten für Haussperlinge. Sie reichen damit deutlich in die unteren Größenklassen von Säugetieren und Vögeln hinein.

Der Größe nach ähnlich, aber mit viel geringerem Gewicht treten Schmetterlinge des Tropischen Regenwaldes unter den Großinsekten hervor. Ihre Flügelflächen können bis zu zwei Handflächen des Menschen abdecken. Die größten Arten finden sich bei den durch ihren Schiller bekannten Morphos aus Südamerika, bei Vertretern der Schwalbenschwanzgruppe aus Afrika und bei den Vogelflügelfaltern (Ornithopteren) aus Südostasien und insbesondere aus Neuguinea. Auffallend große Wanzen, Vertreter der Heuschrecken, Grillen, Zikaden und anderer Insektengruppen gesellen sich zur Reihe der außergewöhnlich großen Insekten nach europäischen Maßstäben. Sie gelten als Beispiele für das »Luxurieren« des Lebens in den Tropen.

Sehen wir vorerst von der Frage ab, ob ihre zudem oft bizarren Formen oder auffallenden Farben Luxusbildungen der Natur sind oder nicht. Was sie auf jeden Fall kennzeichnet, sind auffallend lange Entwicklungszeiten, die diese Großin-

sekten trotz der tropischen Wärme benötigen. Die Riesenkä-
fer verbringen viele Jahre im Larvenstadium, und ihre Pup-
pen liegen oft mehr als ein Jahr, bis die Umwandlung zum
Käfer abgeschlossen ist. Langsame Entwicklung widerspricht
aber der Erwartung, daß solche Großinsekten die Gunst der
tropischen Lebensbedingungen ausdrücken. Sonst müßten sie
die beachtliche Größe viel schneller erreichen können. Was
sind schon 50 Gramm Käfersubstanz, die angesammelt werden muß, daß es zur Verpuppung kommen kann, um nachher einen 30 Gramm schweren Käfer zu liefern? Ein Singvo-
gelpaar zieht 5 oder mehr Junge mit Insektennahrung in ein
paar Wochen groß. Wenn sie ausfliegen, haben sie fast dieses
Gewicht erreicht. Dabei verbrauchen die Vögel mehr als das
Zehnfache des Umsatzes für die Wärmeerzeugung, die dem
Käfer zur Bildung von körpereigener Substanz zur Verfügung
steht. Die Langsamkeit der Entwicklung wird im Vergleich mit
einem etwa gleichschweren Sperlingsvogel besonders offensichtlich.

Hieraus ergibt sich nun eine Übereinstimmung mit den
Kleininsekten, die so überraschend selten bleiben. Die Rieseninsekten brauchen sehr lange, um ihre Größe zu erreichen; die
Kleininsekten vermehren sich in geringer Rate, weshalb beide
selten bleiben. Da es an Wärme nicht mangelt, die gerade die
Insekten zu ihrer Entwicklung benötigen, muß es an der Art
der Nahrung liegen, die ihnen zur Verfügung steht. Offenbar
ist sie in den außertropischen Regionen qualitativ besser, weil
dort die Insekten zum »Ausbruch« aus der Bestandskontrolle
neigen. Wäre sie »gut«, verliefe die Entwicklung der Großinsekten schneller und die Kleininsekten könnten in Millionen-
heeren in Erscheinung treten.

Damit knüpfen die Überlegungen dort wieder an, wo sie
bei den staatenbildenden Insekten vorläufig endeten. Irgendwelche Mängel in der Nahrung setzen umfassende Engpässe,
die so gut wie die gesamte Insektenwelt der Tropischen Regenwälder betreffen. Diese Mängel müssen mit dem Wald
selbst zu tun haben, sonst wären die Pflanzungen nicht so sehr
von Insekten bedroht. Dort, wo der Mensch Nutzpflanzen
ansiedelt und Ernten einzubringen versucht, tauchen sofort
Insekten auf. Sie treten dann mit einer Vehemenz auf, wie man

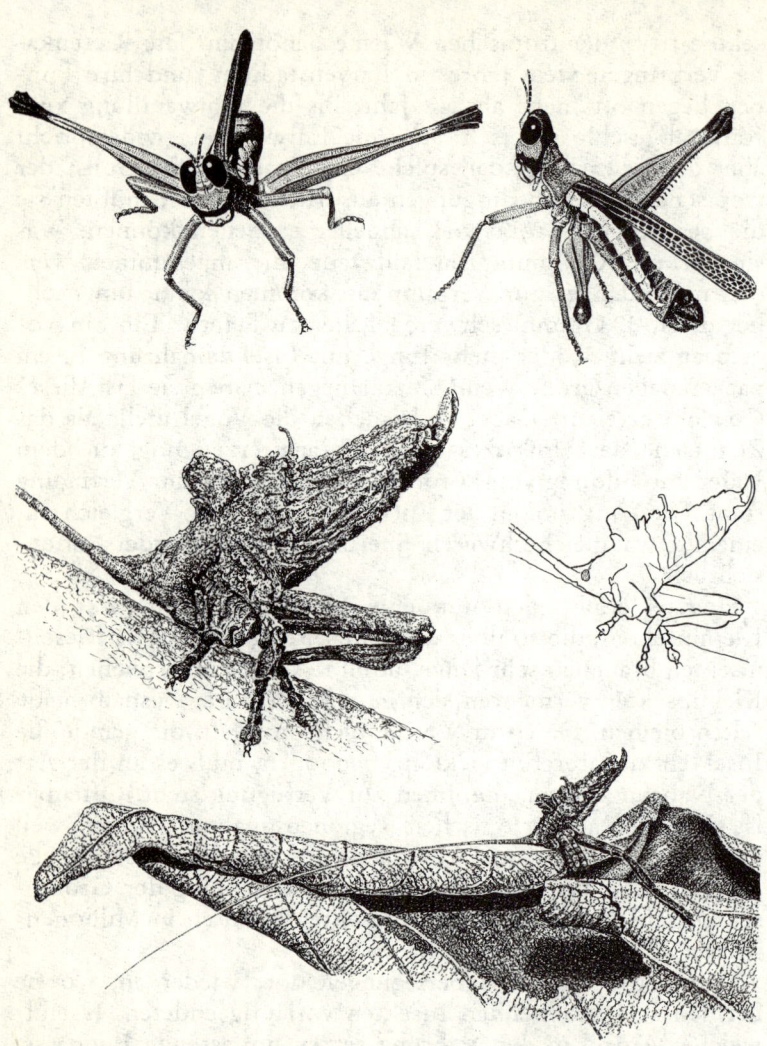

Auffällige und getarnte Heuschrecken. Oben eine springfreudige, neugierige Art mit schwarz-rotem Harlekinsgesicht (Stirn und Nasenregion korallenrot, übriger Kopf und Augen schwarz, Kiefer gelb). Unten ein regloses braunes Aststückchen. Die Umrißskizze gibt über die wirklichen Proportionen und Körperteile des Tarnkünstlers Auskunft.

sie kaum von subtropischen Kulturen her kennt, und dort verursachen sie in kürzester Zeit Schäden, die an die Existenz gehen.

Zu den eindrucksvollen Rieseninsekten der Tropischen Regenwälder gibt es aber auch Parallelen in unseren Breiten. Ein sehr großes Männchen der mitteleuropäischen Hirschkäfer (Lucanus cervus) kann immerhin auch über 8 Zentimeter groß werden. Seine zum »Geweih« umgestalteten Oberkiefer entwickeln eine beachtliche Kraft. Die Larven brauchen bis zu fünf Jahre für die Entwicklung. Sie leben im modernden Eichenholz. Dort herrschen Bedingungen, die den Verhältnissen recht nahekommen, denen die großen holzbewohnenden Käferlarven der Tropenwälder ausgesetzt sind.

Zur Größe der tropischen Insekten kommt aber noch etwas anderes, höchst Beeindruckendes hinzu: ihre Farben- und Formenvielfalt. Sie kommen in so bizarren Gestalten vor, daß oft erst das aus der normalen Umwelt herausgelöste Insekt seine Gestalt erkennen läßt. Am »schlichtesten« sind noch die Stabheuschrecken und ihre Verwandten, sie zeichnet in erster Linie die extrem schlanke Körperform aus. Wie dürre Ästchen wirken sie im Gezweig. Manche Arten zittern gerade so, als ob sie der Wind leicht bewegen würde, was die Erkennung ihrer Körperform noch zusätzlich erschwert. Andere Arten, vor allem Vertreter der Heuschreckengruppe, haben so viele abstehende Verästelungen an ihrem Körper ausgebildet, daß dessen Form völlig aufgelöst wird. Selbst dann, wenn sie von der Unterlage genommen werden, geben sie sich als Insekten fast nicht zu erkennen. Manche Arten wirken wie verrottete Blattrippen, die sich aufgerollt haben, andere wie Büschel von Moosen und Flechten, die ineinander wachsen, und wieder andere wie Vogelkot. Insbesondere der Kopf und das Bruststück des Körpers werden außerordentlich gut getarnt; vorne und hinten können nicht nur verwechselt werden, sondern durch »falsche Augen« wird der Blick aufs falsche Ende gelenkt.

Einige Schmetterlinge erweisen sich in dieser Hinsicht als wahre Meister der Täuschung. Ihre Hinterflügel tragen dort, wo sich bei umgekehrter Körperhaltung der Kopf befinden würde, eine deutliche Augenzeichnung, die sogar die Rundung der schmetterlingstypischen Komplexaugen genau imitiert.

Unmittelbar darüber gehen von den Hinterflügeln schmale Verlängerungen aus, die sich an der Spitze noch ganz leicht verbreitern. Daß sie nun wie Fühler aussehen, ist klar. Aber die Falter reiben außerdem die Hinterflügel ein wenig hin und her, so daß die falschen Fühler auch noch in tastende Bewegung geraten. Das Spiel der Antennen wird so perfekt nachgeahmt, während gleichzeitig der wirkliche Kopf völlig getarnt bleibt, daß man vollkommen den Eindruck eines normal sitzenden Schmetterlings hat. Schnappt nun ein Vogel nach diesem falschen Kopf oder peilt er die Stelle gleich dahinter mit dem Schnabel an, stanzt er nur ein unbedeutendes Stückchen aus dem Hinterflügel, während der Falter praktisch unverletzt in die Gegenrichtung davonfliegt.

Gegen solche Feinheiten der Anpassung sind Flügelzeichnungen, welche das Rindenmuster der Bäume nachahmen, oder Augenflecken auf den Hinterflügeln, die im Moment einer Gefahr blitzschnell durch Anheben der Vorderflügel präsentiert werden, geradezu alltägliche Formen der Schutzsuche und wehrlosen Selbstverteidigung. Wir kennen es aus der Falterwelt der außertropischen Gebiete, wenngleich dort nie so perfekt wirkende Anpassungen zu finden sind wie in den Tropen.

Der deutlichste Unterschied zu unserer Insektenwelt ist die Häufigkeit, mit der Warnfarben auftreten, sowie ihre Wirksamkeit. Es gibt Heuschrecken, ganz normal in der Körperform, die wie ein Harlekin am ganzen Körper gelb-schwarz geringelt sind. Dieses Muster tarnt keineswegs, sondern es macht die Heuschrecke viel auffälliger, als sie es mit einem gewöhnlichen Grün- oder Ockerton wäre. Rot-Schwarz, Blau-Rot-Schwarz, Gelb-Rot und Gelb-Schwarz sind die häufigsten Grundele-

Stabheuschreckentracht. Rechts bei einer echten Heuschrecke (Proscopia): Am Kopf ist sie als Heupferd zu erkennen. Fast schon spinnenartig erscheint die Raubwanze (Ghilianella): oben in Aufsicht, der Kopf ist unten, der runde Hinterleib oben. Was wie die Vorderbeine erscheint, sind in Wirklichkeit die Fühler. Die vorderen Gliedmaßen sind nach Gottesanbeterinnen-Manier als gedornte Fangzangen ausgebildet und auf dem oberen Bild eingeklappt. Unten sind sie in geöffneter, fangbereiter Stellung zu sehen, außerdem erkennt man den bauchwärts eingeschlagenen Stechrüssel.

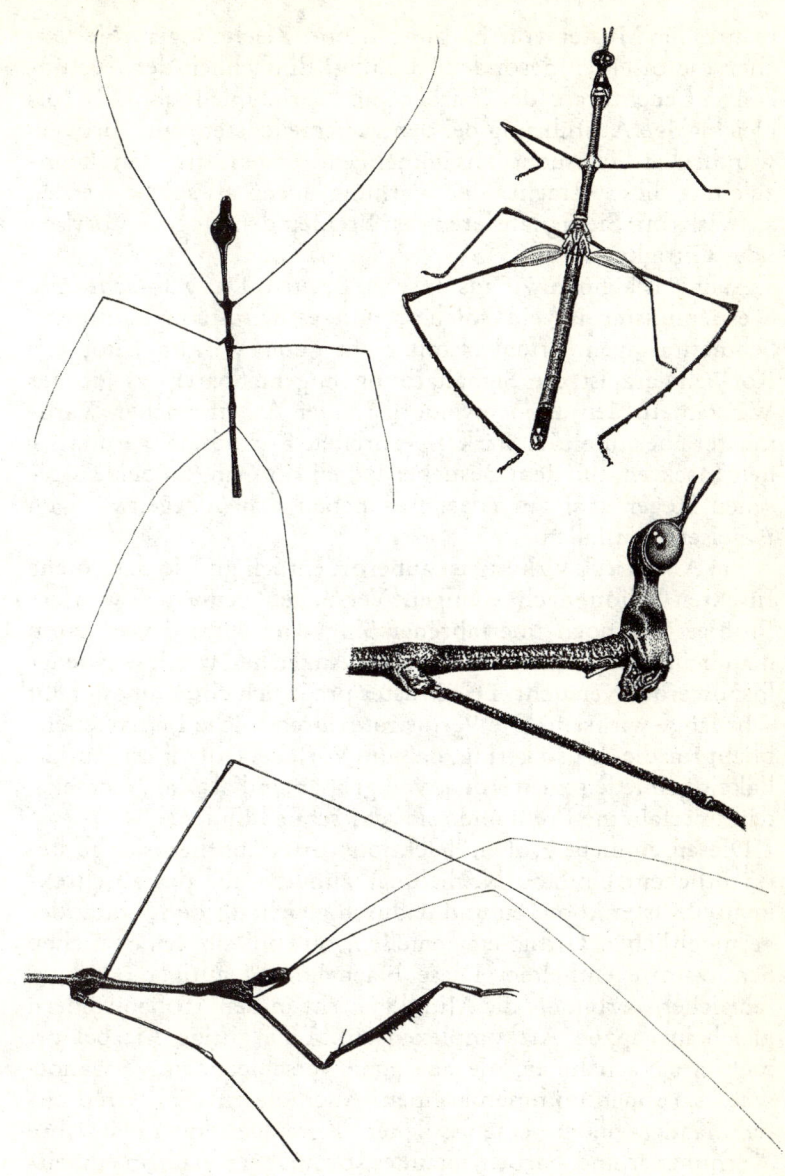

mente der Muster von Färbungen und Zeichnungen: Sie machen die Insekten besonders auffällig! Einfachheit der Ausführung, Leuchtkraft der Farben und prinzipiell ähnliche bis gleichartige Ausführung bei den verschiedensten, auch bei verwandtschaftlich nicht zusammengehörenden Insekten kennzeichnet diese »Tracht« der Warnung. Denn als solche werden sie wirksam: Sie signalisieren den Freßfeinden Ungenießbarkeit oder Giftigkeit.

Auch das kennen wir aus unseren Breiten: Das gelb-schwarze Wespenmuster ist ein solches, und es wird von harmlosen Schmetterlingen, offenbar mit recht guter Wirkung, kopiert. Rot-Schwarz ist die Signalfärbung ungenießbarer bis giftiger Wanzen. In den Tropenwäldern ist der Anteil solcher Warnmuster aber ungleich stärker verbreitet. Es sind die warnfarbenen Insekten, die dem Besucher bei einem Gang in den Tropischen Regenwald am ehesten – neben den allgegenwärtigen Ameisen – auffallen.

Die Abschreckwirkung ist außerordentlich gut, so daß solche Insekten schon nach wenigen Versuchen gemieden werden. Probiert ein noch unerfahrener Singvogel eines davon, kann man beobachten, wie er es mit allen Anzeichen von Ekel wieder loszuwerden versucht. Das Muster prägt sich ein, und es bleibt sehr lange wirksam. Die Verlustrate durch solche Lernversuche bleibt für die Art so gering, daß die Vorteile, trotz ihrer Auffälligkeit gemieden zu werden, viel größer sind als die Nachteile, daß unerfahrene Freßfeinde sie sehr schnell finden.

Diesen eminent großen Selektionsvorteil machen sich in beträchtlichem Umfang Nachahmer zunutze, die das abschreckende Muster kopieren und dadurch gleichfalls den Schutz der vermeintlichen Giftigkeit genießen, obwohl sie keine solchen Schutzstoffe enthalten. Diese Nachahmung giftiger oder gefährlicher Vorbilder, die Mimikry, tritt in den Tropenwäldern gleich in ganzen Artkomplexen auf. Eine giftige Art hat oft mehrere Nachahmer, die aus ganz verschiedenen Verwandtschaftsgruppen kommen können. Auch die giftigen Arten untereinander bilden einen solchen Komplex, indem sie ihre Warnmuster und -farben einander so annähern, daß ein einheitlicher Grundtyp entsteht. Er wird von den Feinden richtig verstanden. Die Folge davon ist eine Verminderung der Verluste,

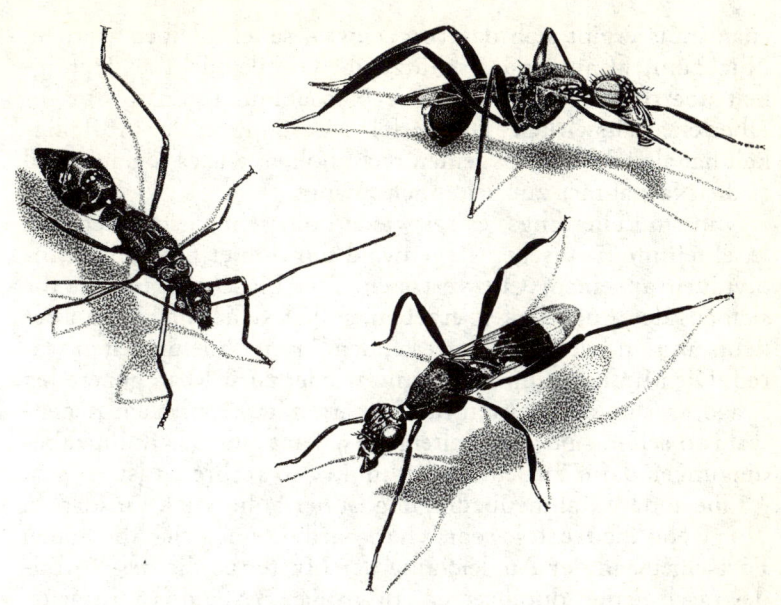

Ameisentracht bei einer Raubwanze (links) und einer Fliege. Die Hell-dunkel-Zeichnungen täuschen eine Ameisentaille vor; bei der Fliege er-wecken die frei nach vorne ausgestreckten Vorderbeine den Eindruck von Fühlern.

die auf das Konto der unerfahrenen, noch lernenden Feinde gehen.

Dafür steigt andererseits die Verlustrate wieder an, wenn die Nachahmer zahlreich werden. Denn wenn der unerfahrene Vo-gel das falsche Beutetier zuerst probiert und es als durchaus verwertbar empfindet, hilft ihm das auffallende Muster schnell, weitere Vertreter dieses Anpassungstyps ausfindig zu machen. Hat er Glück, trifft er auch bei den nächsten Versuchen nur auf harmlose Nachahmer. Dann wird sich ein Suchbild entwickeln, das ihn noch wirksamer werden läßt. Erst wenn er auf ein giftiges oder ungenießbares Vorbild stößt, setzt die Wende ein. Er wird jedoch dann noch weitere Versuche machen, bis er »das Richtige« gelernt hat. Sie kosten die Vorbilder das Leben von Artgenossen, aber noch größer ist der anteilige Ausfall bei den Nachahmern, weil diese – auf der Basis des geschilderten Mechanismus ergibt sich das von selbst – selten bleiben werden. Nur dann, wenn sie das schützende Vorbild nicht an Häufigkeit übertreffen, kann sich ihre Nachahmung günstig für ihr Überleben auswirken. Die perfekte Tarnung in der Auffälligkeit hat also ihren Preis; einen recht hohen, wie es scheint, weil er die Nachahmer zur Seltenheit zwingt.

Nun sind allerdings, es sei wiederholt, sehr viele Arten von Insekten im Tropischen Regenwald nur immer in wenigen Individuen an einem Ort vertreten. Die Einschränkungen, die sich aus der Auffälligkeit ergeben, sollten daher nicht allzu bedeutsam sein, wenn die betreffenden Arten ohnehin selten wären. Die Mimikry führt uns damit wieder zurück zur generellen Frage, warum die meisten Insektenarten im Tropischen Regenwald so selten sind. Die Seltenheit scheint eine der Rahmenbedingungen dafür zu sein, daß Mimikry so verbreitet ist.

Eine andere Rahmenbedingung ist der hohe Selektionsdruck. Nur wenn die Auslese sehr scharf wird, können sich die feinen Fortschritte in der Angleichung der Muster an die des Vorbildes rasch genug durchsetzen. In großen Beständen mit vielen Zehntausenden von Individuen, von denen die meisten durch Einflüsse ungünstiger Witterung umkommen, kann eine solche »dichteabhängige Selektion« nicht zustandekommen. Die Auslese der Umwelt wirkt mit ihrer Härte im Bereich der Witterungsfaktoren »dichteunabhängig«. Es ist für das Sterben oder für das Überleben unerheblich, ob wenige oder viele Individuen der betroffenen Art vorhanden sind. Es werden eben nur die spät geschlüpften oder solche überleben, die sich gerade noch rechtzeitig fortpflanzen konnten. Bei der dichteabhängigen Selektion ist das anders. Ihre Wirksamkeit hängt von der Größe der Bestände ab. Je mehr Individuen sie umfassen, um so unpräziser wird der Auslesevorgang und umgekehrt.

Somit fördert die geringe Häufigkeit die dichteabhängigen Prozesse und beschleunigt damit auch die Evolutionsraten. Die wechselseitigen Anpassungen oder auch der Wettlauf zwischen Vorbildern und Nachahmern kommen unter den Bedingungen tropischer Kontinuität der Außenbedingungen und geringer Bestandsgrößen schneller voran als in den außertropischen Gebieten, wo Massenentwicklungen und ungünstige Witterungsphasen die Wirkung der Selektion immer wieder einschränken.

Besonders der Wettlauf, das »evolutionäre Wettrüsten«, zwischen Vorbild und Nachahmern erweist sich bei näherem Studium als höchst interessant. Denn nicht nur die Nachahmer »versuchen«, immer besser zu werden, weil die Auslese die Ähnlichsten begünstigt, sondern auch die Vorbilder wirken aktiv im Geschehen mit. Sie »versuchen«, den Nachahmern durch Veränderungen im Verhalten, durch Ausweichen in den Flugzeiten oder in der Wahl der Plätze, an denen sie sich aufhalten, zu entkommen. Das verstärkt bei den Nachahmern den Feinddruck und vergrößert die Ausfälle, aber die damit verbundene Selektion verhilft diesen immer wieder dazu, nachzuziehen.

Warum dieses evolutionäre Wettrüsten, diese »Co-Evolution«, überhaupt stattfindet und weshalb die Arten, die daran beteiligt sind, nicht einfach immer wieder ausbrechen und andere Entwicklungsrichtungen einschlagen, bleibt vorerst ein Rätsel. Bei den viel stärker unter der Ungunst der Witterungsbedingungen leidenden Insekten unserer gemäßigten Breiten findet eine derartige Co-Evolution nur in Ausnahmefällen statt.

Greifen wir bei dieser Rückblende auf die uns wohlbekannten Verhältnisse die Frage von einer anderen Seite auf. Die meisten der in Mitteleuropa vorkommenden Falterarten sind recht kurzlebig. Das Falterstadium dient praktisch nur der Fortpflanzung und der Ausbreitung, nicht mehr der Nahrungsaufnahme. Die Schmetterlinge haben als Insektenordnung hier einen ganz klaren Weg mit der Entwicklung des Saugrüssels eingeschlagen. Sie können nur noch flüssige Nahrung und Wasser aufnehmen. Die Ergänzung der Wasserverluste durch Trinken ist sehr wichtig. An zweiter Stelle steht das Trinken von Blütennektar. Er liefert mit seinem Zuckergehalt den Brennstoff für den Flug. Der sehr geringe Gehalt an Aminosäuren reicht nicht aus, um den Eiweißvorrat im Körper der Weibchen für eine vermehrte Eiproduktion aufzubessern. Die Eizahl bemißt sich an den Vorräten, welche aus dem Raupenstadium herübergerettet worden sind. Infolgedessen ist das Falterstadium recht kurz. Schon ein paar Wochen sind für die meisten unserer Tagfalter eine lange Zeit. Nur wenige Arten machen eine bedeutende Ausnahme: so der Zitronenfalter (Gonepteryx rhamni). Als Falter lebt er 10 Monate und mehr. Zwar schiebt sich eine Sommerruhe und die Zeit des Winterschlafes in das

Jahresbudget der Falterlebenszeit ein, aber da beides ungeschützt im Freien geschieht, muß der Zitronenfalter die 10 Monate einigermaßen unbeschadet überstehen können. Dies gelingt offenbar durch die Nachahmung der viel kürzer lebenden, aber als Falter fast das ganze Sommerhalbjahr über fliegenden Kohlweißlinge, die durch besondere Inhaltsstoffe gegen Freßfeinde aus der Vogelwelt recht gut geschützt sind. Die relativ seltene Mimikry bei einer der heimischen Arten gibt somit einen Hinweis auf mögliche Zusammenhänge mit der Lebensdauer des Falterstadiums.

Tatsächlich leben sehr viele, insbesondere die größeren und die großen Arten der tropischen Falter viel länger als ihre außertropischen Verwandten. Mehrere Monate aktiven Falterlebens sind keine Seltenheit. Sie bedeuten, daß nicht gleich nach dem Schlüpfen aus der Puppe die Eiablage vorgenommen wird. Mehr noch, die Weibchen legen häufig ihre Eier nicht einfach an einer Futterpflanze ab, sondern sie dosieren die Eiabgabe. Ein Ei wird hier angebracht, ein weiteres vielleicht erst auf der nächsten Pflanze. Das kann sich über Wochen und Monate hinziehen. Beobachtet man die Vorgehensweise der Weibchen genauer, so treten Besonderheiten zutage, mit denen man nicht gerechnet hatte. Es gibt Falter aus der Gruppe der Heliconiiden, die ihre Eier einzeln an ganz bestimmten Arten aus der Gruppe der Passionsblumengewächse absetzen, und zwar an den Spitzen dünner Ranken, wo sie vor kannibalistischen Raupen nahe verwandter Arten einigermaßen sicher sind. Ist die Pflanze bereits besetzt, kommt es nicht zur Eiablage. Zwei Raupen der gleichen Art hätten kaum Überlebenschancen. Das nutzt die Pflanze aus, indem sie falsche Eier ausbildet, mit denen sie die Schmetterlingsweibchen, die nach einem Eiablageplatz suchen, täuscht. Um wieviel feiner sind doch die Beziehungen zwischen Pflanzen und Insekten in den Tropen, verglichen mit den Verhältnissen in unseren gemäßigten Breiten!

Für das Heliconius-Weibchen ist damit der Lebensweg noch lange nicht zu Ende. Es sucht weiter nach einer geeigneten Futterpflanze, wartet ab, bis sie sich im richtigen Entwicklungsstadium befindet, und legt wieder ein Ei ab. Irgendwann in den nächsten Tagen und Wochen folgen die weiteren Eier. Der Falter muß einfach überleben, wenn eine so aufwendige

Suche nach dem passenden Platz für die Eier überhaupt irgendeine Bedeutung erlangen sollte. Dazu benötigt das Weibchen nicht nur Brennstoff für den Betrieb des Körpers, sondern auch genügend Eiweißreserven, um nach und nach die Eier einzeln oder in kleinen Gruppen heranreifen lassen zu können.

Jetzt bekommen die Männchen eine neue Rolle. Sie stellen nicht nur durch die Besamung der Weibchen die Fruchtbarkeit der Eier sicher, sondern sie lenken durch ihr Vorhandensein auch einen Teil der möglichen Angriffe auf sich. Leben die Männchen ihrerseits lange, schützen sie die Weibchen vor zu hohem Feinddruck. Langes Überleben im Fortpflanzungsstadium sowie Mimikry, Tarnung (Mimese) oder welcher Schutz auch immer verbinden sich zu einer Funktionseinheit. Sie bekommt eine besondere Note durch eine Leistung der Männchen, die bislang übergangen wurde. Bei der Begattung übergeben sie dem Weibchen eine sogenannte Spermatophore, das ist ein Eiweißpfröpfchen, welches die Samenfäden enthält. Mit Hilfe von radioaktiver Markierung ließ sich feststellen, daß die Weibchen sehr wohl das vom Männchen übergebene Eiweiß verwerten, und zwar direkt für die Eibildung. Damit gewinnen für den Fortpflanzungserfolg der Weibchen Mehrfachverpaarungen ein besonderes Gewicht als zusätzliche Lieferung von Eiweiß. Das ist zwar im Sinne der Weibchen günstig, nicht aber im Sinne der Männchen, deren Beitrag zum Fortpflanzungserfolg in dem Maße sinkt, in welchem mehr und mehr Männchen beteiligt sind. Manche Arten lösen dieses Problem durch eigene Mehrfachpaarungen und durch striktes Bewachen der Weibchen, die gegen Rivalen verteidigt werden, andere durch raschen Wechsel von Gebiet zu Gebiet, wodurch im Endeffekt der Beitrag aller Männchen wiederum etwa gleich hoch ausfällt.

Diese Beispiele führen vor Augen, welch große Rolle die Eiweißversorgung spielt. Sie trägt den Ansatz, den der Zitronenfalter lieferte, tiefer in die Biologie der Schmetterlinge hinein und wirft die Frage auf, warum denn nicht einfach genügend Eiweißreserven aus der Raupenzeit mitgenommen werden, um das Falterstadium im notwendigen Umfang damit zu versorgen. Die Problematik ließe sich ja am besten dadurch lösen, daß die Weibchen viele Eier absetzen und eine große Nachkommenzahl in den Überlebenswettbewerb schicken. Dann würde der hohe Feinddruck gemildert werden und die dichteabhängige Selektion der Konkurrenten oder der Nachahmer hätte keine Chancen, richtig anzusetzen und sich zum Druck zu entwickeln.

Wir geraten somit auch hier wieder zu dem merkwürdigen Phänomen des Mangels, das um so unverständlicher erscheint, als doch der Tropische Regenwald die größte Fülle an Pflanzenmasse aufbietet, die es in einem Großökosystem, in einem Biom, überhaupt gibt.

Einen letzteren Typ von Insekten sollten wir aber nicht unerwähnt lassen, und das sind die besonders schönen Arten; beispielsweise die herrlich schillernden Morpho-Falter der amerikanischen Tropen. Auch zahlreiche Käfer zeichnen sich durch einen bezaubernden Metallglanz aus, der sie bei Liebhabern zu gesuchten Sammelobjekten werden ließ.

Schillerfarben und Metallglanz kommen durch Lichtbrechung zustande. Sie stellen Strukturfarben dar. Im Gegensatz zu »echten« Farben, deren Entstehung an bestimmte Farbkörperchen (Farbstoffe) gebunden ist und die deswegen aus allen Richtungen die gleiche Farbe, vielleicht nur mit wechselnder Intensität, zeigen, lassen sich die Schillerfarben nur bei bestimmten Einfallswinkeln des Lichtes erkennen. Bei anderen Lichtverhältnissen verschwinden sie, und ein solcher Falter, der Schillerstrukturen in den Schuppen der Flügel trägt, wird dann flau oder dunkel.

Herausgelöst aus ihrer Umwelt, stellen diese glänzenden und schillernden Insekten wahrliche Prachtstücke dar. Man kann sich sehr gut vorstellen, daß sie die Vorstellung von tropischem Luxus genährt haben. Vielfach wird wegen dieser besonders schönen Insekten und auch wegen der noch herrlicheren, glanzvolleren und durch schier unglaubliche Vielfalt im Gefieder bestechenden Vögel der Gedanke für plausibel gehalten, daß dieses Luxurieren der Tropennatur die besondere Gunst der Lebensbedingungen widerspiegle.

Wir sollten nun eigentlich skeptisch geworden sein. Eine solche Vorstellung läßt sich, zumindest was die Insekten betrifft, nach den vorherigen Befunden schlecht mit der Seltenheit, mit dem hohen Feinddruck und mit dem Mangel an lebenswichtigen Rohstoffen in Verbindung bringen, der offensichtlich so groß ist, daß die einzigen »Massenansammlungen« von Insekten, die wirklich auffallen, an ganz bestimmten Stellen auf Sandbänken oder an Flußufern stattfinden – dort nämlich befindet sich mineralstoffhaltiges Material. Dort saugen mitunter Tausende bunter Falter mit ihrem Rüssel intensiv am Boden. In der Attraktivitätsskala folgen Fäkalien und Tierkadaver gleich an zweiter Stelle. Manche Schmetterlinge suchen sogar Augen von größeren Tieren auf, um an der Tränenflüssigkeit zu saugen. All dies paßt wirklich nicht zur Vorstellung vom Luxurieren der Tropennatur.

Welche Bedeutung haben aber dann die Schillerfarben? Die Beobachtung im Freiland wird rasch klarstellen, wofür sie gut sind und daß sie mit bloßem Ausdruck von Schönheit kaum etwas zu tun haben. Wenn ein großer Morpho einen Waldpfad entlang fliegt, gerät er plötzlich in ein Lichtbündel, das fast wie ein Punktstrahler den Weg durch das dichte Blattwerk bis in Bodennähe gefunden hat. Unvermittelt blitzt der große, nicht besonders rasant fliegende Falter auf – und verschwindet sofort wieder im Halbdunkel des Dämmerlichtes im bodennahen Bereich. Kaum haben sich die Augen des Beobachters an das Dunkel angepaßt und den Falter wieder gefunden, trifft dieser auf den nächsten Lichtfleck. Das Spiel wiederholt sich. Und so fort. Es ist sehr schwierig, dem großen Falter zu folgen. Genauso ergeht es den Vögeln!

Im extremen Wechsel von gleißender Helligkeit und Dämmerlicht stellt die Schillerstruktur eine überlebensfördernde Anpassung dar, die sich wiederum aus der langen Lebensspanne ergibt, die das Fortpflanzungsstadium durchmachen muß, um sich erfolgreich zu vermehren. Wie bemißt sich der Erfolg? An nichts weiter als an der Zahl der Nachkommen, die bis zum Erreichen der eigenen Fortpflanzungsfähigkeit überleben. Wenn so ausgefeilte Anpassungen, so raffinierte Methoden und so bizarre Gemeinschaften oder Abhängigkeiten notwendig sind, um im Tropischen Regenwald zum Erfolg zu gelangen, dann können dort wohl schwerlich »paradiesische Verhältnisse« herrschen, kann dort keine Welt des Überflusses sein.

Betrachten wir nun andere Tiergruppen, die im Tropischen Regenwald besonders artenreich vertreten sind, ob bei ihnen ähnliche oder vielleicht andere Verhältnisse vorliegen. Wir müssen uns für das Gesamtbild noch wenigstens den Amphibien und dem Tierleben im Wasser zuwenden sowie den Säugetieren. Dann können wir die Zusammenschau versuchen und den Blick erneut auf den Wald selbst richten, um zu einem schlüssigen Ergebnis über die Struktur des Gesamtlebensraumes Tropischer Regenwald zu gelangen.

Merkwürdige Frösche

In einer Kuhle am Waldboden wächst ein knapp faustgroßer Schaumklumpen, wölbt sich auf, und nach einiger Zeit kommen zwei kleine Frösche, ein Pärchen, daraus hervor. Es handelt sich um »Schaumnestbauer«, Froschgruppen der amerikanischen Tropen, die eine ganz ungewöhnliche Fortpflanzungsweise zeigen. In den Schaumnestern legen sie ihre Eier ab, die sich entwickeln und entweder vom nächsten Hochwasser in den naheliegenden Bach geschwemmt werden, wo die Kaulquappen heranwachsen, oder sich direkt in kleine Jungfrösche umwandeln. Die Arten dieser wegen ihrer Stimme »Pfeiffrösche« genannten Südfrösche (Familie Leptodactylidae) vermeiden die Entstehung des sonst für die Frösche so kennzeichnenden Larvenstadiums (Kaulquappe). Ihre wenigen Eier entwickeln sich direkt in den Schaumnestern. Der Schaum wird bei der Eiablage durch Bewegungen der Hinterbeine aus abgegebener Flüssigkeit und der Feuchtigkeit des Waldbodens geschlagen. Das Eiweiß im vom Männchen abgegebenen Samen liefert dazu einen wichtigen Beitrag.

Der Entwicklungsweg dieses Verhaltens läßt sich gut zurückverfolgen: zurück zum Wasser. Dort fingen Vertreter dieser Froschgruppe an, im Flachwasser an der Oberfläche durch Schlagen mit den Hinterbeinen Schaum zu erzeugen, der dann die abgelegten Eier aufnimmt und sie in diesem unbeweglichen Anfangsstadium der Froschentwicklung vor Freßfeinden schützt. Solche Schaumnester auf dem Wasser laufen jedoch Gefahr, abgetrieben zu werden. Der nächste Schritt in der Entwicklung führte ans feuchte Ufer. Hier läuft die Ausbildung der Kaulquappen außerhalb des Wassers ab, aber das Einschwemmen der Froschlarven ins Gewässer ist noch notwendig. Davon sind die Arten mit Direktentwicklung zum Fröschchen gänzlich unabhängig geworden. Manche Arten legen ihre Schaumnester sogar im Astwerk der Bäume an.

Am extremsten verhalten sich aber Vertreter der Baumsteigerfrösche. Die Männchen transportieren einige Kaulquappen

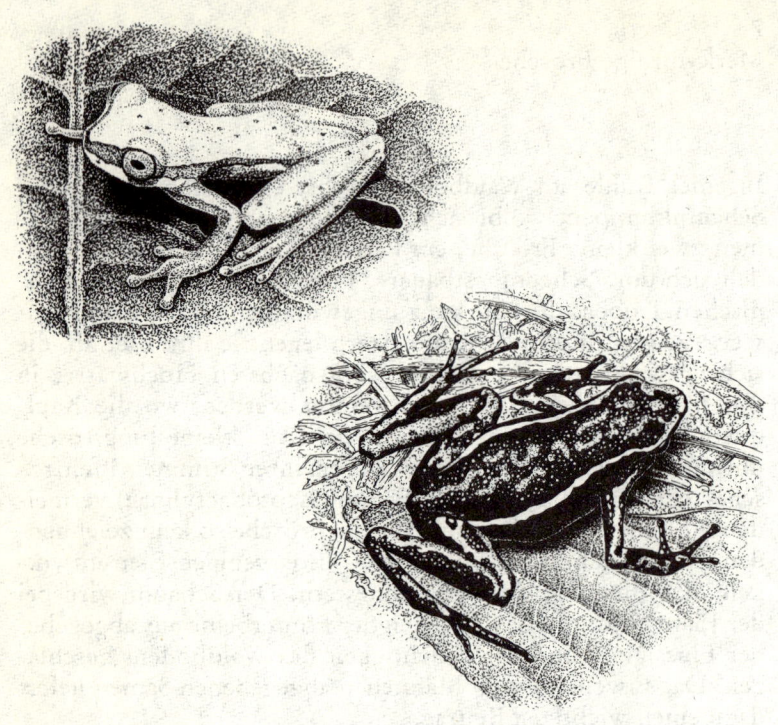

Frösche. Oben das nur wenige Zentimeter große, fast weiße Laubfrösch-
chen der Gattung Hyla und unten der etwas größere, in der Zeichnung
sehr variable, zumeist auf schwärzlichem Grund goldfarben gemusterte
Baumsteigerfrosch (Dendrobates trivittatus) aus dem Tropischen Regenwald von Ostperu.

auf dem Rücken zu Kleinstgewässern im Regenwald. Einige
Arten pflanzen sich oben in den Baumkronen in wassergefüllten Trichtern von Bromelienblättern fort. Darin entwickeln
sich die Kaulquappen, mitunter zusammen mit Libellenlarven,
wie in einem Miniatur-Aquarium. Sie weiden den feinen Belag
an Algen ab, der sich in den Blatt-Trichtern ausbildet, und
verzehren hineingefallene Insekten. Der Schwanz bildet sich
zurück, die Lungen entstehen, und schließlich entsteigt der
Bromelie das fertige Fröschchen – und macht sich auf den Weg!
   Die Weibchen achten sehr genau darauf, ob die Bromelie

schon mit einer Kaulquappe besetzt oder ob sie noch frei ist. Für zwei Larven wäre im gleichen Blatt-Trichter nicht genügend Lebensraum vorhanden. Nahrung ist sehr knapp. Die Larven entwickeln sich langsam. Von Zeit zu Zeit legt das Weibchen weitere Eier zu ihren Kaulquappen und füttert sie damit. Diese intensive Brutfürsorge gewährleistet das Überleben des Nachwuchses unter so schwierigen Lebensbedingungen.

Wie ungemein kritisch müssen die Lebensbedingungen für diese Frösche sein, wenn sie auf eine solcherart aufwendige Form der Fortpflanzung angewiesen sind. Dabei ist zu bedenken, daß sich dies in den feuchten Tropen abspielt, und daß gerade dort, wo sich das größte Flußsystem der Erde befindet, in Amazonien, der Anteil von Froschlurchen, der das Wasser zur Fortpflanzung meidet, besonders hoch ausfällt.

Frösche haben die unterschiedlichsten Strategien entwickelt, den Aufenthalt im Wasser so kurz wie möglich zu halten. Manche Arten, wie die Affenfrösche der Gattung Phyllomedusa, kleben ihre Eier auf Blätter über dem Wasserspiegel. Dort befinden sie sich zwar in der Zone beständig feuchtigkeitsgesättigter Luft, aber sie sind außerhalb des gefährlichen Wassers. Warum dieses so gefährlich ist, muß den frühen Tropenforschern höchst rätselhaft vorgekommen sein. Sie konnten sich nur den hohen Feinddruck als Erklärung zurechtlegen.

Dem sind heimische Frösche in Mitteleuropa bei ihrer Fortpflanzung nicht weniger ausgesetzt, und zwar ganz besonders durch die zur gleichen Tierklasse gehörenden Molche, die mit großer Beharrlichkeit aus den Laichballen von Fröschen Ei für Ei herauszustanzen und zu verzehren versuchen. Die dadurch verursachten Verluste sind sehr groß. Weitere kommen durch Fische, große Wasserinsekten, wie die Larven und die Käfer des Gelbrandkäfers (Dytiscus marginalis), oder die Wasserskorpione (Gattung Nepa) sowie die Libellenlarven hinzu. Dennoch überleben genügend Eier und Kaulquappen diese Dezimierung, weil die Frösche und Kröten in ungeheuren Mengen Laich ablegen, welcher die Feinde geradezu mit Nahrung überschwemmt.

Etwas Vergleichbares findet bei den Amphibien in den Tropenwäldern nicht statt. Sie gehen sehr sparsam mit ihren Eiern um und scheinen sich regelrecht um jedes einzelne davon zu kümmern. Noch mehr Brutfürsorge lassen all jene Arten den Kaulquappen angedeihen, die nicht im Wasser ablaichen. Am hohen Feinddruck, an der Größe der Verluste, kann es somit nicht allein liegen, daß die Amphibien so ungewöhnliche Fortpflanzungswege eingeschlagen haben.

Ein ganz anderer Grund wird später noch näher zu erläutern sein, hier sei er aber schon angedeutet: Im Wasser der Waldbäche mangelt es an Ionen, also im Wasser dissoziierenden Salzen, Basen und Säuren, hier speziell Metallionen. Viele Bäche kommen reiner als Regenwasser aus dem Wald. Das heißt, daß ihr Wasser extrem arm an gelösten Salzen sein muß. Nach den Gesetzen der Osmose muß ein solches Wasser heftige Wirkungen entfalten, wenn es auf Organismen trifft, die nicht völlig wasserdichte Oberflächen besitzen. Dann dringt Wasser in das Innere ein, verdünnt die Zellflüssigkeit und bringt die Gewebe zum Platzen. Dieser osmotische Ausgleich der Salzkonzentrationen ist für die quellenden, also Wasser aufnehmenden Eihüllen von Amphibieneiern eine sehr große Gefahr. Sie müssen also das (salzfreie) Wasser möglichst meiden. Daraus kann man schließen, daß die Bromelientrichter oder die kleinen Kuhlen am Waldboden besser mit gelösten Salzen versorgt sind als die Waldbäche. Der erste Ansatz zur Ausbildung von schützendem Schaum könnte durchaus auch aus dieser Notwendigkeit, die Eier vor dem Eindringen von Wasser zu bewahren, entstanden sein.

Je ärmer das Wasser an gelösten Salzen ist, desto stärker schäumt es, wenn Eiweiß in flüssiger Form hinzugegeben wird. Dabei entsteht ein weiterer Vorteil: Die Verdunstung von Wasser wird eingeschränkt! Die feuchte Umwelt des Regenwaldbodens reicht aus, um den Schaum nicht austrocknen zu lassen. Sie garantiert damit das Überleben der Froscheier außerhalb des Wassers. Die Frösche können es sich leisten, zur Eiablage auf den Waldboden oder sogar ins Astwerk der Bäume auszuweichen, weil ihre Eier dort lang genug überleben. Der Schaum wirkt als Feuchtigkeitsregler.

Einen solchen haben die Frösche selbst natürlich auch nötig, weil ihre dünne Haut wasserdurchlässig ist. Die meisten Arten der Froschlurche bleiben deswegen ans Wasser oder an eine feuchte Umwelt gebunden. Nur ganz wenige Arten entwickeln eine Haut, die ausreichend vor zu großem Wasserverlust schützt. Der Preis dafür ist nicht gering: Fröschchen, die in Afrika trockene Lebensräume bewohnen, müssen sich jeden Tag einmal häuten, um die unbrauchbar gewordene Haut zu ersetzen. Das geht nur, wenn sie reichlich Insektennahrung finden, weil die Haut aus Eiweißstoffen (Keratin) aufgebaut wird. Wenn, wie im Tropischen Regenwald, das Angebot knapp ist, muß mit den Grundstoffen für die Eiweißherstellung, die in die Haut abgegeben werden, entsprechend haushälterisch umgegangen werden. Wie die Fröschchen dies zustandebringen, ist noch kaum bekannt. Es sieht aber so aus, als ob die Absonderung von Giftstoffen in der Froschhaut damit in Zusammenhang steht.

Viele ausgeprägt insektenfressende Frösche der Tropischen Regenwälder sondern Gift ab. Es wird in denselben Drüsen gebildet, die auch die Haut feucht halten. Wie wir gesehen haben, geht das Feuchthalten recht gut, wenn Eiweiß abgegeben wird. Die meisten Frösche fühlen sich daher »schleimig-feucht« an. Wenn sie nun das Wasser nicht regelmäßig aufsuchen können, weil dort zu viele Gefahren lauern oder weil sie beim Aufenthalt im Wasser zu viele Salze aus dem Blut verlieren würden, dann muß die feine Schutzhülle aus Eiweiß entsprechend dauerhaft sein, und sie darf nicht fest werden, nicht gerinnen. Eiweißhaltigen Lebensmitteln setzen wir sogenannte Stabilisatoren zu, um zu verhindern, daß das Eiweiß gerinnt oder daß es von Bakterien und Pilzen zersetzt wird.

Vor genau diesem Problem müssen die Lurche gestanden haben, als sie sich vor mehr als 300 Millionen Jahren die Feuchtwälder der Karbonzeit als Lebensraum erschlossen haben. Im feuchtwarmen Klima waren sie einem beständigen Angriff von Bakterien und Pilzen ausgesetzt, für die die Froschhaut ein hervorragender Nährboden sein würde, wenn ihre Ansiedlung nicht unterbunden oder ihr Wachstum nicht gehemmt worden wäre. Vergiftetes Eiweiß leistet dies! Die Grundstoffe dazu stammen aus dem Eiweiß selbst, wenn es sich um Enzyme handelt, oder aus Giftstoffen, die bereits in der aufgenommenen Nahrung vorhanden sind. Sie müssen aus dem Körper ausgeschieden werden. Würden sie nur den Weg über die Nieren nehmen können und hätten sie vorher in der Leber entgiftet werden müssen, würden Gifte, etwa solche, die mit den Insekten aufgenommen werden, den Organismus unerträglich belasten. Über die Haut lassen sie sich weitaus leichter ausscheiden.

Schutz der Haut vor dem Befall durch Pilze und Bakterien und Entgiftung des Körpers von Inhaltsstoffen der Nahrung überlagern sich auf diese Weise zu einem höchst wirkungsvollen System, das für die Frösche des Tropischen Regenwaldes besonders typisch ist. Viele Arten sind giftig; einige so sehr, daß sie auch für den Menschen zur tödlichen Gefahr werden können. Indios nutzten sie zur Herstellung von Giftpfeilen, und danach ist die Gruppe der »Pfeilgiftfrösche« benannt worden. Plakative Farbmuster kennzeichnen die giftigen Frösche und verraten schon auf größere Entfernung, wie gefährlich sie sind. Knalliges Rot, Gelb oder Orange, oft mit Schwarz eingegrenzt und zu sehr klaren Mustern zusammengefügt, sind die Warnfarben der Giftfrösche. Die Übereinstimmungen mit den Warnfarben und -mustern der Insekten liegen auf der Hand. Oft genug dürfte wohl die giftige Beute bereits die Grundlage für die Giftentwicklung liefern. Die wirksamsten Hautgifte kommen aber auf der Basis von Enzymen zustande. Diese Eiweißstoffe dienen bei der Verdauung und bei anderen Vorgängen im Stoffwechsel dazu, die Nahrungsbestandteile zu spalten oder aufzulösen. Sie werden dadurch erst »verdaubar«.

Gifte aus den Drüsen von Pfeilgift- und anderen Fröschen sind daher durchaus in der Lage, auch über die Haut einzudringen, weil sie sich ihren Weg durch Auflösung von Eiweißbestandteilen bahnen. Dagegen bleiben viele Pflanzengifte unwirksam, wenn sie nicht durch Verletzungen in den Blutstrom gelangen. Mit Giftpflanzen kann man daher in aller Regel gefahrlos hantieren, nicht aber mit Giftfröschen.

So war es bei den Indios eine hohe Kunst, aus solchen Hautgiften Pfeilgift herzustellen, und diese Technik beherrschten nur wenige »Medizinmänner«. Die große Mehrzahl der Indios hielt sich von den gefährlichen Tieren fern. Nicht anders verhalten sich all die Tiere, die sich normalerweise von Fröschen ernähren. Die hohe Giftigkeit senkt die Verlustrate bei den Pfeilgiftfröschen so sehr, daß sie vielerorts in den Tropischen Regenwäldern Amerikas zu den relativ häufigen Wirbeltieren zu rechnen sind. Es fällt nicht schwer, Dutzende dieser Frösche

bei einem nächtlichen Suchgang mit dem Schein einer Taschen-
lampe aufzuspüren. Auch am Tage lassen sie sich beobachten,
da sie es nicht nötig haben, sich zu verbergen.

Mit dieser Anpassung hätten die Pfeilgiftfrösche beste Voraussetzungen, um in großer Zahl aufzutreten. Das fertige
Fröschchen wird so gut wie nicht mehr von Feinden behelligt,
die hohe Luftfeuchtigkeit schützt davor auszutrocknen, und
der auf Sparflamme laufende Stoffwechsel erfordert nicht viel
Nahrung, um betriebstüchtig zu bleiben.

Trotzdem wird man nirgends solche Froschmassen in Tropischen Regenwäldern finden, wie sie an naturnahen Teichen im
mitteleuropäischen Kulturland bis vor kurzem üblich waren.
Hier konnten sich die Störche davon ernähren und ihre Jungen
mit Fröschen großziehen. In manchen Gebieten können sie dies
sogar heute noch. »Es hat Frösche geregnet«, sagten früher die
Leute und meinten damit die Unmengen kleiner und kleinster
Frösche, die an warmen Hochsommerabenden aus dem Wasser
kamen. Einen solchen »Froschregen« wird man im Tropenwald
vergeblich suchen. Nicht einmal höchste Giftigkeit führt dort
zur massenhaften Vermehrung. Es liegt also nicht an den natürlichen Feinden, der Grund ist woanders zu suchen: Es fehlt
ihnen einfach ausreichende Nahrung.

Die Giftigkeit fördert die Artenvielfalt, aber nicht die Häufigkeit. Und diese Vielfalt ist enorm groß. Im Regenwald von
Ostperu fanden österreichische Biologen über 120 Froscharten
auf einem einzigen Quadratkilometer. In ganz Mitteleuropa
leben auf rund einer Million Quadratkilometern nur 12 Arten
von Froschlurchen, also genau 10 Prozent. Aber hier wiegt ein
großer Seefrosch so viel wie mehr als 100 Pfeilgift- oder Baumsteigerfrösche. Die Biomasse der Frösche, die einen Garten-
teich von 30 Quadratmeter Größe besiedeln, kann 5 bis 8 Kilogramm erreichen. Gäbe es nur drei solcher Kleingewässer auf
einem Hektar, würden die Frösche allein eine Biomasse erreichen, die für die Gesamtheit der karnivoren – der fleischfres-
senden – Arten im Tropischen Regenwald Zentralamazoniens
auf einem Hektar festgestellt worden ist. Am Ufer von einigen
Gartenteichen entfaltet sich, nach der Masse gerechnet, mehr
Tierleben als in der Üppigkeit von einem Hektar Tropischem
Regenwald. Aber hier sind es nur Frösche einer Art, während

im Regenwald gleich 50 oder 100 verschiedene Arten auf so kleinen Flächen vorkommen.

Wenn sich diese Arten untereinander verständigen, ertönt der Wald in einem bezaubernden, mitunter auch recht unheimlichen Konzert, das an Vielstimmigkeit von der Vogelwelt kaum zu überbieten ist. Besonders die ganz kleinen Fröschchen rufen oft anhaltend von der Dämmerung bis tief in die Nacht hinein. Kehlständige Schallblasen dehnen sich zu Dreiviertelkugeln, die größer als das ganze Tier werden. Glockenhelle Töne, Pfeif- und Klicklaute sind im Chor auszumachen, daneben aber auch Froschrufe, die wie markerschütterndes Geschrei kleiner Kinder klingen.

Selbst dem aufmerksamen Zuhörer fällt es manchmal schwer, einzelne Frösche genau zu orten. Denn diese verstehen es ganz hervorragend, den Platz, an dem sie sich befinden, akustisch zu verschleiern. Sie haben gute Gründe dafür: Fledermäuse stellen ihnen nach, die mit ihrem ausgezeichneten Gehör den Rufer lokalisieren. Auf unhörbaren Schwingen gleiten sie heran und greifen sich das Froschmännchen, das allzu exponiert gerufen hat. Wenn die Giftigkeit keinen Schutz bietet – längst nicht alle Froscharten sind so giftig, daß sie vor Feinden sicher wären – und die Dunkelheit nicht genügt, weil sie die Echoorientierung der Fledermäuse überwindet, geraten die rufenden Frösche in Bedrängnis. Einerseits sollten sie sich zurückhalten, um nicht aufzufallen, andererseits müssen sie ihren Platz lautstark verkünden, weil sonst kein Weibchen kommt, um den Rufer zur Fortpflanzung aufzusuchen. Manche Froscharten, beispielsweise der Tungara-Frosch (Physalaemus pustulosus), entgehen der Fledermausortung dadurch, daß sie ihre Rufe unter der Hörschwelle der Fledermäuse halten: nicht nach der Lautstärke, sondern nach der Tonlage! Die meisten Fledermäuse hören erst ab einer Tonhöhe von 15000 oder 20000 Hertz.

In keinem anderen Lebensraum liegen für Frösche Lebensgefahr und Fortpflanzungserfolg so nahe beieinander wie im Tropischen Regenwald. Wären sie nicht erheblich langlebiger als die Arten in außertropischen Regionen, kämen die wenigsten zum Fortpflanzungserfolg. Die Lebensbedingungen sind für die Frösche im Tropenwald keineswegs besonders günstig. Die Wärme, die Feuchtigkeit und die Beständigkeit der klimatischen Verhältnisse im Jahreslauf ergeben zusammen nichts weiter als passable Rahmenbedingungen, innerhalb derer die Arten beständig ums Überleben ringen müssen. Die Kälte des Winters oder die Monate der Trockenheit verursachen in den subtropischen und gemäßigten Klimabereichen keine so großen Ausfälle unter den Fröschen wie die Vielzahl der Feinde im Tropenwald, welche die ohnehin schon schwachen Bestände unablässig dezimieren. Es fällt den betroffenen Arten schwer, die Verluste auszugleichen. Es sei wiederholt: Nicht einmal die hochgiftigen Frösche erreichen solche Häufigkeiten, wie wir sie von unseren Wasserfröschen kennen.

Wenn aber die tropische Welt aus Wald und Wasser selbst für Frösche keine sonderlich günstige Umwelt bietet, drängt sich die Frage auf, für welche Tiere denn dieser Wald nun wirklich ein idealer Lebensraum sein könnte. Die Antwort findet man in Abenteuerromanen, aber sie ist ziemlich falsch. Der tropische Dschungel ist dort ein Dorado für Schlangen. Aber in Wirklichkeit lauern sie nicht hinter jedem Baumstamm, lassen sich nicht auf ahnungslose Waldläufer herabfallen, um sie zu erwürgen, und man kann Monate im Regenwald verbringen, ohne auch nur eine einzige Schlange zu Gesicht zu bekommen. Daß dies nicht im Gegensatz zum tatsächlich hohen Artenreichtum und einer Fülle ganz unterschiedlicher Anpassungstypen steht, sollte aus dem bisher Gesagten klargeworden sein. Artenreichtum und Seltenheit spiegeln ein und dasselbe Grundprinzip: Im Tropischen Regenwald ist das Angebot knapp und schwer zu nutzen. Die Natur begegnet diesem Mangel mit Vielfalt und holt auf diese Weise die bestmögliche Nutzung heraus.

Auch wenn sich die Kriechtiere aufs beste in das skizzierte Bild einfügen, verdienen sie gesonderte Betrachtung. Ihre Formen der Anpassung – insbesondere das Vorkommen von Riesenformen – werfen Fragen auf, die zu dem bisher nicht angesprochenen Bereich der Säugetiere führen.

Die größte Schlange überhaupt, die wir kennen, ist die Anakonda (Eunectes murinus), und sie lebt im Flußsystem von Amazonas und Orinoco im Kernbereich des Tropischen Regenwaldes von Südamerika. Anakondas von mehr als 10 Metern Länge und über 200 Kilogramm Gewicht sind verbürgt; von noch größeren wird berichtet. Die allergrößten dürften ungefähr 11 Meter lang sein. Eine Schlange vom Gewicht dreier Menschen (Durchschnittsgewicht) ist so eindrucksvoll, daß man nicht grundlos durch sie Aufschluß über die Lebensbedingungen in den feuchten Tropen erwarten kann. An Länge stehen ihr die größten Schlangen der Tropen der Alten Welt, Netzpython (Python reticulatus) mit bis über 9 Metern, Tigerpython (Python molurus) mit 8 Metern sowie Afrikanischer Felsenpython (Python sebae) mit gut 7 Metern nur wenig nach. Die beiden ersteren Riesenschlangenarten kommen in Südostasien sowie in Indien und Ceylon vor. Eine Reihe weiterer Schlangenarten bringt es auf mehrere Meter Länge, so daß insgesamt die Tropenarten erheblich größere Vertreter umfassen als die außertropischen Schlangen.

Ähnliches gilt für die Echsen. Die größte Art, der Komodo-Waran (Varanus komodoensis) von der indonesischen Insel Komodo, wird bis 3 Meter lang und über 150 Kilogramm schwer. Auch der süd- und südostasiatische Bengalwaran (Varanus bengalensis) beeindruckt mit bis zu 2 Metern Körperlänge. Die Gebisse dieser Echsen sind voller spitzer Zähne: Die Komodo-Warane können Säugetiere bis zur Ziegengröße erbeuten. Auf die ersten Entdecker machten sie den Eindruck von Dinosauriern, die an den unzugänglichen Plätzen der Tropenwelt die 65 Jahrmillionen überlebten, die seit dem Aussterben der Riesenechsen am Ende der Kreidezeit vergangen sind. Zwar sind sie klein, verglichen mit jenen wirklichen Riesen, und können in der Größe auch nicht mit den großen Säugetieren konkurrieren, aber sie sind größer als alle übrigen Kriechtiere, die gleichfalls tropischen Panzerechsen (Krokodile) ausgenommen. Nimmt man diese 6 bis 8 Meter langen Riesen unter den Krokodilen und die auf den Inseln der Seychellen, von Aldabra im Indischen Ozean und der Galapagos-Gruppe im Pazifik vorkommenden Riesenschildkröten hinzu, so ergibt sich eindeutig: Die größten Vertreter der Kriechtiere kommen in der Tropenzone vor.

Es sei hier an die Käfer erinnert: Die Riesenformen unter ihnen brauchen sehr lange, oft viele Jahre, bis ihre Larven herangewachsen sind und bis sich der Käfer in der Puppe entwickeln kann. Auf ein durchschnittliches Käferleben bezogen werden sie recht alt. Merkwürdigerweise trifft genau dies auch für die Riesenreptilien zu. Für Seychellen-Riesenschildkröten (Megalochelys gigantea) ist ein Altersrekord von 152 Jahren dokumentiert, aber es ist sehr wahrscheinlich, daß diese Schildkröten noch älter werden. Bei den großen Krokodilen kann man ebenfalls mit hohem Alter rechnen, und gewiß würde sich für manche Riesenschlange ein erstaunliches Alter herausstellen, wenn entsprechende Methoden für eine genaue Altersbestimmung am lebenden Tier verfügbar wären. Berücksichtigt man darüber hinaus noch die tropischen Lebensbedingungen, bei denen man von einem schnelleren Lebensrhythmus als in außertropischen Regionen mit den Ruhepausen des Winters ausgehen kann, so sind solche Altersrekorde relativ noch höher, als sie es nach der Zahl der Jahre sind.

Diese gigantisch anmutenden Maße kann man jedoch in einen Bezugsrahmen stellen, der ihre relative Bedeutung erhellt: Vergleicht man diese Tiere mit Säugetieren entsprechender Größe, dann fallen ihre ungleich niedrigeren Stoffwechselraten auf. Diese drücken sich im sogenannten Grundumsatz aus, also jener Energiemenge, die notwendig ist, um den Körper funktionstüchtig zu halten. Bei den großen Kriechtieren liegt dieser Grundumsatz bei weniger als einem Fünftel dessen, was ein gleichschweres Säugetier benötigt. Der Grundumsatz läßt sich gut am Verbrauch von Sauerstoff messen. Ein Krokodil benötigt pro Gramm Körpergewicht und Stunde im normalen Ruhezustand 0,08 Kubikzentimeter Sauerstoff, ein Schwein dagegen 0,35. Letzteres braucht also mehr als die vierfache Sauerstoffmenge, um seinen Grundumsatz aufrechtzuerhalten. Folglich benötigt es auch viermal soviel Nahrung bei gleicher

Nahrungsqualität oder eine entsprechend bessere, wenn die Nahrung verschieden ist. Bezogen auf die Leistung, die damit verbunden ist, setzt das Reptil nur etwas mehr als ein Fünftel ein, um am Leben zu bleiben. Bei gleichem Gesamtaufwand kann es damit vier- bis fünfmal länger leben als ein gleichschweres Säugetier.

Die geringe Intensität des Stoffwechsels ist also ein wesentlicher Beitrag zum langen Leben der großen Reptilien. Was gewinnen sie damit? Wäre es nicht besser, nicht so groß zu werden und sich dafür schneller zu vermehren? Könnte nicht die Zahl der Nachkommen ansteigen, wenn weniger Biomasse im Körper der Riesenschlange, der Riesenschildkröte oder des gewaltigen Krokodils festgelegt würde?

Der Hauptgewinn ist Zeit, und die haben sie mehr als nötig. Denn es dauert oft Monate, bis eine Riesenschlange wieder Beute machen kann, bis für die Krokodile wieder günstige Wasserstandsverhältnisse eingetreten sind oder bis nach langen Trockenperioden die Riesenschildkröten wieder frisches Grün finden. Es ist viel leichter, die ungünstigen Zeiten in Winterruhe zu verbringen, weil die niederen Temperaturen automatisch die Stoffwechselintensität verringern, als bei gleichmäßig hohen Außentemperaturen, wie sie im Tropenbereich herrschen, längere Zeit ohne Nahrung durchzustehen. Die außerordentlich langsame Verdauung der Schlangen ist die Antwort auf diese Herausforderung, die sich für die schweren, beinlosen Riesen unter ihnen noch akuter stellt als für die kleinen, schlanken und schnellen Arten.

Ähnliche Schwierigkeiten müssen die Krokodile meistern, wenn Hochwasser den Fischbestand zu sehr »ausdünnt« oder wenn in den Niedrigwassermonaten die Lagunen trockengefallen sind und keine Fische mehr beherbergen. Die Riesenschildkröten auf den Galapagos-Inseln und auf Aldabra überbrücken mit ihrer Körpergröße die Monate ohne Regen, in denen die Vegetation verdorrt. Die alten Seefahrer machten sich dies zunutze, indem sie die Schildkröten als lebende Fracht in ihre Schiffe holten. Die Tiere brauchten kein Futter, benötigten nichts vom Wasservorrat, und die Seeleute hatten auf diese Weise monatelang Frischfleisch zur Verfügung.

Wenn nun aber Riesenschlangen und große Krokodile gerade

für den Bereich des Tropischen Regenwaldes charakteristisch sind, bedeutet dies, daß es dort an Beutetieren entsprechender Größe im Wald und im Wasser mangelt oder daß solche Beute nur zeitweise in ausreichendem Umfang zur Verfügung steht. Sie können nur überleben, weil sie mit sehr wenig Beute auskommen.

Ist es dann nicht auch seltsam, daß ausgerechnet in der gleichmäßigen Wärme des Tropischen Regenwaldes asiatische Riesenschlagen, die Pythons, sogar dazu übergegangen sind, ihre Eier durch Muskelzuckungen zu bebrüten. Die Schlange setzt auf diese Weise gerade so viel Wärme frei, daß die Temperatur ihres Körpers um 2 bis 3°C ansteigt. Sie gibt diese zusätzliche Wärme an ihr Gelege weiter, das sie in dichten Körperwindungen umschlingt. Die tropisch-amerikanischen Riesenschlangen, die Anakondas und die Boas, bebrüten gleichsam ihre Eier im eigenen Körper: Sie bringen lebende Junge zur Welt. Die Zufuhr von Wärme regulieren sie über das Ausmaß des Sonnens, so daß sich ihr Nachwuchs unter den für ein Reptil bestmöglichen Temperaturverhältnissen entwickeln kann. Sie überlassen ihre Eier nicht einfach der Gunst der tropischen Klimabedingungen, sondern kümmern sich aktiv darum.

Die Mehrzahl der in den klimatisch viel ungünstigeren gemäßigten Breiten lebenden Reptilien legt Eier, die sich selbst überlassen bleiben. Sie betreiben keine Brutpflege.

Bei südamerikanischen Kaimanen ist beobachtet worden, daß die ihre Nester bewachenden Weibchen sogar den Jungen beim Schlüpfen aus dem Ei helfen. Die im Vergleich zu einer heimischen Eidechse schon sehr großen und kräftigen Jungen der Panzerechsen brauchen »Hilfe«, während sich unsere Zauneidechsen alleine durchschlagen. Offenbar ist das, was sich die Tropennatur mit dem Riesenwuchs unter den Reptilien leistet, alles andere als Luxus. Es ist vielmehr eine Notwendigkeit, um die langen Phasen ungünstigen Nahrungsangebotes zu überbrücken. Die Größe an sich gibt kein Maß für Überlegenheit oder für Erfolg auf der Bühne der Evolution.

Neben Sensationsberichten über Riesenschlangen würzen Schilderungen blutrünstiger Fische, die ihr Opfer in Sekundenschnelle bis aufs Skelett verzehren, die Abenteuerberichte über Amazonien. Trotz ihres exotischen Namens sind diese Fische weithin bekannt geworden: die Piranhas (Gattung Serrasalmus). Die Schrecklichkeit der Schilderungen steht in umgekehrtem Verhältnis zur Häufigkeit, mit der Piranhas tatsächlich Verletzungen oder sogar Todesfälle verursachen. Es ist in den meisten Gewässern Amazoniens völlig ungefährlich, zu schwimmen oder durchzuwaten. Einige Vertreter der auch Sägesalmler genannten Piranha-Gattung ernähren sich sogar ganz »friedlich« von Früchten; die gefährlichen Arten, wie Serrasalmus natteri, kommen nur an ganz bestimmten Stellen, gewöhnlich im Randbereich Amazoniens, und nahezu nicht im so wasserreichen Zentrum vor.

Ihre Angriffslust hängt offenbar vom Ernährungsangebot ab. Geht es den Piranhas gut, greifen sie nicht an. Sind sie aber sehr ausgehungert, können schon leichte Verletzungen oder mitunter unnormale Bewegungen in ihrem Lebensraum einen Angriff auslösen, weil sie als Signal für eine Beute gewertet werden, die nicht mehr ganz in Ordnung ist. Die Aggressivität steigt, wenn die Fische zu eng zusammengedrängt werden: Dies passiert, wenn die Lagunen im randtropischen Bereich auszutrocknen beginnen oder wenn die Wasserführung der Flüsse zu stark zurückgegangen ist.

Den Piranhas vergleichbare Fische gibt es in den Flußsystemen des tropischen Afrika oder in Südostasien nicht. Amazonien und die angrenzenden Gebiete Südamerikas sind auch in dieser Hinsicht einzigartig. Sind die Piranhas vielleicht einfach nur ein Ausnahmefall, ohne Bedeutung für die allgemeinen Verhältnisse in den Regenwaldflüssen? Denn bei den großen Mengen von Fischarten, die in den tropischen Flüssen leben, könnten die Piranhas bloße Sonderfälle sein. Allein im Stromsystem des Amazonas kommen mehr als 2500 Fischarten vor.

Zu ihnen gehört eine der größten Fischarten des Süßwassers überhaupt, der Pirarucú (Arapaima gigas), dessen schiere Größe Vergleiche mit den Riesenreptilien nahelegt. Zu wenig ist bislang über die Ernährung und die Nahrungsgrundlage von Arapaima bekannt, um eine schlüssige Antwort bieten zu können. Die unzureichenden Hinweise deuten darauf hin, daß dieser Großfisch während der Hochwasserzeit, die am Amazonas rund 6 Monate dauert, kaum Futter findet und diese ungünstige Periode mit den Reserven seiner Körpermasse überwindet.

Andere Formen der Anpassung sind, was die Fische betrifft, interessanter und aufschlußreicher. So kennen die Aquarianer solche Besonderheiten, wie sie die Neonfische bieten, deren Körperseiten wie Farbneonröhren aufleuchten und bei einer entsprechenden Wendung des Körpers im Halbdunkel des dunkel getönten Wassers wieder verschwinden. Zieht ein ganzer Schwarm solcher Neonfische vorüber, würde sich jeder Raubfisch sehr schwer tun, einen einzelnen von ihnen zu fixieren, um ihn zu erbeuten. Er taucht blitzschnell im Aufblinken Dutzender anderer »Neonröhren« unter. Die nur ein paar Zentimeter langen Neonfische stimmen ihr Schwarmverhalten sehr genau auf diese Wirkung ab – was aber viele Fischarten tun. Es scheint der Schwarm allein nicht auszureichen, um genügend Schutz zu bieten, sondern das Ablenkmanöver des »Neonlichtes« kommt noch hinzu; das macht die Besonderheit der Neonfische aus. Sie und ihre Verwandten aus der sehr artenreichen Familie der Salmler sind als Zierfische sehr begehrt, weil sie einen so außerordentlichen Reichtum an Farben, Formen und Verhaltensweisen dem neugierigen Aquarianer vorführen. So kommt es, daß das meiste zu ihrer Biologie aus der Erfahrung der Aquarienhaltung und nicht aus Studien im natürlichen Lebensraum zusammengetragen worden ist.

In Amazonien gibt es beispielsweise Fische, die in einem faszinierenden Tanzritual aus dem Wasser kleiner Waldbäche herausspringen – was man auch im Aquarium beobachten kann – und genau in dem Augenblick, in dem der Sprung für Bruchteile von Sekunden auf dem Höchstpunkt zur Ruhe kommt, ein paar Eier auf ein über dem Wasser hängendes Blatt ankleben. Das mitspringende Männchen besamt im gleichen Moment die Eier. Diese Spritzsalmler zeigen eine bemerkenswerte Art der

Wald und Wasser. Sie verzahnen sich eng im Tropischen Regenwald. Die Zeichnung zeigt den Llullapichis, einen Nebenfluß des Pachitea im peruanischen Oberamazonien unweit der bekannten Feldstation für Tropenwaldforschung »Panguana« der Biologenfamilie Koepcke. Es genügen einige Stunden heftiger Regenfälle, um den Fluß um mehr als 5 Meter ansteigen zu lassen.

Fortpflanzung, bedenkt man, daß ihr Element mehr noch als das der Frösche nun mal das Wasser ist. Das Springen ist aufwendig. Es kostet den kleinen Fisch zusätzliche Energie und macht ihn möglicherweise auch auffälliger für seine Feinde. Dennoch versuchen diese Fische mit Ausdauer, die Eier außerhalb des Wassers zu befestigen, und ihr Verhalten ist fest in ihrem Erbgut verankert. Waren es die zu hohen Verluste an ihre Feinde, weshalb diese Fische eine solche außerordentliche Fortpflanzungsweise wählen mußten, oder spielt bei ihnen der extrem geringe Gehalt an Ionen im Wasser eine so wichtige Rolle wie bei den Fröschen? Noch ist nahezu nichts über solche Zusammenhänge bekannt, weil die Haltung im Aquarium nichts darüber vermittelt, welcher Feinddruck unter Freilandbedingungen herrscht oder welche Feinheiten im Chemismus des Wassers die Ursache sind.

Ein anderer, in mancher Hinsicht vergleichbarer Vorgang sei als weitere Rarität beschrieben, und auch bei ihm lassen sich die Ursachen noch nicht schlüssig nachweisen: Der Schützenfisch (Toxotes) erlegt Fliegen mit Hilfe eines aus dem Maul ausgestoßenen Wasserstrahles! Diese kleinen südostasiatischen Fische halten sich an der Wasseroberfläche auf und beobachten Fliegen oder andere Insekten. Kommt eine Fliege nahe genug heran, spuckt das Fischlein mit einem zielgenauen Wasserstrahl nach der Fliege und schießt sie gleichsam ab; das Insekt fällt aufs Wasser, wo es vom Fisch sofort verzehrt wird. Die Verhaltensweisen und Sinnesleistungen, die hierbei zusammenwirken, sind so komplex, daß sich die Zwänge, die dahinter stehen, nur durch nicht minder komplexe Untersuchungen erkennen lassen.

Derartig hochspezialisierte Anpassungen haben mit der Nutzung der Wasseroberfläche als Nahrungsquelle zu tun. Sie wirkt wie ein »Fangnetz«, weil die rein physikalische Oberflächenspannung Insekten und andere Kleintiere, die entsprechend haftfähige Oberflächen besitzen, einfängt, wenn sie das Wasser berühren. Die feine Erschütterung, die dabei verursacht wird, gibt den Fischen ein Signal, da ein zappelndes Insekt andere Wellen an der Wasseroberfläche verursacht als ein herabgefallenes Blatt. Kleinfische können, gutes Sehvermögen vorausgesetzt, die zappelnde Beute auch direkt sehen. Sie sind nicht darauf angewiesen, über die Erschütterung den Hinweis zu erhalten, daß Beute von der Oberflächenspannung eingefangen worden ist.

Das genaue Beobachten bildet den nächsten Teilschritt, denn über der Oberfläche tanzende Insekten bilden sich gegen den hellen Hintergrund gut ab. Viele Fische, auch unsere Forellen, springen nach Insekten, die knapp über der Wasseroberfläche fliegen. Für Kleinfische stellt aber die Oberflächenspannung selbst ein Hindernis dar. Sie können sie am besten damit überwinden, daß sie die Spannung durch einen Schwall Wasser reduzieren. Hieraus könnte sich das gezielte Spritzen entwickelt haben, das nun nicht mehr nur die Oberflächenspannung überwindet, sondern die noch frei fliegende Beute direkt herabholt.

Auch wenn die genaue Abfolge der Entwicklung dieses Verhaltens noch nicht in allen Einzelheiten nachvollziehbar ist, so wirft es doch die Frage auf, wie es überhaupt zu solch aufwendigem Beutemachen gekommen ist. Genügen die Insekten im Wasser nicht? Reicht es nicht, was die Wasseroberfläche einfängt? Muß der so komplizierte aktive Fang noch hinzukommen, um den Überlebenserfolg zu sichern? Keine einzige der Zwischenstufen hätte jemals Aussicht auf Erfolg gehabt, wenn kein Zwang vorhanden gewesen wäre, der sich als »Evolutionsdruck« bezeichnen läßt. Dieser besagt aber nichts weiter, als daß Mängel im ursprünglichen Lebensstil damit behoben werden konnten. Hätten die kleinen Fische genug Futter gefunden, wäre durch die Entwicklung des »Schützenverhaltens« kein Vorteil entstanden. Eher ein Nachteil, weil sehr viel Zeit zum genauen Beobachten notwendig ist und weil oft genug die »Schüsse« danebengehen. Wie unmittelbar ein solcher Evolutionsdruck gleichsam zum Zwang werden kann, ganz Ungewöhnliches, Abweichendes hervorzubringen, erläutert das folgende Beispiel.

Der Zoologe Friedrich Schaller machte in Amazonien eine bemerkenswerte Entdeckung. Mit Unterwassermikrophonen, sogenannten Hydrophonen, konnte er beweisen, was Naturbeobachter ohne technisches Präzisionsgerät schon seit langem vermutet hatten: Es gibt Fische, die regelrecht »singen«. Manche Fische sind keineswegs stumm, sondern durchaus in der Lage, durch Druckveränderungen in der luftgefüllten

Schwimmblase Töne zu erzeugen, die in Art und Funktion den Paarungsrufen oder Gesängen von Fröschen gleichkommen. Einen vielstimmigen Chor konnten Schaller und seine Forschungsgruppe dokumentieren. Inzwischen weiß man auch, daß die Fische nicht nur zur Paarungszeit »singen«. Wozu aber ist das gut? Die Antwort gibt die Beschaffenheit ihres Lebensraums: Sie leben in trübem Wasser, und nicht anders können sie auf größere Entfernungen die Artgenossen finden. Die Rufe erfüllen die gleiche Funktion, wie man sie von den Landtieren kennt und die auch sekundär ins Wasser zurückgekommene Gruppen, wie etwa die Wale und die Delphine, weiterentwickelt haben. Der Schall breitet sich unter Wasser besser aus als in der Luft. Im getrübten Gewässer ist er die wirkungsvollere Verständigungsmöglichkeit, weil die Helligkeit schnell abnimmt und Wirbel der Strömung das vielleicht noch erkennbare Bild verzerren.

Doch viele Gewässer, besonders die Flüsse, sind weltweit voller Trübstoffe. Warum wurde das Phänomen der Fischgesänge in Amazonien und nicht in der Donau entdeckt? Spielt die akustische Verständigung unter Wasser dort eine größere Rolle als in den außertropischen Flüssen?

Zwei gute Hinweise lassen sich hierfür anführen. Sie zeigen in die gleiche Richtung. Der erste bezieht sich auf die Anpassungstypen der Flußfische. Im Amazonien sind Welse besonders reichhaltig im Artenspektrum vertreten. Diese Fischgruppe zeichnet sich durch hochsensible »Bartfäden« am Kopf aus, die bei der Nahrungssuche eingesetzt werden. Mit Hilfe der Barteln finden die Welse mehr Nahrung als mit den Augen. Wenn solche Fischtypen besonders reichlich vertreten sind, müssen sie den sich mit den Augen bei der Nahrungssuche orientierenden Fischen überlegen sein.

Der zweite Hinweis verstärkt die Bedeutung des Auffindens von Nahrung noch mehr. In den Tropenflüssen und Flachgewässern leben weltweit Fischarten, die sich auf eine noch ganz andere Weise orientieren: Sie orientieren sich mit Hilfe von elektrischen Feldern. Diese sogenannten »elektrischen Fische« nutzen die Veränderungen, die lebende Organismen in den Kraftlinien eines elektrischen Feldes verursachen, um ihre Beute aufzuspüren. Die geballte Ladung ihres elektrischen Potentials können sie zudem zur Abwehr von Feinden einsetzen. Die »Schläge« eines südamerikanischen Zitteraals erreichen Stromstärken von 2 Ampere bei 550 Volt Spannung, was der Kraft von einem Kilowatt entspricht. Electrophorus electricus, der Zitteraal, steht damit nicht allein. Verschiedene andere Fischgruppen nutzen in unterschiedlichem Maße die Fähigkeit lebender Zellen, elektrische Felder zu erzeugen. Die größte Bedeutung hat sie in den Tropenflüssen erlangt, wobei Amazonien wiederum eine besondere Position einnimmt. Neben den elektrischen Fischen aus der großen Gruppe echter Süßwasserfische kommen auch Vertreter der mit den Haien verwandten Rochen dort vor, die elektrische Organe aufweisen. Diese Zitterrochen kombinieren die welsartige Suche nach Nahrung am Boden mit der Nutzung elektrischer Felder.

Fassen wir diese Phänomene zusammen, so fügen sie sich ins Bild: Die Nahrungsbeschaffung ist schwierig in den tropischen Binnengewässern. Kein Wunder, daß sich zahlreiche Fische auch bei ihrer Fortpflanzung darauf einstellen. So sind die Maulbrüter unter den Cichliden besonders erfolgreiche Kleinfische. Sie schützen ihre Brut dadurch, daß sie den Jungfischen das eigene Maul als sicheren Rückzugsort bereithalten. Die Jungen werden »ausgespuckt«, wenn keine Gefahr zu sehen ist. Nun suchen sie nach Nahrung, halten sich dabei aber in der Nähe des Kopfes auf. Sobald das Maul geöffnet wird, strömen sie so schnell wie möglich dorthin zurück. Es sieht aus, als ob der Maulbrüter die eigenen Jungen verspeisen würde. Welcher Selektionsdruck muß hier gewirkt haben, um eine der grundlegendsten Tätigkeiten, die Nahrungsaufnahme, zugunsten der eigenen Jungen zurückzustellen und in ein Verhalten zur Sicherung des Nachwuchses umzumünzen? Und welche Notwendigkeit muß dahinter stehen, die Jungen so sehr vor den Unbilden ihres Lebensraumes zu schützen, bis sie groß genug geworden sind?

Eine besondere Gattung – Starfische der Aquarianer! –, die Diskusfische (Symphysodon-Arten), nehmen zwar die Jungen nicht ins Maul, aber ernähren sie mit Hautabsonderungen. Ohne diese Versorgung könnten diese nicht überleben. Die jungen Diskusfische benehmen sich wie Parasiten oder wie Putzerfische, die am Körper des Elters herumzupfen. Wenn im größten

Süßwassergebiet der Erde Fische ihre Jungen durch eigene Hautausscheidungen versorgen müssen, dann kann man dies nicht mehr nur als eine Laune der Natur abtun.

Somit verwundert es kaum noch, daß ein Großteil der Flußfische Amazoniens, insbesondere im Bereich des Rio Negro, kaum nach Art der Fische lebt, sondern »im Wald auf die Weide schwimmt«. Diese Fische schwimmen bei Hochwasser tatsächlich in den Wald, was Michael Goulding mit seinen exzellenten Forschungen umfassend belegt hat, und fressen dort ins Wasser gefallene Früchte und sogar Blätter. Ihre Mundöffnung ist schräg nach oben gerichtet, damit können sie auch große, runde Früchte anbeißen. Die Ausrichtung der Mundöffnung sagt bereits viel aus über die Art des Nahrungserwerbs. Bei den bodenlebenden Welsen und Rochen ist sie nach unten gerichtet, bei vielen Flußfischen aber nach oben.

Früchte sind erheblich eiweißärmer als Kleintiere im Süßwasser. Eine umfassende Anpassung an Früchte als Nahrungsquelle bedeutet daher zwangsläufig, daß das Angebot an »gewöhnlicher« Fischnahrung noch viel dürftiger sein muß als das, was die Früchte bieten. Denn der Kohlenhydratgehalt der Früchte ist für die Fische nur von geringer Bedeutung, weil sie ihren Körper nicht damit »heizen« müssen. Sie können die Kohlenhydrate günstigstenfalls in Fettreserven umbauen, aber aus ihnen kein Eiweiß für das Wachstum oder für die Fortpflanzung herstellen.

Damit sind wir wieder bei einem Phänomen angelangt, das wir schon bei den Ameisen und den Termiten ausführlicher behandelt hatten: Kohlehydrate sind im Tropischen Regenwald und in den Gewässern, die ihn durchziehen, durchaus vorhanden, aber es fehlt an Eiweiß- und Phosphorverbindungen. Die bloße Menge des Nahrungsangebots sagt noch nicht allzuviel aus; interessant ist die Zusammensetzung. Erst daran kann man die Ansprüche der Organismen bemessen. Dies wird an einer Artengruppe deutlich, deren Vorkommen und Häufigkeit auf eine höchst einfache und direkte Art die Lebensbedingungen widerspiegelt, die im Wasser herrschen: die Wasservögel.

Hunderttausende von Enten und anderen Schwimmvögeln suchen im Jahreslauf die Gewässer Mitteleuropas auf. Die Spitzenwerte liegen bei 50 000 Schwimmvögeln auf 10 Quadratkilometern Wasserfläche, vorausgesetzt es handelt sich um nicht bejagte und auch sonst nicht weiter gestörte Gewässer. In flachen Buchten konzentrieren sich die Schwimmvögel ganz besonders. An solchen Stellen hat man in Nordamerika und in Europa bis über 20 000 Vögel auf 100 Hektar gezählt. Sie beweiden im Herbst die Pflanzenbestände, die sich den Sommer über im Flachwasser entwickelt haben.

Ihre Leistungen sind enorm: Über 600 Tonnen Wasserpflanzen verwerten beispielsweise Bläßhühner (Fulica atra) und Höckerschwäne (Cygnus olor) sowie Schnatterenten (Anas strepera) im Laufe einer Herbstperiode. Sie tragen damit mehr zum Stoffumsatz in den Flachwasserbereichen bei als jede andere Nutzergruppe, die Fische eingeschlossen. Ein Angebot von 1,25 Kilogramm Wasserpflanzen pro Quadratmeter wird bis auf wenige Gramm Restsubstanzen in vier Monaten aufgebraucht.

Die Wasservögel ziehen mit Einbruch des Winters und Beginn der Vereisung weiter nach Süden und exportieren damit rund ein Drittel der aufgenommenen Nahrung. Ein Drittel haben sie während ihrer Anwesenheit »veratmet« und nur den Rest wieder in Form der Exkremente ins Wasser zurückgegeben. Er wird im Laufe der Monate von Bakterien abgebaut, so daß zu Beginn des nächsten Wachstumsschubes im Frühsommer kein fäulnisfähiges Material mehr vorhanden ist. Die Samen der Wasserpflanzen haben den Verdauungstrakt der Wasservögel unbeschadet passiert. Damit wird die neue Generation ausgesät, die nun in gleicher Weise im nächsten Sommer Biomasse produziert. Ganz ähnlich verwerten die Schwimmvögel auch die Larven von Zuckmücken und die Schlammröhrenwürmer am Gewässergrund. Sie tauchen hinab, sieben mit ihren Lamellenschnäbeln den Schlamm durch und entnehmen ihm die Biomasse: mehr als 3000 Tonnen pro Jahr. Die Biomasse der »Schlammfauna« liegt bei 1 bis 3 Kilogramm pro Quadratmeter, und die Fische können diese Mengen nicht in nennenswertem Maße vermindern, weil ihr Bedarf einfach nicht so hoch liegt. Die Nutzung der Hauptmasse bleibt den Wasservögeln vorbehalten, die sich zu Tausenden sammeln.

Wenn sich an unseren regulierten Flüssen und Stauseen, auf den Seen und sogar auf den Gewässern in den Städten Wasservögel in solchen Mengen und in einem reichhaltigen Artenspektrum einfinden, um wieviel eindrucksvoller müßte dann das Wasservogelleben auf den tropischen Flüssen, Lagunen und Sümpfen sein? Wer von dieser Erwartung ausgeht, wird auch hier genau das Gegenteil vorfinden. Enten und andere Schwimmvögel sind in Amazonien, im Kongogebiet oder auf Borneo und Sumatra sehr selten und über weite Strecken kaum zu finden. Es gibt nur wenige Arten in der Tropenzone; weniger als ein Viertel der Artenzahl subarktischer Feuchtgebiete. In Amerika fällt die Schwimmvogelarmut in der Tropenzone besonders stark auf. Der Großraum Amazonien ist regelrecht verarmt, verglichen mit dem flächenmäßig so viel kleineren Patagonien oder gar im Vergleich zum etwa gleich großen Raum von Kanada und Alaska. Hinzu kommt außerdem: Während Enten in den kalten Regionen zu Millionen auftreten, streifen die wenigen Arten der Tropenzone nur einzeln, paarweise oder in kleinen Gruppen umher. Der Unterschied in der Häufigkeit dürfte noch größer als 1 zu 100 sein. Flächendeckende Zählungen, wie es sie für Europa und Nordamerika gibt, fehlen für Südamerika, so daß sich nur die Unterschiede in den Größenordnungen abschätzen lassen.

Nun würden solche Befunde kaum etwas besagen, wenn sie sich nicht direkt mit den Verhältnissen in den inneren Tropen in Beziehung setzen ließen. Denn man könnte die Schwimmvögel wegen ihres dichten Gefieders ganz einfach als Anpassungen an die kalten Gewässer betrachten, weswegen sie in den tropisch-warmen nicht leben können. Dem ist aber die Tatsache entgegenzuhalten, daß in der Tropenzone die meisten Anpassungstypen der Schwimmvögel in einzelnen Arten durchaus vorhanden sind. Der Temperaturunterschied zwischen dem Wasservogelkörper mit fast 40°C und den Wassertemperaturen, die mehr als 10°C niedriger liegen, sollte nicht nur ausreichen, sondern wegen der besseren Wärmeleitfähigkeit des Wassers sogar weniger Schwierigkeiten bereiten als die höheren Lufttemperaturen, denen die Landvögel in der Tropenzone ausgesetzt sind.

Noch mehr spricht dagegen, daß es in erster Linie die Schwimmvögel sind, die an den tropischen Gewässern weitgehend fehlen, nicht aber andere Anpassungstypen von Wasservögeln wie etwa die Reiher, die Störche und die Ibisse, die in der Tropenzone Südamerikas durchaus mit einem reichhaltigen Spektrum an Arten vertreten sind. Insgesamt ist aber das Artenspektrum ganz anders zusammengesetzt als in den gemäßigten Klimazonen. Im tropischen Spektrum dominieren die Fischfresser, im außertropischen die Entenvögel. Nach den mengenmäßigen Anteilen ergibt sich sogar eine genau gegensätzliche Verschiebung: In der Tropenzone machen die Fischfresser über 90 Prozent der Wasservögel aus, im außertropischen Bereich aber die Entenvögel, die in den Tropen zu weniger als 10 Prozent vertreten sind.

Somit nimmt von den kalten Breiten zu den Tropen hin nicht einfach die Gesamtmenge der Wasservögel ab, sondern es findet eine Umstrukturierung im Artenspektrum statt. Worauf ist sie zurückzuführen?

Offensichtlich hängt dies mit den Fischen zusammen. Wären sie in den Tropengewässern nicht in Hunderten von Arten vertreten, gäbe es dort auch nicht ein so breites Artenspektrum von Fischfressern. Sie nutzen einen Großteil der Bandbreite der Fischgrößen, angefangen von den nur wenige Zentimeter messenden Arten, wie den Moskitofischen (Gambusia affinis), bis hin zu mehreren Kilogramm schweren Welsen. Die Staffelung im Fischfresser-Artenspektrum ist in Südamerika außerordentlich dicht: von den kleinen Zwergdommeln mit kaum mehr als 100 Gramm Körpergewicht bis zu den Riesenstörchen, die über einen Meter hoch sind. Die größeren Fische werden von anderen Arten aus der Klasse der Säugetiere genutzt: Der Riesenotter (Pteronura brasiliensis) schließt an die großen Reiher, Störche und Kormorane als Fischfresser an. Auf ihn folgen die noch viel größeren Flußdelphine der Gattungen Inia und Sotalia. Nur die ganz großen Fischarten bleiben von der Nutzung durch Fischfresser ausgenommen. Sie sind einfach zu groß als Beute. Mit der Körpergröße entweichen sie dem Druck der Feinde – aber nicht dem Menschen! Dieser hat wirkungsvoll zum starken Rückgang der Bestände großer Fische beigetragen. Der Pirarucú, noch um die Jahrhundertwende ein Arme-Leute-Essen, ist mittlerweile so selten, daß er als Delikatesse gilt. Wir kennen dies von den europäischen Flüssen. Aber hier liegen die Gründe in den Störungen des ökologischen Gefüges. Die Belastung der Flüsse mit Abwässern aller Art und Ausbaumaßnahmen wie Kanalisierung, Stau oder Ableitung haben die Lebensbedingungen für viele Fischarten drastisch verschlechtert. In Amazonien hingegen blieben die Flüsse weitgehend unverändert, nur die Intensität der menschlichen Nutzung hat erheblich zugenommen.

Weshalb macht dann aber die Nutzung der Fischbestände durch Reiher, Störche, Kormorane, Otter und Flußdelphine, um nur die bedeutendsten Gruppen zu nennen, nichts aus? Darüber geben die Zahlenverhältnisse Auskunft: In Amazonien kommen 43 Wasservogelarten vor. Davon gehören 35 zu den Fischfressern im weiteren Sinne. Die Artenzahl der Fische wird auf mehr als 2500 geschätzt. Bei einigermaßen gleichmäßiger Aufteilung des Artenspektrums stünden somit rund 70 Fischarten pro Fischfresserart zur Verfügung. Die »Last« des Feinddruckes verteilt sich also auf viele Arten, während der Mensch einige wenige bevorzugt und fängt. Trotz der großen Breite der nahrungsökologischen Möglichkeiten der einzelnen Arten bleibt der Gesamtdruck sehr gering – weil die Fischfresser insgesamt ausgesprochen selten sind. Eine Untersuchung soll dies verdeutlichen.

An zwei Tagen im März 1982 ergab die Zählung von Wasservögeln am Rio Negro im Bereich des riesigen Inselgebietes der Anavilhanas und der angrenzenden Uferstrecken flußabwärts auf 230 Kilometern Länge das Resultat von nur 35 Wasservögeln. Sie verteilten sich auf 8 Arten, von denen aber allein eine, die Amazonasseeschwalbe (Sterna superciliaris), 21 Individuen stellte. Der rein rechnerische Wert von einem Wasservogel auf 6,5 Kilometern Uferlänge drückt das extrem geringe Häufigkeitsverhältnis noch zu gut aus: Manchmal war stundenlang nicht ein einziger Wasservogel zu sehen.

Sehr viel mehr Wasservögel hielten sich zur gleichen Zeit am Hauptstrom des Amazonas auf, wo auf einer vierstündigen Bootsfahrt 1240 Individuen gezählt werden konnten. 35 Prozent davon waren Fischfresser. Auf gleiche Strecken umgerechnet, ergibt sich daraus eine fünfunddreißigfach höhere Wasservogelmenge als am Rio Negro. Trotzdem bleibt die Gesamtmenge auch am Amazonas höchst bescheiden, wenn man sie mit einem mitteleuropäischen Flachsee oder Stausee vergleicht, wo Zehntausende Wasservögel auf wenigen Quadratkilometern vorkommen können.

Die Erklärung liefert die Betrachtung des Nahrungsangebotes. Im Schwarzwasserbereich der Ufer und Verlandungsgebiete des Rio Negro wurden nur 0,14 Gramm pro Quadratmeter Biomasse festgestellt; extrem wenig in der Tat, denn dieses Gewicht entspricht einer einzigen größeren Insektenlarve. Nicht nur für Wasservögel, die danach suchen müßten, wäre dies kein »Nahrungsangebot«, sondern auch für Fische, die davon gewiß nicht wachsen können.

Im Überschwemmungsbereich des Amazonas – dort, wo die oben genannten Wasservogelzahlen ermittelt worden waren – beträgt die Biomassedichte 6,2 Gramm pro Quadratmeter, also das rund Vierzigfache. Die Wasservogelmengen stimmten damit größenordnungsmäßig gut überein. Der fünfunddreißigfachen Wasservogelzahl am Amazonas entspricht ein vierzigfaches Nahrungsangebot für die Fische. Der Unterschied geht auf das Konto des Eigenverbrauchs der Fische.

Doch wie riesig bleibt der Abstand zu den Verhältnissen in vergleichbaren Flachgewässern gemäßigter Breiten, wo die Biomasse der Schlammfauna auf mehrere Kilogramm pro Quadratmeter ansteigen kann. Bezogen auf den Amazonas-Wert wäre dies das Vierhundertfache! Aus diesen Vergleichen wird nun der große Unterschied in der Produktivität der tropisch-amazonischen Gewässer und der Gewässer der gemäßigten Breiten deutlich. Das Produktionsniveau kann in den außertropischen Gewässern um mehrere Größenordnungen höher liegen als in den tropischen.

Damit läßt sich nun mühelos die Verschiebung im Artenspektrum von den Enten zu den Fischfressern erklären. Die Enten brauchen eine erheblich höhere Nahrungsdichte, als sie die tropischen Gewässer bieten können. Das Tauchen erfordert eine aufwendige Vorausleistung an Energie. Die tauchende Ente muß den Auftrieb überwinden, den ihr Körper verursacht, und minutenlang unter Wasser umhersuchen, bis sie genügend Nahrung beisammen hat. Das Ergebnis jedes Tauchganges muß im Durchschnitt mehr Energie einbringen, als dafür aufgewendet worden ist. Sonst lohnt es sich nicht, ins Wasser hinabzutauchen.

Die Fische dagegen wenden keine Energie auf, um gegen den Auftrieb zu tauchen. Außerdem brauchen sie keine Energie einzusetzen zur Erzeugung der hohen Körpertemperatur, welche die Enten aufrechterhalten müssen. Den Fischen genügt ein Nahrungsangebot von wenigen Gramm Biomasse pro Quadratmeter. Bei Werten von 5 bis 10 Gramm pro Quadratmeter wachsen sie sogar schon recht gut. Für Enten wäre dies zu wenig. Sie brauchen mehr als 10 Gramm pro Quadratmeter im Falle der Gründelenten und bis über 100 Gramm pro Quadratmeter im Falle der Tauchenten. Solche Nahrungsmengen kommen in den innertropischen Gewässern nur dann zustande, wenn rückläufige Wasserstände Lagunen austrocknen lassen und sich die Kleintierwelt mitsamt den Fischen in den Restpfützen konzentriert.

Reiher und Störche suchen in ausgedehnten Wanderungen nach solchen Stellen. Deshalb kann es durchaus kurzfristig zu bemerkenswerten Ansammlungen kommen. Sobald die Nahrung genutzt ist, ziehen die Vögel wieder weiter. Auch ein paar Entenarten beteiligen sich daran; dies sind die wenigen, die auch in Zentralamazonien oder an den Flußufern im Kongobecken zu finden sind. Bezeichnenderweise handelt es sich um dieselben Arten oder Gattungen, welche die amerikanischen und die afrikanischen Tropen gleichermaßen besiedeln. Eine Art, die Gelbe Baumente (Dendrocygna bicolor), kommt im tropischen Amerika, Afrika und Südasien vor.

Der Mehrzahl der Enten setzen die ungünstigen Ernährungsbedingungen die Grenzen, und nicht, wie man vielleicht annehmen könnte, das tropische Klima. Die Gruppe der Fischfresser unter den Wasservögeln bestätigt dies. Fast alle Arten lauern am Ufer oder auf geeigneten Ansitzwarten auf vorbeiziehende Fische passender Größe. Dabei befindet sich ihr Körper in Ruhe, muß also keine Leistung erbringen. Die aktiv tauchenden Arten müssen dagegen das Zwei- bis Dreifache an Energie aufwenden, um in die gleiche Ausgangsposition zu kommen. Anders ausgedrückt: Sie haben schon mehr als das Doppelte des Grundumsatzes als Vorleistung gegeben, wenn sie sich auf die Suche nach ihrer fein verteilten Nahrung machen. Entsprechend hoch muß das Angebot sein.

Für die Fischfresser bieten die Fische eine Vorleistung: Sie sammeln die extrem fein verteilte Nahrung, konzentrieren sie in ihrem Körper und bringen damit für die Fischfresser einen ungleich höheren »Gewinn« als die Kleintierbeute im Bodenschlamm. Das Einsammeln der Nährstoffe wird auf einem viel niedrigeren Energieniveau vollzogen, weil die Fische keine Energie für das Überwinden des Auftriebes und für das Warmhalten des Körpers abzweigen müssen. Je spärlicher das Grundangebot, um so aufwendiger wird die Nahrungssuche für die Fische und um so länger dauert es, bis sie genug davon zusammengetragen haben. Die Nutzungsrate durch die Wasservögel muß entsprechend geringer ausfallen. Durch die Verteilung des Nutzungsdruckes auf viele Arten wird gleichzeitig verhindert, daß die Bestände der seltenen Arten durch eine nur etwas zu hohe Fangquote ihrer Feinde in Bedrängnis geraten oder gar aussterben. Die Seltenheit lenkt den Feinddruck ab und schützt vor zu starker Nutzung. Dieses Prinzip gilt ganz allgemein im Tropischen Regenwald, aber nirgends kommt es so klar zur Geltung wie bei den Flußfischen.

Gleichzeitig hält die gemeinsame Nutzung der Nahrungsbasis die Biomasse niedrig, die sich am Gewässerboden aufbauen kann. Die vielen verschiedenen Fischarten nutzen jede Möglichkeit, an organische Nahrung zu kommen. Sie drücken die Biomasse der Schlammfauna beständig unter den kritischen Wert von gut 10 Gramm pro Quadratmeter – die Untergrenze für die meisten Wasservogelarten. Nur dort, wo ausgeprägte Saisonalität der Umweltbedingungen verhindert, daß die Nutzung der Schlammfauna-Biomasse durch die Fische kontinuierlich verläuft, baut sich ein zeitweiliger Überschuß an Biomasse auf. Er kann »geerntet« werden.

Die subtropischen Lagunen befinden sich in einem Klimabereich mit starkem Wechsel zwischen Regen- und Trockenzeiten. Dorthin ziehen große Mengen von Wasservögeln zum Überwintern. Sie beweiden den Überschuß an produzierter Kleintierbiomasse, aber er reicht ihnen, im Gegensatz zu den Fischfressern, nicht, um dort auch zu brüten. Die Fischfresser dagegen konzentrieren sich gerade dann an den subtropischen Lagunen und Sumpfgebieten: Dort befinden sich ihre größten Brutkolonien – und nicht im innertropischen Bereich. Ihre Vorkommen zeigen produktive Fischbestände an, die in der Lage sind, eine nachhaltige Nutzung zu ertragen, ohne die Bestände zu verringern.

Zusammengefaßt läßt sich daraus schließen, daß die Wasservögel mit ihrem Vorkommen und mit ihrer Häufigkeit sehr gut auf die Produktivität der Gewässer weisen. Wo sie selten sind oder fehlen, werden sich die Gewässer kaum jemals auf Dauer für den Fischfang des Menschen eignen. Am Jahresrhythmus der Wasservögel läßt sich ablesen, wann die Phasen kommen, in denen die Fischbestände genutzt werden können.

Wo sie zwar in zahlreichen Arten, aber in sehr geringer Bestandsdichte vorkommen, kann die Nutzung, wenn überhaupt, nur sehr vorsichtig und auf eine größere Anzahl von Fischarten verteilt vorgenommen werden. Nur wenn die Wasservögel in großer Menge und in wenigen Arten die Fischbestände ausbeuten, sind gute Chancen gegeben, zu einem nachhaltigen Fischereiertrag zu kommen. Die meisten Tropengewässer der Regenwaldzone sind dafür völlig ungeeignet. Hier fehlen die »energetisch aufwendig« lebenden Wasservögel, und das Artenspektrum verschiebt sich zu jenen Arten hin, die lange warten, bis sich die Gelegenheit ergibt, Beute zu machen.

Dieser »energetische Aufwand« ist von großer Bedeutung, will man die Lebensbedingungen verstehen, die in den Tropischen Regenwäldern für den Menschen gelten. Das Beispiel der Wasservögel hat wichtige Ergebnisse geliefert für ein besseres Verständnis des Vogelzugs – von den Tropen zu den außertropischen Brutgebieten und zurück.

Mehrere Milliarden Vögel ziehen alljährlich zum Überwintern in die Tropen. Der allergrößte Teil davon aber meidet den Tropischen Regenwald. Die uns viel dürftiger und weniger produktiv erscheinenden Savannen und die laubabwerfenden Wälder mit ausgeprägten Trockenzeiten sind das Hauptziel der Zugvögel. Dort steht jener Überschuß an Nahrung zur Verfügung, den die überwinternden Zugvögel brauchen. Das pflanzliche Wachstum in den Regenzeiten wirkt sich auf die Insekten aus, die davon zehren und die sich ihrerseits auf die Vögel auswirken, die dann den Insekten nachjagen. Daß es zu dieser »Kettenreaktion« kommt, liegt allerdings nicht allein an den saisonalen Niederschlägen.

Eine mindestens ebenso wichtige Voraussetzung bildet die zeitliche Entkoppelung von Produktion und Nutzung. Hierin unterscheidet sich die tropische Savanne ganz grundlegend vom Regenwald. In diesem laufen Produktion und Nutzung gleichzeitig ab, weil die geringen jahreszeitlichen Schwankungen der Klimabedingungen keine Verzögerungsphasen verursachen. Was aufwächst, was aus dem Ei schlüpft oder sich gerade entwickelt, kann sofort auch genutzt werden. Im saisonalen Klima kommen dagegen die unterschiedlichen Entwicklungszeiten der verschiedenen Pflanzen- und Tierarten zur Geltung. Sie führen dazu, daß die Produzenten einen zeitlichen Vorsprung gewinnen und damit mehr Biomasse in kurzer Zeit aufbauen können als unter gleichförmigen Klimabedingungen.

Für uns Menschen in den außertropischen Regionen ist dieser Vorgang so selbstverständlich, daß man kaum darüber nachdenkt, daß dies in den dauerfeuchten inneren Tropen ganz anders ist. Hierzulande käme niemand auf die Idee, die frische Saat gleich wieder abzuernten, kaum daß sie sich über die Bodenoberfläche erhebt. Wir billigen selbstverständlich Wiesen und Feldern die Zeiten des Wachstums zu, in denen sie Biomasse aufbauen, bis die Zeit der Ernte gekommen ist. Der Rhythmus der Jahreszeiten schreibt diesen Ablauf vor. Wenn aber

Produktion und Verbrauch, wenn Blühen und Fruchten, gleichzeitig stattfinden, gibt es keine Zeiten kontinuierlichen Aufbaues. Produktion und Verbrauch befinden sich dauerhaft im Gleichgewicht. Daraus resultiert zwangsläufig: Im Tropischen Regenwald gibt es *keinen* Überschuß!

Allein aus diesem Grund können sich die Tropischen Regenwälder nicht als Überwinterungsgebiet für Millionen und Abermillionen von Zugvögeln eignen. Der hierfür notwendige nutzbare Überschuß ist nicht vorhanden.

Wieso kommt er aber in den Savannen zustande? Die Zeitverzögerung zwischen Produktion und Verbrauch besagt ja noch nichts über die Höhe des Überschusses. Er muß wenigstens so groß ausfallen, daß sich der Weitstreckenzug über Kontinente und Meere lohnt. Andernfalls hätten die Zugvögel auf lange Sicht keine Chancen. Wir wissen noch nicht genug, um die tatsächliche Höhe des saisonalen Überschusses abschätzen zu können. Aber allein die Rahmenbedingungen besagen klipp und klar, daß der Überschuß da sein muß. Er fällt nicht so hoch aus, daß es sich für die Zugvögel lohnte, gleich dazubleiben und im Winterquartier mit der Fortpflanzung zu beginnen. Er reicht im langjährigen Durchschnitt für ihr Überleben, aber nicht für mehr!

Genauso klipp und klar besagt das Phänomen des Vogelzuges, daß in den trockenen oder in den wechselfeuchten Tropen ein entsprechendes Potential an Nährstoffen vorhanden sein muß, weil sonst der benötigte Überschuß nicht produziert werden könnte. Das gilt nicht nur für die Pflanzen selbst, sondern insbesondere auch für die Insekten, die davon leben. Nur wenn ihre Bestände produktiv genug sind, daß sie die massive Nutzung, die zusätzlich zur heimischen Vogelwelt von den Zugvögeln verursacht wird, vertragen, können sie auf Dauer überleben und Jahr für Jahr immer wieder den Überschuß hervorbringen.

Mehr noch: Diese Insektennahrung der Vögel darf natürlich nicht giftig sein, wie es so viele Arten des Tropischen Regenwaldes sind. Diese Insekten haben den Schutz der Giftigkeit nicht nötig, welcher vielen Regenwaldinsekten das lange Überleben erst ermöglicht. Auch darf das Artenspektrum nicht zu unterschiedlich gestaltet sein, weil die Mehrzahl der Zugvogelarten keine besonderen Spezialisierungen besitzt, um mit ihnen zurechtzukommen. Nur ganz wenige Arten, wie der Europäische Kuckuck (Cuculus canorus) oder der Pirol (Oriolus oriolus), vertragen stark behaarte, wehrhafte Raupen als Nahrung. Die meisten der kleinen Insektenesser, auch für die nordamerikanischen und asiatischen Arten trifft dies zu, ernähren sich von ungiftigen Insekten kleiner bis mittlerer Größe. Wie im Kapitel über die Insekten festgestellt wurde, sind gerade solche Arten im Tropischen Regenwald so gut wie gar nicht vertreten. Zusammensetzung und Qualität der Insektenfauna unterscheiden sich also innerhalb der gesamten Tropenzone grundlegend: Die wechselfeuchten und die trockenen Tropen ähneln weit mehr den Verhältnissen in den außertropischen Gebieten als dem Tropischen Regenwald.

Es waren die klimatischen Schwankungen während des Eiszeitalters, die immer wieder zur Ausweitung der Savannen und dann wieder zu deren Schrumpfung geführt hatten, und dies gab den Anlaß zur Entstehung des Vogelzuges. Die gemäßigten und kalten Breiten sind im Sommer ungleich produktiver als die wechselfeuchten Tropen. Der Überschuß reicht nicht nur zum Überleben der einzelnen Individuen, sondern er bietet genügend für eine rasche Fortpflanzung. Die Ressourcen sind so groß, daß die Ausfälle in Kauf zu nehmen sind, die auf den langen Zugwegen entstehen. Die längeren Tage während der Brutzeit ermöglichen eine wirkungsvollere Nahrungssuche, was insbesondere für Insektenfänger wichtig ist, da sich die Tageslänge begrenzend auswirkt.

Auch die Tropischen Regenwälder unterlagen natürlich den klimatischen Wechselbädern der Eiszeit. Sie schrumpften, wenn das Eis vorstieß und dabei die Niederschlagsmengen zurückgingen, und sie breiteten sich wieder aus, wenn in den Interglazialperioden in fast der ganzen Tropenzone ein feuchtes (humides) Klima herrschte. Dabei gerieten sie einerseits über Zehntausende von Jahren hinweg miteinander in Kontakt, oder sie wurden andererseits durch die fortschreitende Trockenheit des Klimas der Glazialperioden voneinander isoliert. Diese Dynamik blieb nicht ohne Auswirkungen auf die Arten, die in den Tropischen Regenwäldern leben. Sie griff sogar ganz nachhaltig in den Gang der Menschwerdung ein.

Doch blenden wir noch einmal zu den Zugvögeln zurück. Der Überschuß in der wechselfeuchten Tropenzone, von dem sie während ihrer Überwinterung leben, ist noch nicht näher erläutert worden. Worum handelt es sich? Worum muß es sich handeln? Die Antwort fällt ganz einfach aus: Für die Vögel, die über weite Strecken ziehen und sich im Winterquartier nicht fortpflanzen, geht es weniger um Eiweiß als Nahrung als vielmehr um Kohlenhydrate oder Fett. Am wichtigsten ist Fett, weil es den Betriebsstoff für den Langstreckenflug darstellt. Es hat die größte Energiedichte pro Gramm unter den drei genannten Grundklassen von Nahrungsstoffen. Die ökologischen Rahmenbedingungen müssen demnach in den wechselfeuchten Tropen entweder die Bildung von Fett begünstigen oder sie zumindest zulassen. Vielleicht ist dieser Speicherstoff sogar notwendig, weil lange Phasen ungünstiger Lebensbedingungen zu überstehen sind. Das Fett ist für alle Tiere der beste Energiespeicher; bei den Pflanzen ist das die Stärke.

Wenden wir die vorausgegangenen Überlegungen zur Energieversorgung nun auf typische Vögel des Tropischen Regenwaldes an, dann gibt es neben zahlreichen Übereinstimmungen
auch scheinbare Widersprüchlichkeiten – die Vielfalt der Natur
läßt sich nicht einfach in ein vorgegebenes Schema pressen.
Immer wieder tauchen Ausnahmen auf, oder es zeigen sich
ganz andere Lösungsmöglichkeiten als die in Betracht gezogenen.

So scheint die bloße Existenz der Kolibris die Schlußfolgerungen im letzten Kapitel völlig zu unterlaufen. Diese Vogelzwerge verbrauchen ungefähr die achtfache Energie, die ein
durchschnittlicher Singvogel für sein Leben benötigt. Bis zu
eintausendzweihundertmal schlägt ihr Herz pro Minute –
zwanzigmal schneller als unseres! Wenn sie fliegen, schlagen
ihre Flügel etwa fünfzigmal pro Sekunde, aber die Frequenz
kann bis auf 200 Schläge pro Sekunde ansteigen. Der Grundumsatz erhöht sich dabei von 1400 Kalorien pro Gramm Körpergewicht und Stunde auf das Sechs- bis Achtfache. Dabei
liegt der Grundumsatz schon mehr als doppelt so hoch wie bei
einem Zaunkönig (Troglodytes troglodytes), der manchen Kolibriarten an Gewicht gleichkommt.

Mit den rasend schnellen Flügelschlägen erreichen Kolibris
Spitzenfluggeschwindigkeiten bis zu 72 Stundenkilometer. Die
dahinterstehende Antriebsleistung ist viel bedeutsamer als etwa
bei einer Ente, die mit gleicher Geschwindigkeit fliegt, weil für
die winzigen, nur ein paar Gramm schweren Kolibris die Luft
fast so zäh ist wie eine Flüssigkeit. Ihre Flügel rudern darin. Da
sie dabei die Flügel im Gelenk so weit drehen können, daß sie
eine 8 beschreiben, gelingt den Kolibris das Kunststück, im
Schwirrflug in der Luft stehenbleiben zu können. Ihr Körper
befindet sich dabei nahezu in Ruhe, so genau gleichen die Bewegungen der Flügel die Schwerkraft aus. Mitunter fliegen sie
sogar ein Stück rückwärts, ohne sich zu drehen. Die kurzen
Flügel, die fast nur aus dem »Handteil« bestehen, lassen dies

Kolibris. Die kleinen Arten der Kolibris sind gerade so groß wie größere Schwärmer, und wie diese Schmetterlinge »stehen« sie im Schwirrflug vor den Blüten, aus denen sie den sehr energiereichen Nektar herausholen. Die Ähnlichkeiten im Körperbau sind unübersehbar, obwohl es sich um verwandtschaftlich einander völlig fernstehende Tiergruppen handelt.

zu. Der Anteil des Armes ist gering; Kolibris haben sehr kurze Flügel, aber außerordentlich stark entwickelte Schwungfedern. Ihre Fläche vermindert die Belastung, die durch das Körpergewicht entsteht, ungleich stärker als bei den Enten. Bei den Kolibris wird jedes Gramm Körpergewicht von rund 4 Quadratzentimetern Flügelfläche getragen, während bei den Enten nur ein halber Quadratzentimeter pro Gramm zur Verfügung steht. Ihre Flügel werden achtmal stärker belastet als die Schwingen der Kolibris.

Die außerordentlichen Flugleistungen bringt die Brustmuskulatur zustande, die bei den Kolibris fast ein Drittel des Körpergewichtes ausmacht. Um diese Hochleistungsmuskeln ausreichend mit Blut und Sauerstoff zu versorgen, muß ein entsprechend leistungsfähiges Herz vorhanden sein. Bei den Kolibris macht das Herzgewicht ungefähr ein Prozent des Körpergewichtes aus. Auf den Menschen umgerechnet, müßte unser Herz über 700 Gramm schwer sein; es wiegt aber durchschnittlich nur 300 Gramm. Kurz: Die Kolibris sind Höchstleistungsorganismen. Der größte Teil der etwa 350 Arten, die zur Familie der Kolibris (Trochilidae) gehören, lebt in den amerikanischen Tropen. Nur wenigen ist es gelungen, sich in außertropischen Regionen – bis nach Alaska im Norden und Patagonien im Süden – heimisch zu machen. Diese Arten ziehen zum Überwintern in die Subtropen oder in die Tropenzone.

Stellen die Kolibris nun die Grundlinien der Zusammenhänge zwischen Leistungsvermögen und Überschußproduktion in Frage, die in den vorausgegangenen Kapiteln herausgearbeitet worden sind? Ganz und gar nicht! Im Gegenteil: Ihre Speziallösung bekräftigt die gewonnenen Erkenntnisse; und zwar auf eine ganz ähnliche Weise wie bei den staatenbildenden Insekten.

Die Kolibris trennen nämlich Aufbau- und Betriebsstoffwechsel sehr augenfällig. Versucht man, einem Kolibri zu folgen, wie er Blüte für Blüte besucht, um daraus Nektar zu holen, dann wird sich schnell zeigen, daß er nicht nur von Nektar lebt. Zwischendurch macht er plötzliche Vorstöße in die Luft und erfaßt irgend etwas sehr Kleines. Es handelt sich dabei um Kleinstinsekten, die er mit seinem Präzisionsflug aus der Luft pflückt. Die einzelnen Portionen sind so winzig, daß sie den energetischen Aufwand nie lohnen würden. Aber dieser wird eben aus anderer Quelle, aus dem Blütennektar, beglichen. Bis zu fünfzehnmal trinkt der Kolibri pro Stunde und füllt seinen Magen mit Nektar. 80 Prozent der aufgenommenen Menge muß er als Überschußwasser über die Nieren wieder abscheiden. Aber der Rest ist energetisch hochwertiger Zucker; Brennstoff für den unmittelbaren Betrieb der Brustmuskulatur. Der Zucker im Nektar liefert die Energiemenge, die der so aufwendige Flug erfordert. Die Kleinstinsekten liefern das Eiweiß für den Aufbaustoffwechsel, für die Bildung der Eier oder für das

Wachstum, die Mauser und die sonstigen Austauschprozesse, die im Körper ablaufen müssen.

Nur die Erschließung der Nektarquelle versetzte die Kolibris in die Lage, die Kleinstinsekten zu verwerten. Die Miniaturisierung des Körperbaus war der Preis dafür. Ein durchschnittlicher Singvogel könnte den extrem hohen Energiebedarf dieser Flugweise nicht decken und die Überhitzung der Muskulatur nicht vermeiden. Auch kleine Säugetiere sind dazu nicht in der Lage, weil ihr Atmungssystem nicht rasch genug Kühlung bringt. Die blasebalgähnliche Vogellunge bildet eine weitere Voraussetzung für die Entwicklung dieser Hochleistungs-Flugkörper.

Im Gegensatz zu den Verhältnissen in den wechselfeuchten oder trockenen Tropen, wo die Blütenbildung den saisonalen Rhythmen unterworfen ist, setzt der immergrüne Tropische Regenwald jahraus, jahrein Blüten an und erhält damit den Nektarfluß aufrecht, der für die Kolibris die Lebensgrundlage abgibt. Nur ausnahmsweise gelingt es ihnen, vergleichbare Quellen von Zuckersäften anzuzapfen. So etwa in den Bergregenwäldern im ostbrasilianischen Küstengebirge (Serra do Mar), wo Kolibris den Honigtau sammeln, den Schildläuse einer bestimmten Baumart, der Mimosa bracaatinga, über haarfeine Wachsröhrchen nach außen abgeben. Die Schildläuse sitzen unter der Rinde der Bäume. Den für sie nicht weiter verwertbaren Überschuß an Zuckersäften scheiden sie über die Wachsröhrchen nach außen aus. Die Kolibris kontrollieren im »Fahrstuhlverfahren« die Kolonien von Bracaatinga-Schildläusen und sammeln die Honigtautröpfchen. Damit bestreiten sie genauso ihren Energiebedarf wie mit Blütennektar.

Von den Abscheidungen der Schildläuse kann man auf die Herkunft dieser Zuckersäfte schließen. Sie entstehen bei der Photosynthese und werden über den Saftstrom im Phloem, im Bastteil der Rinde, transportiert. Was die Schildläuse anzapfen, versorgt somit auch die Nektarproduktion in den Blüten. Die Bäume können sich diese »Ausgabe« leisten, weil sie Zucker bei der Photosynthese fast unbegrenzt herstellen können. Ihr Problem ist anders gelagert: Sie müssen den überschüssigen Zucker loswerden. Das geschieht zumeist durch »Verdichtung« zu Stärke und Zellulose, also durch chemischen Umbau. Es bleibt aber genügend übrig, um davon für die Nektarbildung abzuzweigen. Der »Lohn« in Form von Bestäubung der Blüten ist weit höher als der Einsatz. Die Kolibris haben sich somit eine Energiequelle erschlossen, welche direkt aus der Photosynthese der Pflanzen stammt und keine zusätzlichen Stoffwechselvorgänge in Anspruch nimmt wie etwa die Bildung von Eiweiß. Die scheinbare Ausnahme steht nicht im Widerspruch zur allgemeinen Gesetzmäßigkeit, die sich immer deutlicher abzuzeichnen beginnt.

Im Tropischen Regenwald bilden nicht die Kohlenhydrate als Produkte der Photosynthese das Problem, sondern die Eiweißstoffe und die energiereichen Phosphorverbindungen. Sie sind an die Verfügbarkeit von Mineralstoffen und nicht an Licht, Wärme, Wasser und Kohlendioxid gebunden. Die Mineralstoffe müssen unabhängig von der Photosynthese beschafft werden. Sie stellen insbesondere für die Säugetiere das zentrale Überlebensproblem dar. Damit konzentrieren sich die Überlegungen, die weit gefächerten Wegen gefolgt sind, auf diesen Kernbereich, der auch für das Leben des Menschen im Tropischen Regenwald entscheidend ist. Über Vorkommen, Häufigkeit, Anpassungstypen und Leistungen der höheren Säugetiere gewinnen wir umfassende Informationen, warum sich der Regenwald für den Menschen nicht als Lebensraum eignet.

Um 1890 erhielt der Afrikaforscher Henry Stanley von Pygmäen aus den Kongo-Regenwäldern die ersten Hinweise auf ein Großtier, das in der Eingeborenensprache »Okhapi« genannt wurde. Das Tier sollte gewisse Ähnlichkeiten mit Pferden haben. Im Dezember des Jahres 1900 benannte es der Zoologe Sclater »Pferd des Johnston« zu Ehren des britischen Gouverneurs von Uganda. Trotz intensiver Nachforschungen dauerte es weitere 18 Jahre, bis das erste lebende Okapi gefangen wurde. Nun zeigte sich, daß es sich bei diesem Tier um eine den Giraffen verwandte Art handelt. Die Suche danach hatte fast 30 Jahre gedauert. Das Okapi gilt als die letzte Großtierart, die entdeckt worden ist. Bei den genaueren Untersuchungen stellte sich heraus, daß die nächsten Verwandten dieser Waldgiraffe, die nun einen eigenen Gattungsnamen (Okapia) bekam, die vor mehr als 10 Millionen Jahren ausgestorbenen Kurzhalsgiraffen (Helladotherium) waren. Die Übereinstimmungen mit den ausgestorbenen Verwandten sind so stark, daß man das Okapi als »lebendes Fossil« betrachten kann. Es hat im Schutze des Kongo-Regenwaldes die Jahrmillionen überdauert.

Nun gibt es aber in den Regenwäldern von Südamerika und Südostasien eine ganze Reihe weiterer urtümlicher Säugetierarten. Das Okapi steht nicht allein, aber es ist aus einem anderen Grund so einzigartig, daß es verdient, genauer behandelt zu werden.

Wie konnte ein Großtier, das immerhin gut 2 Meter lang wird, aufgerichtet stehend etwa 1,70 Meter mißt und bis zu 250 Kilogramm wiegt, so lange unentdeckt bleiben? Längst wußte man über alle anderen Großtiere gut Bescheid. Selbst solche, die in schwer zugänglichen Wald- oder Berggebieten leben, waren um die Jahrhundertwende bekannt, weil Felle oder Teile von ihnen auf dem Wege des Tauschhandels nach außen kamen. Immer wieder hatten Großwildjäger und Forscher versucht, das sagenumwobene Okapi zu entdecken, nachdem die ersten

Nachrichten davon nach Europa gelangt waren. Es lag ganz einfach an der Seltenheit dieser Waldgiraffe, daß sie erst 28 Jahre nach dem Beginn der Suche gefunden wurde.

Viele der heute gefährdeten größeren Säugetiere leben im Tropischen Regenwald, aber es ist fast unmöglich, Vorstellungen über ihre Bestandsgrößen zu gewinnen. Die Feldforschung muß sich oft mit indirekten Hinweisen auf ihr Vorkommen begnügen. Nur bei wenigen Arten gelingt es, mehr über ihr Vorkommen und ihre Lebensweise durch das Studium der Losungen herauszubekommen, die sie hinterlassen. Auf diese Weise wird in den westafrikanischen Regenwäldern die Häufigkeit der Waldelefanten oder der Waldbüffel ermittelt, weil deren Exkremente lange genug erhalten bleiben. Häufig dauert es nur ein paar Stunden, bis die Exkremente von einer ganzen Schar darauf spezialisierter Insektenarten so vollständig aufgearbeitet sind, daß so gut wie nichts mehr davon übrig bleibt. Der amerikanische Tropenökologe Ken Miyata meinte einmal recht bezeichnend, er könne das Ausmaß der Nährstoffknappheit in den verschiedenen Biotopen recht unmittelbar daran bemessen, wie lange es dauert, bis ein tierisches Exkrement verschwunden ist. Vom Okapi blieben auch die Losungen so rar, daß dieses Tier fast nicht zu finden war.

Als Angehörige der Giraffengruppe führt das Okapi noch eine weitere Regel vor Augen: Die Regenwaldformen oder -verwandten sind im allgemeinen deutlich kleiner als die Vertreter der betreffenden Art oder Gruppe, die in den Saisonwäldern oder in den Savannen leben. Der Unterschied fällt zumeist beträchtlich aus. So wird die Giraffe (Giraffa camelopardalis) dreimal so schwer wie das Okapi; ähnlich groß ist der Unterschied zwischen der Wald- und der Steppenform des Kaffernbüffels (Syncerus caffer). Die Waldbüffelgewichte schwanken zwischen 250 und 320 Kilogramm, die der Steppenbüffel zwischen 500 und 800 Kilogramm. Wegen bedeutender Unterschiede trennten manche Zoologen den Waldelefanten (Loxodonta africana cyclotis/pumilio Gruppe) als Zwergelefanten vom Steppenelefanten ab. Die Ohren sind kleiner und rundlicher; das Gewicht unterscheidet sich sehr stark. Beim Zwergelefanten wiegen die Bullen 1200 bis 1500 Kilogramm, die Weibchen 900 bis 1100 Kilogramm. Beim Steppenelefanten

Waldbewohnende Elefanten. Sie werden nicht annähernd so groß wie ihre Verwandten in den afrikanischen Steppen. Die den Bergregenwald bewohnenden nehmen ungefähr eine Mittelstellung zwischen den Zwergelefanten des Tieflandregenwaldes und den großen Formen der offenen Steppen und Savannen ein.

sind die entsprechenden Gewichte 4500 bis 7500 für die Männchen und 2200 bis 3000 für die Weibchen.

Die Zwergelefanten leben im Bereich des Tropischen Regenwaldes im Kongobecken, also in jenem Großlebensraum, in dem auch das Okapi beheimatet ist. Die dort gleichfalls vorkommenden Antilopenarten sind durchschnittlich beträchtlich kleiner als ihre Verwandtschaft in der Steppe. Das gleiche gilt für Hirsche und andere größere Säugetiere. Ausnahmen von dieser Regel sind bei den Säugetieren selten. Sie lassen sich, wie im Fall des Riesenwaldschweines (Hylochoerus meinertzhageni), mit besonderen Lebensbedingungen in den Wäldern in Verbindung bringen. Im zentralen Kongo-Regenwald kommt das Riesenwaldschwein nicht vor.

Besonders ausgeprägt sind die Größenunterschiede beim Tiger, weil diese Großkatze in Asien bis in die Kältegebiete Ostsibiriens vordringt. Die südostasiatischen Dschungeltiger werden etwa 1,40 Meter lang und erreichen 115 bis 120 Kilogramm Gewicht, während die sibirischen Tiger 2,80 Meter bis 3 Meter von der Schnauzenspitze bis zum Schwanzansatz messen und fast 300 Kilogramm schwer werden.

Es gibt so viele Beispiele für diesen Trend in der Körpergröße, daß schon im letzten Jahrhundert der deutsche Anatom und Physiologe Carl Bergmann eine Gesetzmäßigkeit darin erkannte. Sie wird heute als »Bergmannsche Regel« bezeichnet und besagt, daß innerhalb einer Art die Individuen kalter Gebiete größer sind als die Bewohner wärmerer Lebensräume. Bergmann erklärte diesen Zusammenhang mit dem Verhältnis zwischen Körpermasse und Oberfläche. Je kleiner die Körpermasse, um so größer ist die relative Oberfläche, und um so mehr Wärme kann der Körper verlieren. Auch bei nahe miteinander verwandten Arten läßt sich dieser Zusammenhang beobachten.

Die Bergmannsche Regel galt als eine der allgemein anerkannten Gesetzmäßigkeiten in der Ökologie, bis in neuerer Zeit Zweifel auftauchten, ob der Wärmeverlust wirklich so entscheidend ist. In unseren Beispielen würde die Regel nur auf den Tiger gut passen, nicht aber für Wald- und Steppenbüffel, für Wald- und Steppenelefant oder Okapi und Giraffe. Denn die jeweils größeren Formen leben in den nach den Durchschnittstemperaturen wärmeren Steppen. Das Regenwaldklima ist kühler als das tropische Steppenklima.

Die Bergmannsche Regel scheint also nicht sonderlich gut geeignet zu sein, um die Größenunterschiede zu erklären. Gänzlich unbrauchbar wird sie beim interkontinentalen Vergleich. In den amazonischen Tropenwäldern ist der Flachlandtapir (Tapirus terrestris) die größte Art unter den Landsäugetieren. Er wird dort kaum 150 Kilogramm schwer. Die mittelamerikanischen Vertreter dieser Art erreichen immerhin knapp 250 Kilogramm; der dort gleichfalls lebende Baird-Tapir (Tapirus bairdi) etwa 300 Kilogramm. Noch schwerer wird der südostasiatische Schabrackentapir (Acrocodia indica) mit bis zu 365 Kilogramm. Aber in Südostasien leben Großtiere noch ganz anderer Gewichtsklassen. Es gibt dort Nashörner und Wildrinder mit mehr als 1000 Kilogramm. Der Indische Elefant (Elephas maximus) kann bis zu 4,7 Tonnen erreichen.

Deutlich geringere Gewichte zeigen die Großtierarten des afrikanischen Regenwaldes; sie liegen aber dennoch weit über den Werten für Amazonien. Der Unterschied kann grob in folgende Größenstaffel gebracht werden. Afrikanische Regenwälder: drei- bis fünffache Großtiermasse im Vergleich zu Amazonien; südostasiatische: fünf- bis zehnfache Masse. Die Großtiere Amazoniens sind absolut kleiner als ihre Entsprechungen in den Tropenwäldern der Alten Welt. Sogar zum mittelamerikanischen Regenwald kommt ein ähnliches Verhältnis zustande. Die gleichen Arten sind dort ganz deutlich schwerer als in Amazonien.

Eine Oberflächen-Temperatur-Abhängigkeit kommt damit als Erklärung für die Besonderheiten der Körpergröße der großen Säugetiere im Tropischen Regenwald nicht in Frage. Aber woran liegt es dann?

Eine Antwort auf diese Frage zu finden bedeutet mehr, als nur ein biologisches Phänomen zu erklären. Es geht dabei um uns selbst, um den Menschen im Tropenwald. Denn wenn es sich um eine Gesetzmäßigkeit handelt, die auf die Entwicklung der Körpergrößen der Säugetiere Einfluß nimmt, dann wird sie mit einiger Sicherheit auch für den Menschen gelten.

Sehen wir uns dazu die amazonischen Säugetiere genauer an. Sie leben im mit Abstand größten und nährstoffärmsten Regenwaldgebiet der Erde. Sie waren während des Tertiärs von den anderen Kontinenten isoliert, weil Südamerika als Rieseninsel westwärts driftete, und sie bekamen erst vor verhältnismäßig kurzer Zeit, nämlich vor etwa 3 Millionen Jahren, als sich die mittelamerikanische Landbrücke ausbildete, Kontakt mit den modernen Säugetieren aus Nordamerika. Wie haben sie darauf reagiert und in welcher Weise haben sie sich dem Leben im Tropischen Regenwald angepaßt?

Zuerst die Herkunft: Ziemlich genau die Hälfte der heutigen Säugetierarten der südamerikanischen Tropenzone hat sich in Südamerika entwickelt. Sie bilden den Grundstock der »alten Arten«. Die andere Hälfte kam während des Eiszeitalters über die Landbrücke aus Nordamerika. Das macht folgende Bilanz:

Ursprünglich südamerika-nische Arten:	15 Familien mit 60 Gattungen
Neuankömmlinge aus Nordamerika:	13 Familien mit 64 Gattungen

Merkwürdigerweise sieht die Bilanz für Nordamerika ganz anders aus. Nur ein paar Arten, darunter dem Opossum und einem Gürteltier, gelang das Eindringen in die nordamerikanische Fauna. Der »Austausch« verlief so einseitig, daß von Tausch beinahe keine Rede sein kann. Läßt sich daraus schließen, daß die nordamerikanischen Arten irgendwie »vitaler« gewesen sind? Sie breiteten sich insbesondere im Bereich der Anden und über die Savannen aus. In das Kerngebiet des Tropischen Regenwaldes drangen nur ganz wenige Arten nordamerikanischen Ursprungs vor. Dort gab es keine Tropischen Regenwälder, und folglich war auch kein Besiedelungspotential vorhanden. Diese Erklärung wäre zu einfach.

Sie berücksichtigt nicht, daß gerade die größeren Säugetiere außerordentlich anpassungsfähig sind, weil sie sich mit ihrer geregelten Körpertemperatur, wie auch die Vögel, vom Diktat der klimatischen Umweltbedingungen sozusagen emanzipiert haben. Wenn Säugetiere bis ans Eismeer, bis in die Tiefen des Weltozeans und hinauf zu den Gipfelregionen der Hochgebirge ebenso vorkommen wie in Tropischen Regenwäldern, in Wüsten und Sümpfen, ohne ihren inneren Lebensstil dadurch grundlegend abzuändern, dann sollten die klimatischen Grenzen keine so herausragende Rolle spielen dürfen, die sie anscheinend tatsächlich spielen. Es sei denn, sie haben Änderungen in ihrem inneren Stoffwechselgeschehen vorgenommen, die nicht einfach wieder umgestellt und den außertropischen Verhältnissen direkt angepaßt werden können.

Diese Möglichkeit läßt sich überprüfen, ohne auf Spekulationen angewiesen zu sein. Die Befunde ergeben ein verblüffendes Bild: Die größeren Säugetiere Amazoniens – und sogar eine bedeutende Gruppe unter den Fledermäusen – lassen ihr »Feuer des Lebens« weniger intensiv brennen als der Weltdurchschnitt. Das Maß hierfür ist der Relative Grundumsatz Gr, der von den Stoffwechselphysiologen nach folgender Formel ermittelt wird:

$$\text{Gr} = \text{Grundumsatz} \times 100 \, / \, 3{,}42 \times \text{Gewicht}^{-0{,}25}$$

Der relative Grundumsatz nimmt mit zunehmendem Körpergewicht ab, weil die größere Masse die bei den Stoffwechselvorgängen freiwerdende Wärme besser hält. Dies ist der physiologische Hintergrund zur Bergmannschen Regel. Aus vielen Messungen des Grundumsatzes bei zahlreichen größeren Säugetieren hat sich diese Gesetzmäßigkeit ergeben. Entspricht der Grundumsatz dem Wert, der sich anhand des Körpergewichtes nach dem zweiten Teil obiger Formel errechnet, werden Zähler und Nenner des Bruches gleich. Der relative Grundumsatz erhält damit den Wert 100 Prozent. Das bedeutet, daß die betreffende Art der Norm entspricht und nicht davon abweicht. Fällt er größer aus, ergibt sich eine entsprechende prozentuale Abweichung nach oben, fällt er kleiner aus, nach unten. Die Norm wäre dann entweder über- oder unterschritten.

So weit die Theorie. Was sagt die Praxis? Das Ergebnis läßt sich aus der nachfolgenden Übersicht ablesen: Die südamerikanisch-amazonischen Säugetiere liegen fast ausnahmslos unter der Norm, zum Teil sogar ganz erheblich. Nur eine einzige Gruppe, die schlanken, sehr aktiven Pekaris, die Gegenstücke zu den Wildschweinen, erbrachte Werte für den Grundumsatz, die etwas über der Norm liegen. Die Fledermäuse entsprechen der Norm, wenn die Familie der Bulldoggfledermäuse ausgeklammert wird, die im tropischen Südamerika artenreich und weit verbreitet ist. Die große Mehrheit der 70 untersuchten

	Relativer Grundumsatz
Beuteltiere (Marsupialier; 12 Arten)	80% (± 10%)
Fledermäuse (27 Arten)	82% (± 28%)
Fledermäuse wie oben, aber ohne die Familie Molossidae (Bulldoggfledermäuse)	100%
Affen (9 Arten)	88% (± 18%)
Nabelschweine (Pekari; 1 Art)	110%
Kleinbären (3 Arten)	66%
Ameisenbären (5 Arten)	50% (± 10%)
Faultiere (2 Arten)	43%
Gürteltiere (10 Arten)	45% (± 9%)
Riesengürteltier (Priodontes maximus)	29%

Arten fällt aber deutlich unter die Norm, und einige Gruppen, die für die südamerikanische Fauna besonders typisch sind wie die Ameisenbären, die Gürteltiere und die Faultiere, erreichen im gemeinsamen Durchschnitt nicht einmal die Hälfte des üblichen Grundumsatzes für Säugetiere ihrer Körpergröße. Beim Riesengürteltier liegt der Befund so niedrig, daß er näher an den Werten für wechselwarme Reptilien als an typischen Säugetierwerten liegt.

Die ursprünglich südamerikanischen, stammesgeschichtlich alten Säugetiergruppen fallen zwar am stärksten ab, aber sie könnten wegen ihrer geringen Artenzahl das Gesamtbild nicht so grundlegend verändern. Die modernen Gruppen, die aus Nordamerika vor höchstens 3 Millionen Jahren zuwanderten, liegen im Durchschnitt auch um rund 20 Prozent niedriger als ihre Verwandten in anderen Kontinenten und Lebenszonen. Erstaunlich niedrig sind die Werte bei den Kleinbären, nämlich bei Nasenbären, Wickelbären und Waschbären. Sie leisten nur zwei Drittel des üblichen Grundumsatzes. Die Neuzugänge aus der nordamerikanischen Fauna haben somit den Trend mitgemacht, der die alte Fauna der ursprünglich südamerikanischen Arten kennzeichnet. Nur ging der Abfall nicht so weit und blieb bei knapp der Hälfte der Stoffwechselverminderung stehen. Vielleicht reichten 2 bis 3 Millionen Jahre noch nicht aus, um so grundlegende Änderungen im Stoffwechselgeschehen zu vollziehen?

Selbstverständlich hatten damit die tropisch-südamerikani-

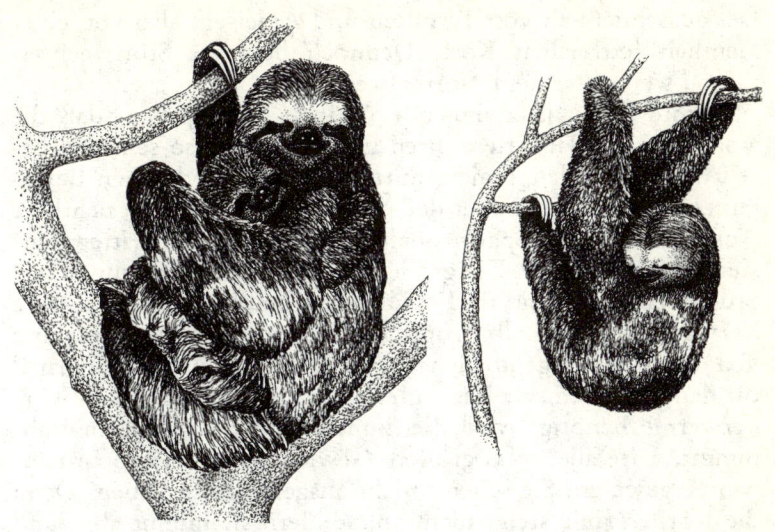

Dreifingerfaultier (Bradypus tridactylus). Das hauptsächlich im Fluß-
uferwald lebende Faultier ist rechts in der typischen Hängehaltung abgebildet.

schen Säugetierarten keine nennenswerten Chancen, in die Rei-
hen der nordamerikanischen einzudringen. Diese waren und
sind ihnen mit ihrem deutlich leistungsfähigeren Stoffwechsel
einfach überlegen. Nur ganz wenigen Spezialisten gelang der
Wechsel zum Nordkontinent. Ihre Nische war nicht besetzt.
Ein Gürteltier konnte in den südlichen Teilen Nordamerikas
sogar zum Kulturfolger werden; ein Ausnahmefall, der die Regel nicht beeinträchtigt.

Größere Säugetiere mit trägem Stoffwechsel finden sich auch
in den anderen Gebieten mit Tropischen Regenwäldern. So die
Pangoline oder Schuppentiere in Afrika und Südasien, nacht-
aktive Halbaffen oder Schleichkatzen. Doch nirgends ist das
Phänomen so ausgeprägt wie in Amazonien. Tier- und Pflanzenesser sind gleichermaßen betroffen. Die Faultiere ernähren
sich ausschließlich von pflanzlicher Kost. Ihr relativer Grundumsatz fällt mit 43 Prozent nur wenig niedriger aus als bei den
Gürteltieren und den Ameisenbären. Letztere ernähren sich

fast ausschließlich von Termiten und Ameisen, also von einer ziemlich fettreichen Kost. Dennoch liegt ihr Stoffwechselniveau weit unter dem Normalwert.

Es muß gute, ja zwingende Gründe dafür geben, daß die amazonischen Säugetiere ihren Energieumsatz so sehr gedrosselt haben. Die langsamen, mitunter fast unmerklichen Bewegungen der Faultiere oder der Ameisenbären sind der sichtbare Ausdruck für diese Sparmaßnahmen. Sie fügen den dritten Baustein in das Szenario. Die größeren Säuger sind nicht nur außerordentlich selten und im Durchschnitt deutlich kleiner als ihre Verwandten außerhalb Tropischer Regenwälder, sondern zum Teil oder überwiegend auch weniger aktiv. Da nach der Formel für den Grundumsatz der Anteil, der zur Erzeugung von Körperwärme benötigt wird, bei zunehmender Körpergröße abnimmt, wäre allein das größere Gewicht schon eine Sparmaßnahme gewesen. Sie scheint nicht ausgereicht zu haben. Denn die Körpergröße steigt nicht an, sondern sie nimmt ab – und gleichzeitig wird die Stoffwechselintensität vermindert. Die Verringerung der Körpergröße als Anpassung an das Leben im Regenwald würde nämlich einen relativen Anstieg der Energieausgaben verursachen. So aber wurde in doppelter Weise reduziert, weil trotz geringerer Körpergröße der Energieverbrauch nicht gleich blieb, sondern weiter drastisch gesenkt wurde.

Die Gründe dafür werden den Schlüssel liefern, warum sich der Mensch Schwierigkeiten ausgesetzt sieht, wenn er im Tropischen Regenwald sein Auskommen sucht. Im Stammbaum der Evolution sind des Menschen nächste Verwandte die Primaten, unter ihnen Bewohner der Regenwälder. Wie sieht es bei ihnen aus? Bei den südamerikanischen Arten liegt der Grundumsatz im Durchschnitt etwa 12 Prozent unter dem zu erwartenden Niveau. Aber da es sich dort um eine eigenständige Großlinie der Primaten, um die Neuwelt- oder Breitnasenaffen, handelt, braucht der Befund nicht sonderlich bedeutsam zu sein. Er ist es aber – und einer näheren Betrachtung wert.

Menschenaffen (Pongiden) gibt es nur in Afrika und Südostasien. Vergleichbare Parallelentwicklungen fehlen in Südamerika. Die dortigen Primaten bilden eine recht einheitliche Gruppe, die eine eigenständige Entwicklung durchgemacht hat, weil dieser Kontinent seit dem frühen Tertiär vom Rest der Welt isoliert war. Als es vor Beginn der Eiszeit zum Kontakt mit der nordamerikanischen Kontinentalmasse kam, gab es dort keine Primaten. Die südamerikanische Entwicklungslinie blieb unvermischt erhalten. Es gelang ihr nicht, sich nach Nordamerika auszubreiten. Nur die Tropenzone Mittelamerikas wurde von einem Teil der Primaten besiedelt. Ihre Körpergröße ist, verglichen mit den großen Affen der Alten Welt, mehr als bescheiden.

Die Wollaffen (Lagothrix) werden bis zu 9 Kilogramm schwer, die Brüllaffen (Alouatta) 6,6 Kilogramm; die Klammeraffen (Ateles) liegen mit 7,7 Kilogramm dazwischen. Sie sind Zwerge, verglichen mit den 275 Kilogramm schweren Gorillas oder den fast 100 Kilogramm von Orang Utans. Viele Arten der altweltlichen Tropen, die wie die genannten Neuweltaffen vorwiegend in Bäumen leben, übertreffen sie gewichtsmäßig um das Doppelte und mehr. Sie machen auch nicht etwa ihre geringe Körpermasse dadurch wett, daß sie in dichten Beständen, Pavianen vergleichbar, leben. Im Gegenteil: Für einen mit Primaten gut besetzten Regenwald in Amazonien wurden gerade 30 Kilogramm Biomasse pro Quadratkilometer festgestellt. Diesem Primatengesamtgewicht entspricht in den südindischen Regenwäldern genau ein Paar Graulanguren (Presbytis entellus). Ein ganzer Quadratkilometer Wald stünde diesen beiden Affen zur Verfügung. So gering ist die Siedlungsdichte der Primaten im zentralamazonischen Regenwald. Kein Wunder, daß die Kurzzeitbesucher nur höchst selten eine Chance haben, Affen zu sehen. Für die kleinen, nur gut 100 Gramm schweren Zwergseidenäffchen (Cebuella pygmaea) ließen sich pro Quadratkilometer nicht mehr als durchschnittlich

55 dieser Äffchen finden. Obwohl sie damit zu den häufigsten Primaten gehören, macht ihre Biomasse gerade so viel wie die eines Brüllaffen aus.

Die Diskrepanz fällt also noch viel stärker aus, wenn man auch die Häufigkeit der Primaten pro Fläche berücksichtigt. Der Tropenbiologe John Terborgh fand bei seinen umfangreichen Forschungen im Gebiet des Manu-Nationalparks in Peru, einem randlichen Teil des amazonischen Regenwaldes mit besonders guten Beständen von Primaten, den Grund für Kleinheit und Seltenheit. Die Affen ernähren sich dort überwiegend oder fast ausschließlich von Insekten. Früchte bilden nur eine unvollständige, nicht immer ausreichende Diät, und Blätter oder anderes grünes Pflanzenmaterial werden kaum genutzt.

Die Abhängigkeit von den Insekten schränkt die Körpergröße ein. Würden die Affen zu schwer, gelingt es ihnen nicht mehr, aus dem knappen Angebot genügend herauszufangen. Die meisten Insekten sind entweder giftig, schlecht schmeckend oder sehr schwer zu entdecken. Die Neuweltaffen entwickelten dazu eine besondere Technik, die es ihnen erlaubt, auch noch mit Körpergewichten von mehreren Kilogramm erfolgreich Insekten zu fangen. Sie setzen den langen, sehr beweglichen und mit einer »Greiffläche« am Endteil ausgestatteten Schwanz als fünfte Hand beim Klettern ein. Mit Schwanz und Hinterbeinen verankern sie sich an drei Punkten im Geäst und haben nun beide Hände frei, um nach Insekten zu greifen. Dabei kommt es auf präzises, blitzschnelles Zupacken an. Früchte, die im Gegensatz zu Insekten weder davonfliegen noch weghüpfen, lassen sich auch gut mit nur einer freien Hand ernten.

Die fünfte Hand dient, wie sich sogar im Zoo beobachten läßt, nicht dazu, um noch schneller durch die Baumkronen zu springen. Darin sind die schwanzlosen Gibbons der südostasiatischen Regenwälder Meister. Afrikanische Meerkatzen und südasiatische Languren stehen ihnen kaum nach. Diese Affen setzen im Sprung von Ast zu Ast oder von Baumkrone zu Baumkrone den langen Schwanz als Steuer ein. Auch die Guerezas afrikanischer Wälder steuern mit dem langhaarigen Schwanz. Die Gibbons hangeln dagegen durch die Baumkro-

Südamerikanisches Totenkopfäffchen (Saimiri sciureus). Weitaus wichtiger als Früchte sind für diese kleinen Neuweltaffen ungiftige Insekten. Zu viele sind für pharmazeutische und medizinische Tests eingefangen und den Urwäldern entnommen worden.

nen, und zwar so schnell, daß sie von Ast zu Ast zu fliegen scheinen.

Solche Explosionen schneller und schnellster Bewegungen kommen bei den amerikanischen Affen nicht vor. Ihre Fortbewegung im Kronendach des Waldes wirkt gewöhnlich eher bedächtig. Mitunter fällt es schwer, die Affengruppe vom Boden aus zu bemerken, so ruhig verhält sie sich. Fehlt es den südamerikanischen Affen an den energieliefernden Kohlenhydraten oder am Fett in ihrer Nahrung? Die Annahme liegt nahe, weil gerade solche Arten, die sich von zuckerhaltigen Früchten ernähren, von überschäumendem Bewegungsdrang sind. Die springlebendigen Zwergseidenäffchen und andere sehr kleine Affen trinken gerne Zuckersäfte, die aus angenagten Baumrinden fließen. Solche Zapfstellen haben offenbar auf die Beweglichkeit der Zwergseidenäffchen eine ähnliche Wirkung wie der Honigtau der Rindenschildläuse auf Kolibris und andere Nektarverwerter.

John Terborgh sammelte zur Ernährung der Neuweltaffen so umfangreiches Material, daß er zu dem Schluß kam, mit etwa 6 Kilogramm Körpergewicht ist die Grenze erreicht, bis zu welcher sich der Insektenfang als Beschaffung von Eiweiß noch lohnt. Darüber hinaus wird es zunehmend schwieriger, die Grundernährung sicherzustellen. Nur einigen wenigen, auf Blätter und Früchte spezialisierten Affen, insbesondere den Brüll- und den Wollaffen, ist es gelungen, die Gewichtsgrenze noch bis fast 10 Kilogramm hinauszuschieben.

Wie kommen dann aber die Großaffen der Alten Welt zurecht? Woher erhalten sie die benötigten Eiweißmengen, wenn sie sich wegen ihrer Körpergröße nicht mehr zum Insektenfresser eignen? Hier sei an eine der bestbekannten Formen von Werkzeugherstellung und -gebrauch erinnert, wie sie Schimpansen bei der Insektennahrung entwickelt haben. Die Schimpansen machen sich ein Stöckchen oder ein stabiles, schmales Blatt zurecht und stochern damit so lange in Termitenlöchern, bis sich genügend Termiten daran festgebissen haben. Dann streifen sie ihre Beute in den Mund ab und »fischen« weiter nach Termiten. Für die großen Schimpansen sind diese kleinen Insekten mehr als eine erstrebenswerte Delikatesse, für deren Gewinnung sie einfache, aber wirkungsvolle Hilfsmittel herstellen. Ihre Gier nach Fleisch kam erst in neueren Untersuchungen zutage, nachdem man sie jahrzehntelang für ausgesprochene Pflanzenesser gehalten hatte.

Die größeren Verwandten, die Orang Utans in Südostasien, sind noch stärker auf qualitativ hochwertige Früchte angewiesen als die Schimpansen mit ihrem breiteren Speisezettel. Am ausgeprägtesten auf pflanzliche Kost beschränkt lebt der Gorilla, der mächtigste der Menschenaffen. Mit seiner gewaltigen Körperkraft vermag er kleine Bäume aufzubrechen, um an das nährstoffreiche und schmackhafte Mark zu kommen. Die Futterpflanzen selektiert der Gorilla sehr genau. Die Jungen lernen durch Nachahmung Schmackhaftes von weniger Gutem oder gar von giftigen Arten zu unterscheiden. Der Bewegungsdrang dieser Großaffen, die George B. Schaller nicht ohne Grund die »sanften Riesen« genannt hat, scheint so gering zu sein, daß sie im Zoo zur Verfettung neigen. Nur bei Gefahr oder bei großer Aufregung entfalten sie ihre vollen Körperkräfte. Die Hauptvorkommen von Gorilla und Schimpanse waren die Randbereiche des afrikanischen Regenwaldes, und zwar mit starker Ausrichtung zum Afrikanischen Grabenbruch hin, wo sich die Vulkangebirge befinden. Auch die lockeren Waldgebiete in der Übergangszone zur Savanne waren von ihnen besiedelt, bevor die vordringenden Menschen einen Großteil ihrer Vorkommen ausrotteten. Am besten konnten sich die Gorillas in den kühlen, sehr feuchten Höhen der Virunga-Berge im Grenzgebiet zwischen Zaire, Ruanda und Uganda halten, und nicht in den undurchdringlichen, immer noch über ausgedehnte Flächen ganz gut erhaltenen Tieflandregenwäldern des Kongobeckens.

Für die Schimpansen gilt ähnliches, nur daß sie nicht so hoch ins Gebirge aufsteigen können, weil es dort für sie zu feucht und kalt wird. Hingegen scheinen die Orang Utans in die Regenwälder von Sumatra und Borneo abgedrängt worden zu sein. Sie leben dort in sehr geringer Bestandsdichte unter ständiger Bedrohung der Vereinzelung. Richtig häufig waren sie wohl nirgends, auch wenn ihre heutigen Vorkommen nur noch Reste sind und sie sich ursprünglich wahrscheinlich bis nach Südwestchina ausgedehnt hatten.

Häufig sind dagegen die Affen in den Savannen und Waldrandgebieten. Pavianherden von mehr als 100 Stück gibt es auch heute noch. Die Arten sind anpassungsfähig; sie kommen mit dem Menschen gut zurecht: Grüne Meerkatzen und Anubispaviane lernten Touristenautos zu plündern, Müll zu durchsuchen, um Futter zu betteln und vieles andere mehr, obwohl sie an Intelligenz den Menschenaffen sicher nachstehen. Offensichtlich bietet die Savanne günstigere Voraussetzungen für die volle Entfaltung des Primatenlebens als der Wald.

Was steckt aber wirklich in solchen Formulierungen? Was kann »volle Entfaltung« heißen? Wir meinen damit in erster Linie Leistungen des Gehirns und nicht etwa Spitzenleistungen im Dauerlauf, wie wir sie bei Antilopen oder Pferden finden. Die Leistungen des Gehirns hängen mit seinem Volumen im Verhältnis zur Körpergröße zusammen. Mit zunehmender Größe nimmt der Anteil des Gehirns gewöhnlich ab. Es wächst nicht so stark mit wie die übrige Körpermasse. Es kann gar nicht so stark mitwachsen, weil der größte Teil des Gehirnwachstums schon in frühester Kindheit abgeschlossen wird. Beim neugeborenen Gorillababy ist das Gehirn ungefähr 250 Kubikzentimeter groß, beim Erwachsenen 500. Diese Verdopplung vollzieht sich in den ersten Lebensjahren; in späteren kommt nur noch wenig hinzu. Beim Menschen steigt die Gehirngröße nach der Geburt auf rund das Dreifache an. Bei der Geburt ist es fast genauso groß wie das eines Gorillababys. Jedoch sind bei der Geburt bereits alle Gehirnzellen ausgebildet; neue kommen nicht mehr hinzu. Die Geburtsgröße des Gehirns entscheidet daher nicht allein nach der Masse über die spätere Leistungsfähigkeit, sondern über die innere Organisation. Im Menschengehirn ist die innere Organisation sehr dicht gepackt; vielleicht in dichtestmöglicher Form. Das nachfolgende Wachstum läßt die Gehirnzellen ausreifen, vergrößert ihr Netzwerk, bringt aber keine Zunahme an Zahl mehr mit sich.

Das Gorillagehirn ist bei der Geburt bereits ausgereifter und gleichsam schon bis auf die halbe Endgröße ausgewachsen. Es schließt mit einem Entwicklungsstand ab, den die fernen Vorläufer des Menschen, der Australopithecus, schon vor rund 3 Millionen Jahren erreicht hatte. Das um zwei Drittel kleinere Gorillagehirn muß nun aber einen doppelt bis dreimal so großen Körper versorgen und steuern. Die Relationen verschieben sich damit noch mehr. Das menschliche Gehirn wäre auf gleiche Körpermasse bezogen mehr als sechsmal so groß wie das des Gorillas.

Welchen Bezug haben diese Ausführungen zum Tropischen Regenwald? Nun, das Gehirn ist das anspruchsvollste Organ des Körpers. Seine Ausbildung und Entwicklung erfordern außerordentlich große Mengen an Phosphorverbindungen sowie sehr viel Eiweiß. Kritisch ist die Phosphormenge. Denn sie läßt sich nicht durch Umbau anderer Materialien freimachen oder herstellen. Der benötigte Phosphor muß aus der Nahrung kommen. Nicht die Kohlehydrate oder die Fette setzen den grundlegenden Entwicklungsprozessen und -fortschritten die Grenzen, sondern die Verfügbarkeit der lebenswichtigen mineralischen Grundstoffe. Die Energie ist der Betriebsstoff des Lebens, die Eiweiß- und Phosphorverbindungen sind die Aufbaustoffe.

Die Analysen der Gorillanahrung ergaben, daß diese nicht genügend Phosphor und kaum ausreichend Eiweißverbindungen enthält, um über das vorhandene Maß der Gehirngröße weitere Aufbauleistungen zu ermöglichen. Die Gorillas schöpfen ihre Möglichkeiten aus. In den Bergwäldern der Vulkangebirge geht es ihnen, was die Versorgung mit Mineralstoffen betrifft, besser als im Tieflandregenwald. Dort läßt sich nicht selten beobachten, wie die blattessenden Guerezas vorsichtig aus dem Schutz der Baumkronen auf den Boden kommen, zum Flußufer laufen und dort an den Steilwänden oder auf einer Sandbank mineralstoffhaltige Erde aufnehmen. Auch die Gorillas essen mitunter Erde; keineswegs ein entartetes Zooverhalten, sondern eine biologische Notwendigkeit bei mineralstoffarmer Kost. Sie stillen damit einen akuten Mangel, der sich bei ihrer einseitigen Pflanzenkost einstellt, weil ihr Primatenkörper mit dem verhältnismäßig großen Gehirn einfach anspruchsvoller ist als gleichschwere Körpermassen weniger hochentwickelter Arten.

Auf der Suche nach Mineralstoffen haben die Elefanten tiefe Höhlen in manche Berge gegraben. Weite Wanderungen nehmen sie auf sich, um an die Mineralien zu kommen. Hätten sie nicht einen so großen Bedarf, würden sie sich wohl diesen Aufwand sparen.

In Amazonien sind Plätze mit mineralstoffhaltiger Erde so

rar, daß viele Tierarten von weither kommen. Wer diese Stellen, Colpas genannt, kennt, wird dort ein geradezu unglaublich reiches Tierleben finden, das in krassem Gegensatz zur sonstigen Tierarmut des Tropischen Regenwaldes steht. Von Schmetterlingen bis zum Jaguar reicht das Artenspektrum. Wenn damit zum Ausdruck kommt, wie groß der allgemeine Mangel an Mineralstoffen in Amazonien tatsächlich ist, wird auch klar, weshalb es dort nur kleine Affen geben kann. Die Evolution war nicht in der Lage, die südamerikanischen Regenwaldprimaten mit größeren Gehirnen auszustatten, weil es an den mineralischen Grundlagen dazu, insbesondere an Phosphorverbindungen, fehlt.

Dieser Mangel macht den Hauptunterschied der Primatenfauna zwischen der Alten und der Neuen Welt aus. In den altweltlichen Tropen standen und stehen Gebiete mit jungen vulkanischen Böden und mineralstoffreicher Vegetation zur Verfügung. Blätter und Früchte sind dort erheblich besser mit Nährstoffen versorgt als in Amazonien, wo es überhaupt keine vulkanischen Landschaften gibt. Was in John Terborghs Untersuchungen die Grenzgröße des Körpergewichts bedeutete, nämlich die Verfügbarkeit von Insekten, stellt sich auf dem höheren Niveau der Menschenaffen als Grenzgröße für die Weiterentwicklung des Gehirns heraus.

Nicht einmal der sehr gut mit mineralischen Nährstoffen versorgte Bergwald an den vulkanischen Hängen der Mondberge kann so viel Phosphor- und Stickstoffverbindungen in der pflanzlichen Kost bieten, wie zur Vergrößerung des Gehirns nötig wären. Die Kohlenhydratversorgung läuft mit der davon abhängigen körperlichen Entwicklung dem Gehirnwachstum davon. Nur eine Konzentration der Nährstoffe in der Nahrung kann hier weiterführen. Sie findet in der Savanne statt und nicht im Regenwald. Die Fortschritte in der Primatenentwicklung wurden dort erzielt; der Regenwald blieb Ausweich- und Rückzugsraum, als sich während des auslaufenden Tertiärs die Bedingungen verschlechterten und die Regenwälder sich ausbreiteten.

Immerhin sind die Bedingungen aber in Afrika und in Südostasien sehr viel besser als in Amazonien, wo die Entwicklung der Hochleistungsgehirne der Primaten schon bei weniger als

50 Kubikzentimetern ihr Ende fand. Hier treten aus den Detailbefunden umfassende Zusammenhänge hervor, die sich in zwei Richtungen weiterverfolgen lassen. Die eine führt zur Struktur des Tropischen Regenwaldes als Ökosystem. Sie soll klären, warum die Nährstoffe so knapp sind und trotzdem die Fülle des Lebens aufrechterhalten werden kann. Die andere folgt dem Interesse der Menschen an der Nutzung der Tropischen Regenwälder. Warum gelingt sie in einigen wenigen Fällen oder unter besonderen Umständen? Warum mißlingt sie auf dem weitaus größten Teil jener Hälfte, die bis zum Beginn des Jahres 1990 gerodet und zerstört worden ist? Beide Wege lassen sich zur Lösung des Dilemmas zusammenführen, und dann läßt sich auch begreifen, warum der Tropische Regenwald »grüne Hölle« und »grünes Paradies« zugleich ist.

Lassen wir die vielen Ansätze, die Natur des Tropischen Regenwaldes zu enträtseln, Revue passieren. Was haben sie gemeinsam? Worauf liefen sie immer wieder hinaus? Offensichtlich haben die meisten Bewohner der Tropischen Regenwälder Schwierigkeiten mit der Beschaffung von Nahrung oder Nährstoffen. Viele, wenn nicht die meisten der oftmals so bizarren Anpassungsformen lassen sich damit in Zusammenhang bringen. Der Mangel erklärt die Seltenheit. Er erklärt den Riesenwuchs und die Feinheiten in den Wechselbeziehungen der Organismen untereinander. Er steht hinter den einseitigen Nutzungen von Kohlenhydraten als Energiequelle und hinter dem Massenexodus in die ungleich reicheren Regionen der außertropischen Breiten zur Fortpflanzung. Alle Linien, denen wir gefolgt sind, führten auf ein gemeinsames Merkmal: den Mangel.

Ist er wirklich so bedeutend, so bestimmend für das Tropenwaldleben? Oder liegt es nur an der Einseitigkeit der Auswahl von Beispielen und Befunden, daß der Mangel so in den Vordergrund gerückt ist? Wenn es diesen Mangel tatsächlich gibt, muß er unabhängig von den einzelnen Organismen festzustellen und zu messen sein.

Die unmittelbare Anschauung spricht allerdings ganz massiv dagegen. Wer vor der Pflanzenmasse des Tropischen Regenwaldes steht, wird schwerlich auf die Idee kommen, darin den Ausdruck von Mangel zu erblicken. Die erdrückende Fülle der Vegetation läßt doch auf Überfluß und Fruchtbarkeit schließen!

Genau so sahen es die Naturforscher früherer Zeiten, darunter Alexander von Humboldt, als er seine bis heute nachwirkenden Schilderungen von den Reichtümern der Hyläa, wie er den Regenwald der amerikanischen Tropen nannte, in seinen großartigen Werken niederlegte. Genau so sehen es vielfach heute noch Wirtschaftsleute und Politiker, die den Tropischen Regenwald für ungenutzte Reserven halten. Der Trugschluß ist verständlich, der Irrtum fatal.

Nicht einmal die Tropenbiologen erkannten rechtzeitig, warum die so selbstverständlich erscheinende Verknüpfung von Fülle und Fruchtbarkeit nicht zutreffend sein kann, ja einander ausschließen muß. Die Ansätze zur Lösung dieses Dilemmas haben wir bereits in den Befunden zu Artenreichtum, Seltenheit, Spezialanpassungen, Symbiosen und Energiehaushalt gefunden. Noch zu wenig erklärt ist das Wesen der gewaltigen Pflanzenmasse. Ohne Einsicht in das Zustandekommen des Waldes und in sein Funktionsgefüge werden wir nicht weiterkommen. Daran sind die bisherigen Vorstellungen von der Nutzbarkeit der Tropischen Regenwälder gescheitert. Sie hatten den Wald nicht verstanden und waren dadurch zu falschen Schlüssen gekommen. Erst in neuerer Zeit lieferte die tropenökologische Forschung die grundlegenden Erkenntnisse, die unser Bild vom Tropischen Regenwald radikal verändern. Sie erst machen deutlich, weshalb so viel falsch gemacht wurde bei den Versuchen der Erschließung und Nutzung der Regenwälder.

Zunächst der Befund: Im Tropischen Regenwald erreicht die Biomasse der Pflanzen 1 000 000 Kilogramm pro Hektar oder mehr. Weniger als ein Zehntausendstel dieser Masse steuern die Tiere bei. Mit 35 Kilogramm liegt ihr Anteil unter der Meßungenauigkeit für die Pflanzenmasse. Tiere sind so gut wie nicht vorhanden, angesichts dieser Mengenverhältnisse. Nun besteht aber der größte Teil der Pflanzenmasse aus Holz, nämlich 980 der 1000 Tonnen, das sind 98 Prozent. Die Blattmasse umfaßt etwa 20 Tonnen pro Hektar. Selbst darauf bezogen kommen den pflanzenverwertenden Tieren nur eineinhalb Promille zu, da ihre Biomasse bei 30 Kilogramm pro Hektar liegt. Man kann die Werte drehen und wenden, wie man will, sie kommen stets zum grundsätzlich gleichen Ergebnis: Die Tiere spielen mengenmäßig im Tropischen Regenwald eine sehr geringe Rolle.

Als Verbraucher von pflanzlicher Biomasse, als Konsumenten, können sie infolgedessen keine wichtige Funktion erfüllen, sonst müßte das Verhältnis von tierischer zu pflanzlicher Biomasse anders sein. Damit fallen sie auch als Regulatoren für den Nährstoffkreislauf weitgehend aus. In den Steppen und Savannen, wo Großtiere hohe Anteile der Pflanzenproduktion abweiden, sieht das anders aus. Dort kann zeitweise die tierische Biomasse die pflanzliche übersteigen.

Der Kreislauf der Nährstoffe muß also im Tropischen Regenwald ganz anders funktionieren als in der Savanne. Die Kleintierwelt *im* Boden weist den Weg. Sie übertrifft mit 165 Kilogramm pro Hektar in Amazonien die oberirdische Biomasse der Tiere um fast das Vierfache. Das ist immer noch nicht viel, verglichen mit der Gesamtbiomasse der Pflanzen. Sind diese Kleintiere im Boden in der Lage, den Kreislauf der Nährstoffe aufrechtzuerhalten? Der Vergleich mit dem Angebot hilft weiter. Die tote, verrottende Pflanzenmasse wiegt in Zentralamazonien rund 100 Tonnen pro Hektar, aber ihre Verwerter sind nur mit 165 Kilogramm pro Hektar vertreten. Sie machen damit nur 0,165 Prozent aus; ein Anteil, der überraschend gut mit der Häufigkeit der oberirdisch tätigen Pflanzenkonsumenten übereinstimmt. Für diese waren 0,150 Prozent, bezogen auf die frische Blattbiomasse, festgestellt worden.

Bei einem derartigen Mißverhältnis von Angebot und Verbrauchern müßte sich Humus in großen Mengen ansammeln. Das ist nicht der Fall. Im Gegenteil: Die Humusauflage ist in den Tropischen Regenwäldern so dünn, daß sie sich mühelos mit der Fußspitze wegscharren läßt. Blätter, die zu Boden fallen, werden in kürzester Zeit zersetzt. Sie lösen sich scheinbar in Luft auf; eine Feststellung, die gar nicht so abwegig ist. Denn bei ihrer Zersetzung entstehen Kohlendioxid und Wasser, aber so gut wie keine mineralischen Reststoffe.

Infolgedessen gelangen auch keine wasserlöslichen Mineralstoffe ins Grundwasser. Die Waldbäche sind, wie schon bei den Fröschen in Kapitel 7 betont wurde, reiner als Regenwasser, wenn sie den Wald verlassen. Die extrem geringe Humusbildung und der noch extremere Mangel an Elektrolyten (Ionen) im Wasser der Waldbäche sollten nun eigentlich einen schroffen Gegensatz bilden. Denn der Humus hält die wasserlöslichen Nährstoffe fest und tauscht an die Pflanzenwurzeln die Ionen aus. In unseren Breiten ist das so, und deswegen wird hier die Humusbildung so geschätzt und nach Möglichkeit gefördert. Ohne Humus nimmt die Fähigkeit, Pflanzennährstoffe in den oberen Bodenschichten zu halten, in einem humiden

Klima stark ab. Die Ionen werden ins Grundwasser ausgewaschen und belasten die Bäche. Wenn nun aber die Waldbäche praktisch keine Ionen enthalten, dann können im Boden auch keine frei geworden sein.

Daraus ergibt sich die paradoxe Situation, daß der Wald ganz offensichtlich üppig gedeiht, ohne daß im Boden entsprechende Umsetzungen von Pflanzennährstoffen stattfinden. Nach unseren herkömmlichen, aus den umfangreichen Erfahrungen der Land- und Forstwirtschaft in den gemäßigten Klimabereichen gewonnenen Vorstellungen vom Boden als Nährstoffreservoir dürfte also der Tropenwald gar nicht gedeihen. Da er dies aber ganz unzweifelhaft tut, muß der Nährstoffkreislauf im Tropischen Regenwald anders strukturiert sein. Grundsätzlich auf einen Irrweg können uns die dargelegten Befunde nicht geführt haben, weil sie bestens mit der Erfahrung übereinstimmen, daß Kulturpflanzenbau im Tropischen Regenwald außerordentlich schlecht gelingt.

Die Ursache hierfür muß daher im Wald selbst stecken. Sehen wir uns die Mengenverhältnisse noch einmal an. Die lebende Pflanzenbiomasse erreicht 1000 Tonnen oder mehr pro Hektar. Die tote Pflanzenmasse wurde mit 100 Tonnen pro Hektar, also einem Zehntel der lebenden veranschlagt. Die Blattmasse betrug 20 Tonnen pro Hektar und die Gesamtbiomasse der ober- und unterirdisch lebenden Tiere nur etwa 210 Kilogramm. Setzen wir daraus die Gesamtmasse zusammen, so beläuft sie sich auf rund 1100 Tonnen. Mehr als 90 Prozent der Biomasse befindet sich somit im lebenden Teil des Systems. Aber, genaugenommen, stimmt nicht einmal das, denn wirklich lebendig sind nur die Blätter und die dünne Schicht lebender Zellen unter der Rinde von Stamm, Ästen und Zweigen. Der Holzteil und, wo sie in größerem Umfang ausgebildet wird, die Borke bestehen aus totem Material, aus Holz und Kork. Der Baum umschließt mit seiner lebenden Hülle ein totes Gebilde, das er während seines Wachstums aufgebaut hat. Seine wirklich lebende Biomasse ist ungleich geringer als das Gewicht des ganzen Baumes samt Wurzeln. Zusammen mit der Blattmasse kommen kaum mehr als 30 Tonnen pro Hektar zustande, wenn wir die toten Teile der Bäume ausklammern.

Damit ergibt sich eine ähnliche Größenordnung wie im Falle

Mächtige Brett- und Stelzenwurzeln. Ihre Ausbildung vermindert insbesondere die Belastung, die bei Stürmen von den Kronen der Urwaldriesen auf das flache, seitlich ausscherende Wurzelwerk ausgeht. Die Bäume stützen sich damit auf einer breiteren Basis ab, als sie der Stamm selbst bilden kann. Auch Palmen, wie die abgebildete Irartea-Palme, entwickeln Wurzelstützen, die in diesem Fall als Stelzen ausgebildet sind.

der Savannen, wo das Gras als Pflanzenbiomasse 30 bis 50 Tonnen pro Hektar zustandebringt. Die scheinbar so riesige Masse des Pflanzenwuchses im Tropischen Regenwald nimmt, so betrachtet, ganz normale Größenordnungen an. Was bei den Gräsern in der Savanne am Boden geschieht, vollzieht sich bei den Bäumen oben im Kronenraum. Die produzierende Schicht ist vom Boden abgehoben und befindet sich in 30, 40 oder 50 Meter Höhe.

Da sie, wie die bodennahe Pflanzenproduktion auch, nur dann funktionieren kann, wenn sie ausreichend mit Wasser versorgt wird, muß es Niederschläge in entsprechender Menge und jahreszeitlicher Verteilung geben. 2000 Millimeter bilden in der Regel den Grenzwert. Nur wenn diese mindestens 2 Meter Regen fallen, kann sich Tropischer Regenwald entwickeln und erhalten. Die eingangs schon genannten klimatischen Rahmenbedingungen sind hierfür von größter Bedeutung.

Gäbe es freie Pflanzennährstoffe im Boden, würden diese hohen Niederschlagsmengen einen Großteil davon ins Grundwasser auswaschen. Nur ein außerordentlich hoher Mineralstoffreichtum des Bodens, geliefert vom anstehenden Muttergestein, könnte diese Verluste ausgleichen. Die Bäume müßten sich selbst aktiv mit ihren Wurzeln die frischen Nährstoffe erarbeiten. Wo immer sie das tun, entwickeln sie ein umfangreiches, tiefreichendes Wurzelwerk. Genau das fehlt aber vielen Bäumen im Tropischen Regenwald. Statt dessen wurzeln sie sehr flach und weit ausgreifend; so flach, daß die Stämme Brettwurzeln als Stützen brauchen, weil sie sonst jeder Gewittersturm schon entwurzeln könnte.

Betrachtet man das Wurzelwerk genauer, was wegen der oberflächennahen Ausbildung nicht schwierig ist, dann stellt man fest, daß insbesondere die feinen Haarwurzeln, die aus dem Boden die Nährstoffe aufnehmen, großenteils nach oben und nicht nach unten wachsen. Sie dringen schon in die herabgefallenen Blätter ein, kaum daß diese den Boden erreicht haben. Daneben wuchern in noch viel größerem Maße Pilzfäden. Ihr Anteil an der Wurzelmasse muß sehr groß sein. Wegen ihrer Feinheit ist es fast unmöglich, sie von den Bodenteilchen abzutrennen. Daher gelingt die Biomassebestimmung nicht gut genug, um ihren wirklichen Anteil angeben zu können. In unserer Biomasse-Kalkulation steckt also ein bedeutsames Fragezeichen. Wieviel machen die Pilze aus, und was ist ihr Anteil am Stoffkreislauf? Mit Sicherheit übertrifft er die Anteile der Tiere und auch die Blattbiomasse.

Erinnern wir uns an das Beispiel der pilzzüchtenden Blattschneiderameisen. Die Ameisen leisteten nur die mechanische Zerkleinerungsarbeit und schufen ein passendes Kleinklima für das Pilzwachstum. Die Veredelung der Nahrung besorgte der Pilz.

Die meisten Bäume im Tropischen Regenwald gehen noch viel engere Verbindungen mit Pilzen ein und leben mit ihnen in einer richtigen Symbiose. Die Pilze verbinden sich mit den feinen Wurzeln der Bäume zur sogenannten Mykorrhiza, zur Wurzelpilzsymbiose. Bei der einfacheren Form bleiben Pilz und Wurzelzellen noch getrennt (ektotrophe Mykorrhiza). Bei der intensivsten Form des Zusammenlebens dringen die Pilze in die Wurzelzellen ein (endotrophe Mykorrhiza). Die Pilze werden von den Wurzeln mit Zucker und Aminosäuren gefüttert. Im Gegenzug liefern sie Mineralsalze und Wasser. Da sie noch viel feiner als die Baumwurzeln wachsen, gelingt es ihnen, Nährstoffe aus Stellen herauszuholen, die den zehnmal dickeren Haarwurzeln, auch den ganz feinen unter ihnen, verschlossen bleiben.

Die Mykorrhiza ist in den Tropischen Regenwäldern weit verbreitet und offenbar für die große Mehrzahl der Baumarten unabdingbare Voraussetzung für ihr Überleben. Zusammen mit den Wurzeln spannen die Wurzelpilze ein nahezu geschlossenes Netz aus, das in den obersten Bodenschichten so gut wie alle Pflanzennährstoffe abfängt, die von oben kommen. Sie leiten diese Ionen an die Bäume weiter, die sie mit dem Transpirationswasser bis in die höchsten Spitzen der Kronen hinaufverfrachten, wo sie den Blättern zur Verfügung stehen. Deswegen kommen fast keine Ionen ins Grundwasser. Das Fangnetz hält sie fest und leitet sie in den Kreislauf zurück. Der Überschuß geht nun nicht einfach verloren. Er wird in den Stämmen gespeichert. Dort, im nicht mehr lebenden Hauptteil des Baumes, lagern die Nährstoffe, die über Jahrzehnte oder Jahrhunderte angesammelt worden sind. Wird der Wald verbrannt, setzt das Feuer die im Holz gespeicherten Mineralstoffe als Asche frei. Eine kurze Periode von Fruchtbarkeit ist die Folge, die aber schnell wieder abklingt. Nach zwei bis drei Ernten ist nichts mehr davon vorhanden. Nicht, weil die Nutzpflanzen den ganzen Vorrat aufgebraucht hätten, sondern weil die hohen Niederschläge die wasserlöslichen Nährstoffe ausschwemmen. Im Boden befinden sich weder Humus noch Tonmineralien, die in der Lage wären, die Ionen zu halten.

Genau diesen Vorgang verhindert der Wald, so lange er lebt und gedeiht. Das Wurzelwerk wirkt im Verbund mit den Pilzen wie ein gigantischer Filter. Zerstört man die Bäume, wird der Filter leck. Die Nährstoffe fließen ab und kehren nicht wieder. Es kommt also auf die möglichst umfassende Rückführung der Nährstoffe an, bevor sie aus der Bindung an die organischen Stoffe entlassen werden. Einen wesentlichen Beitrag leistet der Baum selbst, wenn die Blätter altern. Dann werden wichtige Nährstoffe bereits abgezogen, noch bevor das Blatt fällt. Hans Klinge hat dies in Amazonien gemessen. Das Ergebnis enthält die nachfolgende Übersicht:

	Stickstoff	Phosphor	Kalium	Kalzium	Magnesium	Natrium
frische Blätter	18 000	500	4000	3500	2500	1500
Fallaub	15 000	300	2000	2000	2000	800
Rückführung	17%	60%	50%	57%	80%	47%

Unterschiedlicher Gehalt von Nährstoffen in frischen Blättern und im abgefallenen Laub von Bäumen des Hochwaldes im Hinterland von Manaus, Brasilien (Werte in parts per million = ppm)

Von den mineralischen Nährstoffen holt der Baum somit zwischen 47 und 80 Prozent aus den Blättern zurück, bevor sie abfallen. Der organisch gebundene, in Eiweißstoffe eingebaute Stickstoff wird in weitaus geringerem Umfang direkt zurückgewonnen. Seine Rückführung findet unten am Boden statt, wenn die Pilze das Blatt zerlegen.

Eine besonders hohe Rückführung leisten die Bäume bei Phosphor und Magnesium. Magnesium dient zum Aufbau des Blattgrüns und bildet somit den Grundstoff für den Ablauf der Photosynthese. Der Phosphor stellt die »Energiewährung« des Lebens dar; er ist ein zentraler Baustoff der lebendigen Materie. Sehr wichtig ist auch das Kalium als Pflanzennährstoff, weshalb es stets in handelsüblichen Kunstdüngern vorhanden ist.

Wie groß sind die Nährstoffvorräte in den Böden, auf denen die Bäume wachsen? Ist genug vorhanden, entsteht kein Mangel, und die Bäume könnten sich die aufwendige Form der Nährstoffrückführung aus den Blättern ersparen.

Das hohe Maß der Rückführung läßt darauf schließen, daß kein Überfluß vorhanden sein kann. Wie könnte ein geeignetes Maß dafür aussehen? Man müßte die absolute Menge an Pflanzennährstoffen auf den Umsatz beziehen. Einen guten Ansatz liefert der Vergleich der Nährstoffvorräte einerseits in den Pflanzen und andererseits im Boden. Wieder auf das gleiche

Untersuchungsgebiet in Zentralamazonien bezogen, entsteht ein sehr eindeutiges Bild: Bei Kalium, Kalzium, Magnesium und Natrium befindet sich der weitaus größte Teil in der Biomasse der Pflanzen. Der Vorrat im Boden macht im Durchschnitt nur 10 Prozent des Gesamtbetrages aus. Nur bei Stickstoff und Phosphor stecken größere Mengen in der obersten Meterschicht des Bodens. Die Pilze halten einen Großteil davon fest und leiten ihn weiter. Die Tabelle gibt darüber Aufschluß, wie die Nährstoffe verteilt sind:

	Stick-stoff	Phos-phor	Kalium	Kalzium	Magne-sium	Na-trium
Biomasse	3279	69	507	72	275	242
Boden 0–100 cm	8924	147	58	0	23	50
Anteil in der Biomasse	27%	32%	90%	100%	92%	83%

Pflanzennährstoffe im amazonischen Regenwald (Angaben in Kilogramm pro Hektar)

Der Tropische Regenwald speichert also hohe Anteile der Pflanzennährstoffe. Wie gut er speichert, läßt sich aus den Messungen des Ionengehalts in Bächen und Flüssen ablesen, die aus dem Wald kommen. Ihre Leitfähigkeit liegt mit 5 bis 10 Mikrosiemens pro Zentimeter sehr niedrig. Mitteleuropäische Bäche leiten Strom fünfzig- bis hundertmal so gut. Kalium ist mit 0,08 bis 0,5 Milligramm pro Liter, Magnesium mit 0,01 bis 0,05 Milligramm pro Liter vertreten. An Phosphor und Kalzium fanden sich nur Spuren. Das Regenwasser enthält mehr davon.

Damit ist die außerordentliche Filterleistung des Tropischen Regenwaldes nachgewiesen. Der Wald verbindet Nährstoffspeicherung mit hoher Effizienz der Rückführung. Er hält das ökologische System, das er aufgebaut hat, so gut geschlossen, daß trotz der intensiven Umsetzungen, die darin stattfinden, nahezu keine Nährstoffverluste entstehen.

Freilich kann es keinen hundertprozentigen Kreislauf geben. Verluste, wie klein sie auch immer sein mögen, treten auf und müssen ausgeglichen werden. Die geringen Vorräte im Boden könnten vielleicht für ein paar Jahre, günstigstenfalls für ein paar Jahrhunderte ausreichen. Aber irgendwann wären sie erschöpft. Ein System, das schon seit Millionen von Jahren existiert, muß regelmäßig Nachschub an Nährstoffen bekommen, so wie es permanent mit Energie versorgt werden muß. Dies besagt das physikalische Grundgesetz der Entropie.

Verluste sind vorhanden. Das zeigen die Wasseranalysen. Auch wenn die Mengen pro Liter sehr klein sind, sie wachsen zu bedeutsamen Größen heran, wenn Jahr für Jahr zwei Meter Regen und mehr niedergehen und den Wald auswaschen. Allein der Amazonas führt bis zu 310 000 Kubikmeter Wasser pro Sekunde dem Atlantik zu. Ein Großteil dieses Wassers kommt aus dem amazonischen Regenwald. Aus Bruchteilen von Milligrammen pro Liter werden so Tonnen, die pro Minute den Großraum verlassen.

Woher wird der Ausgleich genommen? Der Boden kann es nicht sein, denn dazu sind die Vorräte viel zu gering. Sie werden nicht erneuert, sondern nehmen im Laufe der Zeit ab. Der Wald hat die Fähigkeit, die Nährstoffe möglichst wirkungsvoll im System zu halten. Wie erreicht er aber die Ergänzung, den Ausgleich der unvermeidbaren Verluste?

Die Antwort ist sehr sichtbar: Der Kronenraum des Waldes enthält nicht nur das Blattwerk, das mit rund 20 Tonnen pro Hektar zu veranschlagen ist, sondern auch eine mehr oder minder große Fülle von Epiphyten – Pflanzen, die nicht im Boden wurzeln – und Lianen. In Tieflandregenwäldern ergeben diese Pflanzen 30 bis 50 Tonnen pro Hektar, in Bergregenwäldern noch erheblich mehr. Sie übertreffen damit das Gewicht der reinen Blattmasse der Bäume um rund das Doppelte. Es ist uns wohl vertraut, daß Bromelien und Orchideen sowie weitere epiphytische Pflanzen in den Tropenwäldern wachsen. Woher bekommen sie aber ihre Nährstoffe? Sie bedienen sich nicht, wie die Parasiten, am Saftstrom der Bäume, sondern sie benutzen diese nur als Unterlage für ihr eigenes Wachstum. Dies setzt voraus, daß sie Wasser und mineralische Nährstoffe in ausreichender Menge aus anderen Quellen bekommen.

Was das Wasser betrifft, so herrscht gewöhnlich kein Mangel. Es regnet fast jeden Tag, und die Luftfeuchtigkeit liegt nahe am Sättigungspunkt. Das für die Photosynthese notwendige Kohlendioxid liefert die Luft. Licht ist im Kronenraum mehr vorhanden als unten am Waldboden. Also hängt die Existenz der Epiphyten eng mit den mineralischen Nährstoffen zusammen. Dafür gibt es nur einen einzigen Weg: Sie erhalten sie aus der

Luft! Der Regen wäscht sie ein und liefert eine stark verdünnte Nährlösung. Die Epiphyten entwickelten besondere Mechanismen zur Aufnahme von sehr fein verteilten Nährstoffen. Bei vielen Bromelien helfen die wassergefüllten Blatt-Trichter, bei den Orchideen sind es besondere Luftwurzeln, die sich schnell mit Wasser vollsaugen und die gelösten Nährsalze entnehmen. An den Ansatzstellen sammelt sich organisches Material aus den Blättern und Insektenkörpern, die sich im Wurzelwerk der Epiphyten verfangen. Ameisen tragen organischen Abfall hinzu. Die Wurzeln bauen sich darauf selbst eine Art von Humus auf, der wie ein Schwamm die Niederschläge festhält und das Wasser gefiltert durchlaufen läßt.

Die starken Regen entziehen außerdem den Blättern der Urwaldbäume mineralische Nährstoffe nach dem Prinzip der Osmose. Der Wasserfilm, der sich über dem Blatt ausbreitet, enthält sehr viel weniger Ionen als die Zellsäfte darunter. Das Regenwasser saugt sie geradezu aus den Blättern. Als Gegenmaßnahme haben die Pflanzen die Träufelspitzen entwickelt, über die das Wasser schneller abläuft und weniger auslaugend wirksam werden kann. Der Wasserfluß aus den Kronen düngt somit auch in gewissem Maße die Epiphyten, so daß sie jenes geringe Maß an mineralischen Nährstoffen bekommen, das sie zum Wachsen brauchen. Ihr Wachstum verläuft sehr langsam, und es dauert lange, bis sie blühen. Die Epiphyten sind auch in dieser Hinsicht auf die Nährstoffknappheit eingestellt.

Die nach der Artenzahl erfolgreichsten Epiphyten, die Orchideen, bedienen sich eines Hilfsmittels für die Ausbreitung, das man nun gerade bei solchen Pflanzen am wenigsten vermuten würde. Ihre winzig kleinen Samen keimen nur dann erfolgreich, wenn ein Pilz mithilft und die Erstversorgung übernimmt. Damit spielen die Pilze nicht nur für die größten Pflanzen im Tropischen Regenwald, für die Bäume, eine fundamentale Rolle, sondern auch für die schönsten und vielfältigsten, für die Orchideen.

Der Kreis hat sich geschlossen. Die Nährstoffverluste, die im Wurzelbereich auftreten, werden durch frische Nährstoffe ausgeglichen, die über die Luft kommen. Dazwischen befindet sich ein hochgradig geschlossener Kreislauf, in dem die Nährstoffe immer wieder verwertet, umgesetzt, ab- und umgebaut werden.

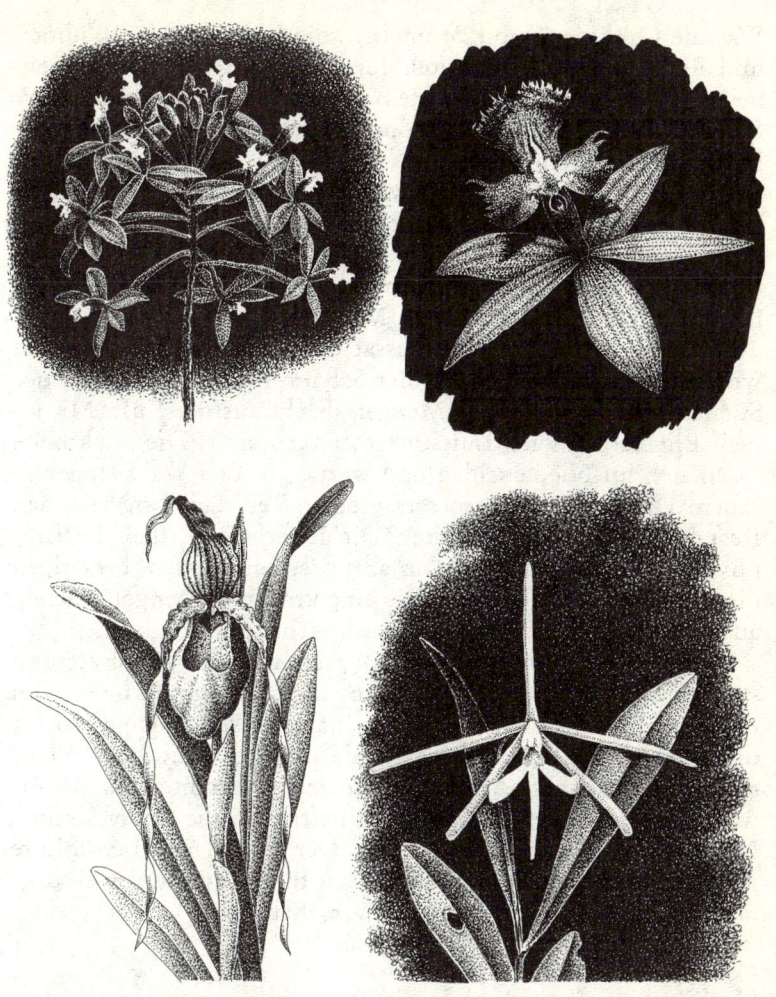

Orchideen des Bergnebelwaldes. Oben ein zierliches, karminrotes Epidendrum mit gefransten weißen Blütenlippen, auf meterhohem Stengel;
rechts daneben die Einzelblüte einer verwandten Art. Unten rechts die
große weiße Blüte von Epidendrum nocturnum, links ein absonderlicher,
rötlichgrün blühender Frauenschuh (Phragmopedilum) mit stark verlängerten Anhängseln.

Was die Orchideen und Bromelien, die Farne auf den Bäumen und all die anderen Epiphyten durch ihr bloßes Vorhandensein beweisen, haben die Meßwerte bestätigt. Die heutigen Meßverfahren erlauben die Bestimmung kleinster Stoffmengen in der Luft oder im Niederschlag.

Für den Tropischen Regenwald in Mittel- und Südamerika gibt es solche Meßwerte: Knapp 300 Gramm Phosphor bringt der Regen pro Hektar und Jahr nach Zentralamazonien, 3,6 Kilogramm Kalzium, 12,6 Kilogramm Kalium und ähnliche Größenordnungen für die anderen Mineralstoffe. Ein wesentlicher Teil von ihnen dürfte vom Passat über den Atlantik getragen worden sein. Er stammt aus der Sahara. Hingegen kommt der Stickstoff in bedeutenden Mengen direkt aus der Luft. Mit jedem Blitzschlag wird Luftstickstoff verbrannt. Die Stickoxide lösen sich im Niederschlag und werden in den Wald eingewaschen. Die Kronen filtern schon einen Teil davon heraus, den Rest besorgt der Wurzelfilter. Die Überlegung, daß die Epiphyten direkt aus der Luft ernährt werden müssen, bestätigen die Meßergebnisse bestens. Die eingetragenen Mengen reichen aus, um den Bedarf zu decken und Verluste auszugleichen.

Deshalb, und nur deshalb, konnten sich die Epiphyten so stark entwickeln. Die Lebensbedingungen sind im Kronenraum in jeder Hinsicht besser als am lichtarmen Waldboden, wo für diese niedrigen Pflanzen nur gerade 1 Prozent des Sonnenlichtes zur Verfügung stünde, ihre Wurzeln aber mit den Baumwurzeln und deren Wurzelpilzen heftig um die mineralischen Nährstoffe konkurrieren würden. Der Weg nach oben lohnte sich; nicht nur, um freie Nischen zu füllen, sondern weil dort tatsächlich bessere Verhältnisse herrschen.

Fassen wir zusammen: Der Tropische Regenwald bildet ein in sich geschlossenes System. Die Nährstoffe zirkulieren darin mit sehr geringen Verlustraten. Was verlorengeht, wird über die Niederschläge wieder ausgeglichen. Damit haben wir das Grundmodell des Naturhaushaltes für den Tropischen Regenwald aufgestellt. Wenn der Regenwald tatsächlich nach diesem Schema funktioniert, dann müssen drei Voraussetzungen erfüllt sein: Es müssen ausreichend Antriebsenergien vorhanden, ein funktionierender Wasserkreislauf sichergestellt und wirksame Filtermechanismen zur Nährstoffaufnahme gewährleistet sein.

Die erste Voraussetzung ist erfüllt: Die hochstehende Sonne, die das ganze Jahr über steile Bögen beschreibt, liefert die Energie. Auf jeden Quadratmeter treffen pro Jahr rund 5 Millionen Kilokalorien. Energie ist also im Übermaß vorhanden. Damit eng verbunden ist die zweite Voraussetzung, die diesen Haushalt am Funktionieren hält: Es sind große Wassermengen erforderlich, damit das Blattwerk der Bäume nicht überhitzt wird und verbrennt; es wird gekühlt durch Verdunstung. Wenn auch nur einige Wochen lang die Niederschläge zu schwach ausfallen oder fehlen, sind die Bäume gezwungen, die Blätter abzuwerfen. Aus dem immergrünen Regenwald wird dann ein »Saison-Regenwald«, die vorherrschende Waldform in den wechselfeuchten Tropen.

Um es nochmals zu betonen: Der Tropische Regenwald ist auf den Regen angewiesen! Wie sehr, das zeigen die neuesten Bilanzen für Amazonien, dessen Wasserkreislauf umfassend studiert worden ist. Eneas Salati und Peter B. Vose legten 1984 ihre Ergebnisse vor. Ihre Kernaussage begründet überzeugend, warum die gegenwärtige Regenwaldvernichtung den Keim für weiter fortschreitende Zerstörungen in sich trägt, auch wenn die weiteren Rodungen sofort gestoppt würden. Der Regenwald gibt nämlich 50 bis 75 Prozent des Niederschlages durch Verdunstung an die Atmosphäre zurück. Die Feuchtigkeit kondensiert, schwillt zu neuen Regenwolken an und entlädt sich im

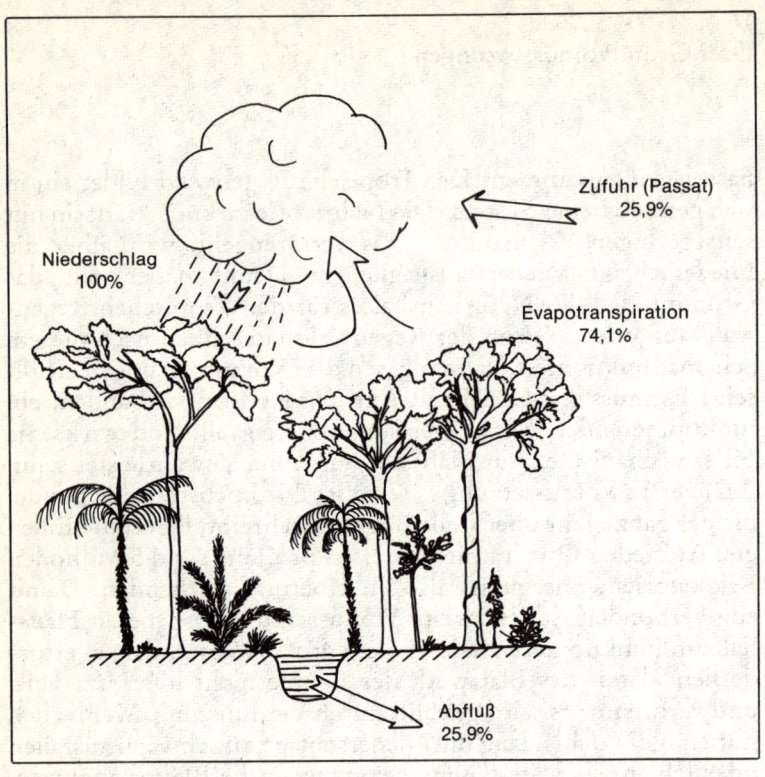

Wasserbilanz Amazoniens (nach Salati und Vose 1984). Die Zufuhr macht nur ein Viertel aus; es entspricht der Abflußmenge, die Amazonien verläßt. Drei Viertel des Wassers zirkulieren über den Austausch mit dem Wald.

nächsten Schauer – und so fort! Bis zu drei Viertel des Wasserhaushaltes bestreitet somit der Wald aus dem »kleinen Kreislauf«, der in Wirklichkeit größere Wassermengen umsetzt als der »große Kreislauf«, der mit der Verdunstung des Wassers draußen auf dem Meer beginnt. Der Passat trägt die Feuchtigkeit zum Kontinent, dort bilden sich die Wolken und die Niederschläge. Die Flüsse führen das Wasser wieder zum Ozean zurück. Dieser große Kreislauf ist in Amazonien nur nach seiner geographischen Reichweite größer, nicht aber nach dem

166

Wasservolumen, das er umsetzt. Der Amazonas führt an seiner Mündung ziemlich genau die Wassermenge ins Meer zurück, die über die Luft vom Atlantik nach Amazonien gekommen war: ein Viertel der Niederschlagsmenge in der Jahresbilanz, die über dem Regenwald Amazoniens niedergeht.

Dieses Viertel bringt Nährstoffe aus der Ferne, aber es würde nicht ausreichen, den Wald zu erhalten, wenn die Wassermenge des kleinen Kreislaufes fehlte. Denn der immergrüne Tropische Regenwald benötigt mindestens 1,5 Meter Niederschlag pro Jahr, die den unteren Grenzwert ausmachen. Wird diese Menge nachhaltig unterschritten, kann sich der Regenwald nicht mehr halten. Er muß anderen Waldtypen selbst dann weichen, wenn seitens des Menschen nicht eingegriffen, wenn nichts weiter verändert würde.

Damit ist deutlich gemacht, daß der Regenwald auch ein »Flächenproblem« hat. Nur wenn ausreichend große, zusammenhängende Flächen erhalten bleiben, ist der Wald in der Lage, sein Eigenklima aufrechtzuerhalten. Nur dort, wo der Anteil der Niederschläge, die vom Meer kommen, sehr hoch liegt, spielt das Flächenproblem keine Rolle. Deshalb hielten sich bis in die Gegenwart kleinste Regenwaldreste an den Küsten von Nordostaustralien, von Ostmadagaskar und im Bereich des Brasilianischen Küstengebirges. Auch die mittelamerikanischen Regenwälder sind in dieser Hinsicht günstiger gelegen. Sie wachsen auf mineralstoffreichen Böden und bekommen die Hauptmasse der Niederschläge vom Meer. Die Auswaschungsverluste an Pflanzennährstoffen fallen daher nicht so sehr ins Gewicht, und die Niederschlagsmengen sind trotz umfangreicher Waldvernichtung nicht rückläufig.

Ganz anders liegen die Verhältnisse für den Kongo-Regenwald und für Amazonien. Für diese beiden größten Regenwaldgebiete der Erde werden die Größen der Restflächen entscheiden, ob sich langfristig Regenwald überhaupt noch halten kann. Ein paar Tausend Quadratkilometer, die geschont werden, sind nicht in der Lage, nennenswerte Wassermassen in die Atmosphäre zurückzuschicken und zirkulieren zu lassen. Die großflächigen Rodungen werden deswegen mit Sicherheit das Klima verändern. Die neueren Klimamodelle legen die Annahme nahe, daß ungefähr bei der Hälfte der ursprünglichen Regenwaldfläche oder bei einem Mindestwert von 40 Prozent die kritische Schwelle erreicht sein wird. Wir stehen also unmittelbar davor, unabwendbare Klimaveränderungen durch die fortschreitende Vernichtung der Tropischen Regenwälder auszulösen. Sie werden über die Bereiche des Waldes hinaus wirksam werden und die Landwirtschaft der produktiven Regionen der wechselfeuchten Tropen nachteilig beeinflussen. Am funktionierenden Wasserkreislauf hängt die Versorgung mit Nährstoffen, die für die großflächigen Regenwälder genauso wichtig ist wie die Wasserversorgung selbst. Wenn der Wasserkreislauf aufgebrochen wird, ist eine Kettenreaktion zu befürchten, die nicht mehr zu kontrollieren ist. Schäden lassen sich dann nicht mehr begrenzen.

Als dritte Grundvoraussetzung müssen wirksame Filtermechanismen bestehen. Wenn sie nicht mehr funktionieren, wird auch der Wald nicht überleben. Unter der Wucht der tropischen Niederschläge verliert er seine Nährstoffe schneller, als sie von außen nachgeliefert werden. Diese Erfahrung mußten Milliardäre wie Henry Ford oder Daniel K. Ludwig machen, als sie versuchten, den »unproduktiven« Amazonaswald durch produktive Pflanzungen zu ersetzen. Ludwig versuchte es mit schnellwüchsigen Baumarten wie Karibenkiefer (Pinus caribaea) und Gmelina. Eine schwimmende Holzfabrik sollte die vollautomatische Verarbeitung zu Zellulose durchführen. Es kam nicht dazu. Denn trotz sorgfältiger Wahl der Böden und wissenschaftlicher Überwachung mißlang das »Jari-Projekt«. Die Pflanzungen hatten das dichtgeknüpfte Netzwerk der Nährstoffilter zerstört. Deswegen ist es auch nie gelungen, größere Plantagen von Gummibäumen in Amazonien, der Heimat von Hevea brasiliensis, zum Gedeihen zu bringen. Auf den guten Böden Malaysias und anderer Tropengebiete in Südostasien machte die Anlage von Gummibaumplantagen keine größeren Schwierigkeiten. Die Bäume wuchsen gut, und der Weltmarktpreis für Rohgummi brach zusammen, als die ersten Plantagenerträge eingebracht wurden, die sich auszuzahlen begannen. Diese sehr gut dokumentierten Erfahrungen aus der Praxis der Nutzung Tropischer Regenwälder oder ihrer Baumarten, verpflanzt in andere Regionen, lenken den Blick auf die letzte große Frage an die Natur der Tropenwälder.

Warum sind sie so artenreich, so divers? Könnten die großen Abläufe nicht auch funktionieren, wenn es nur eine Handvoll Baumarten in den Wäldern gäbe wie bei uns in Europa? Worin liegen die Vorteile der Diversität? Wird sie gebraucht, oder hat sie die Tropennatur einfach nur ermöglicht? Jede Nutzung verringert die natürliche Diversität. Also geht es nicht nur darum, die Ursachen zu erkennen, sondern auch um die Konsequenzen für die Erhaltung und zukünftige Nutzung Tropischer Regenwälder.

Hans Klinge und seine Mitarbeiter vom Max-Planck-Institut für Limnologie, Abteilung Tropenökologie, in Plön hatten sich Anfang der siebziger Jahre in Zentralamazonien ein Stück Regenwald vorgenommen. Auf 2000 Quadratmetern fanden sie rund 100 000 Pflanzen. 86 Prozent davon waren niedriger als 1 Meter 50 und als Jungbäume nicht näher zu bestimmen. Die restlichen knapp 10 000 Palmen, Bäume und Lianen verteilten sich auf mehr als 500 verschiedene Arten. Eine solche Artenfülle auf einem Fünftelhektar übersteigt alle Vorstellungen von artenreichen Mischwäldern außertropischer Gebiete. Ähnlich hohe Artenzahlen sind inzwischen an mehreren anderen Probestellen gefunden worden. Auch Borneo kann mit hoher Baumartendiversität aufwarten. In Zentralafrika liegt sie nicht so hoch, übertrifft aber Wälder der gemäßigten Breiten immer noch um ein Vielfaches. Diese Vielfalt ist ebenso bei den verschiedenen Tiergruppen zu verzeichnen und erreicht bei den Insekten ihr absolutes Höchstmaß. Heute wissen wir, daß in den Tropischen Regenwäldern noch viele Millionen unbekannter Arten leben. Wie kam es zu dieser Fülle, und welche Bedeutung hat sie?

Die Diversität hängt eng mit den Nährstoffverhältnissen zusammen. Die größten Werte findet man dort, wo die Nährstoffe sehr knapp sind, gleichwohl muß ein Mindestmaß vorhanden sein. Wenn dies bei unverzichtbaren Nährstoffen unterschritten ist, können die Arten, die darauf angewiesen sind, natürlich nicht vorkommen. Ein gutes Beispiel dafür sind Schnecken. Sie brauchen Kalk zum Bau ihrer Gehäuse. Wo er fehlt, gibt es wenig oder keine Schnecken. Zentralamazonien ist ein solcher schneckenleerer Großraum. Dort ist das Wasser so weich, daß man beim Waschen kaum die Seife von den Händen bekommt und die Zähne ohne Kalziumzufuhr zu korrodieren beginnen. Das Wasser löst den Kalk heraus. Mit weniger als einem Millionstel Gramm Kalzium im Wasser können Schnecken kein Gehäuse aufbauen.

Nach diesem Prinzip reagieren die Organismen auch auf den Mangel bei anderen Grundstoffen. Justus von Liebig begründete darauf sein »Minimumgesetz«. Wohldosierte Versorgung der (Nutz-)Pflanzen mit Nährstoffen leitete daraufhin Ende des letzten Jahrhunderts den bis heute unvermindert anhaltenden Aufstieg der landwirtschaftlichen Produktion ein. Die Meßwerte bestätigen den Zusammenhang und bringen in der Kombination von Phosphor und Kalium auch die Erklärung für die hohe Diversität bei schlechter Nährstoffversorgung. Das zeigen die Grafiken auf Seite 172. Ganz schlechtes Nährstoffangebot drückt die Diversität, weil nur noch wenige Spezialisten damit auskommen. Dann nimmt sie zu, erreicht schnell den Höhepunkt und fällt dann mit weiterer Verbesserung der Nährstoffversorgung wieder stark ab. Im Experiment bestätigt sich der Zusammenhang mit der Düngung. Die leistungsfähigsten Arten gewinnen die Oberhand und verdrängen die schwächeren, die konkurrenzfähig waren, solange für alle knappe Verhältnisse herrschten.

Mit der hohen Diversität schließt der Tropische Regenwald die verschiedenen Lücken im Netzwerk seines Filtersystems. Das wurde aus den Versuchen, ihn durch gut angelegte Monokulturen zu ersetzen, deutlich. Nur wenn die Vielfalt alle Nischen abdeckt, wenn sich die verschiedenen Arten gegenseitig in Schach halten und verhindern, daß eine zu häufig wird und das Netzwerk durch eine übermäßige Nutzung aufreißt, bleibt das Gesamtgefüge geschlossen genug. Die Diversität entwickelt sich im Wechselspiel mit den Umweltverhältnissen. Wo die Nährstoffverhältnisse günstig sind, so wie gebietsweise in Südostasien, insbesondere auf Java und Bali, bleibt sie gering. Die wenigen Arten lassen eine nachhaltige Nutzung zu, weil sie sich schnell genug regenerieren können. Wo die Nährstoffverhältnisse ungünstig sind, steigert sich die Diversität bis zur dichtestmöglichen Packung der Arten.

Aus ihnen setzt sich das Netzwerk zusammen und baut sich das Filtersystem auf, welches den Regenwald erhält. Die tropischen Wachstumsbedingungen begünstigen diese Entwicklung, aber im Gegensatz zur früheren Sicht, als man die funktionell-ökologischen Zusammenhänge noch nicht kannte, ist das kein »Luxus der Natur«. Vielmehr handelt es sich um Notwendig-

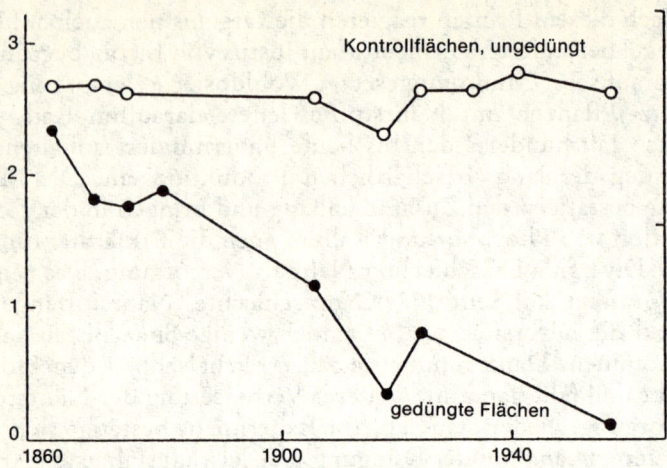

Artendiversität und Düngung (nach Tilman 1982, verändert). Die Zufuhr von Pflanzennährstoffen (»Düngung«) senkt, wie aus diesem langjährigen Experiment klar hervorgeht, die Artendiversität sehr stark ab. ○ = nicht gedüngt, ● = gedüngt.

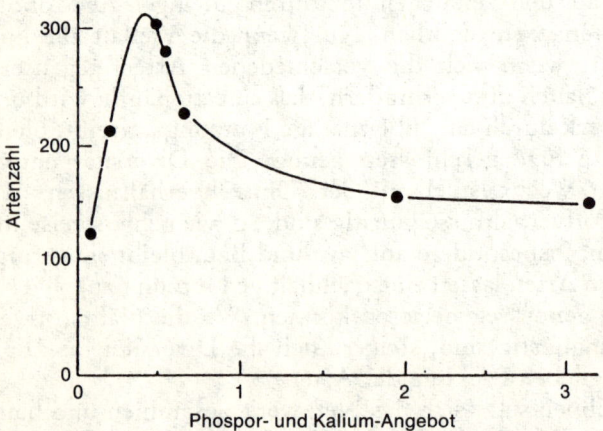

Artenreichtum der Holzgewächse im malayischen Regenwald und die Verfügbarkeit von Nährstoffen, gemessen am Phosphor- und Kalium-Angebot im Boden. Der Artenreichtum erreicht bei einem geringen Nährstoffangebot den Höchstwert. Er fällt bei extrem schlechter Versorgung ähnlich stark ab wie bei zunehmend besserer. (Tilman 1982).

keiten des Lebens und Überlebens in diesem Großlebensraum, der wie kein anderer mißverstanden worden ist.

Eine Grundlage der hohen Diversität erwächst aus dem Überschuß an Strahlungsenergie der Sonne. Die Bäume und die anderen Pflanzen im Regenwald setzen sie bei der Photosynthese zu Kohlenhydraten um. Der Aufbau einfacher Zucker oder die Verdichtung zu Stärke reichen nicht aus, um den ständigen Nachschub zu verarbeiten. In höchst vielfältiger Weise werden die Kohlenhydrate von den Bäumen umgebaut. Sie entwickeln dabei so viele Varianten zu den verschiedenen chemischen Verbindungen, die sie herstellen, daß die Vielfalt bislang noch nicht einmal ansatzweise zu überschauen ist.

Der Artenvielfalt entspricht also die chemische Vielfalt an pflanzlichen Inhaltsstoffen, auf der wiederum die Vielfalt der Insekten als Hauptnutzer dieser Produktion aufbaut. Da aber grundlegende Nährstoffe wie Phosphor und Kalium so knapp sind und der Kreislauf so gut wie möglich geschlossen bleiben muß, um sowenig wie möglich davon zu verlieren, können die Pflanzen auch so gut wie keine Nutzung vertragen. Die chemische Vielfalt setzen sie als chemische Abwehr ein. Sie verhindert, daß es zu Verlusten an Blattmasse kommt, die nicht schnell genug ersetzt werden kann. Diese Strategie, keine stärkere Nutzung zuzulassen, zeigen die Ameisenbäume, die Cecropien, für die der Schutz von den Ameisen geleistet wird, die in den Cecropien leben und für die die Bäume besondere Nahrung in Form von Ausscheidungen an der Basis der Blattstiele erzeugen. Giftigkeit und geringe zulässige Nutzungsraten sind also zwei Seiten des gleichen Phänomens.

Für die anspruchsvollen Säugetiere war die Konsequenz eine Verminderung ihrer Körpergröße, eine Herabsetzung ihres Leistungsniveaus und eine sehr geringe Siedlungsdichte. Damit können sie sich in den Haushalt des Tropenwaldes einfügen, ohne ihn über Gebühr zu strapazieren. Die hohe Diversität der Pflanzen schließt aus, daß sich einzelne Arten zu gut spezialisieren und damit aus der Sicherheit der Rarität ausbrechen.

Die vielen kleinen Farmer, die seit Jahrhunderten oder Jahrtausenden versuchen, den Tropischen Regenwäldern eine bescheidene Existenz abzuringen, sahen sich immer wieder mit dieser Schwierigkeit konfrontiert. Sie schufen auf ihren Pflanzungen einförmige Nutzpflanzenbestände. Sofort wurden diese attackiert von einer Vielzahl von »Schädlingen«, die überhaupt erst dadurch zum Schädling wurden, weil plötzlich eine für sie passende Nahrungsgrundlage im Überfluß vorhanden war. Deshalb kann gegenwärtig auch niemand sagen, welche Schädlingsart wann und wo in den Tropen »zuschlagen« wird, weil die Abermillionen von Arten, die dafür möglicherweise in Frage kommen, noch nicht einmal von den Wissenschaftlern erfaßt sind oder wenigstens in Museumsmagazinen auf ihre wissenschaftliche Bearbeitung warten.

Die dauerfeuchten Tropen brauchen die hohe Diversität. Eine Vereinheitlichung der Produktionsbedingungen wie in Europa und Nordamerika oder in verschiedenen anderen außertropischen Regionen führt zwangsläufig zur Vernichtung des Systems. Doch diese Diversität war nicht einfach da. Sie ist entstanden; sie hat sich im Verlauf von Jahrmillionen entwickkelt.

Die verschiedenen Mechanismen, die dazu führten, wurden in den anderen Kapiteln angesprochen. Ein ganz hoher Rang kommt dabei den vielen kleinen natürlichen Veränderungen zu, die sich an einer bestimmten Stelle zu einer bestimmten Zeit vollziehen und sich wie eine »Störung« des Systems ausnehmen. Tatsächlich aber tragen diese Störungen ganz entscheidend zur Erhaltung der Diversität bei. Wirft ein Gewittersturm einen Urwaldriesen um, schlägt irgendwo ein Blitz ein, oder verändert ein Fluß bei Hochwasser sein Bett, dann werden diese lokalen Ereignisse, die nebeneinander oder kurz hintereinander ablaufen, zu einem mosaikartigen Wirkungsgefüge, das, auf eine größere Fläche bezogen, die hohe Artenvielfalt erhält, mehr noch: begünstigt, auch wenn sich dadurch an einer bestimmten Stelle ein Artenwechsel vollzieht. Dort, wo der Sturm gerade eine bestimmte Baumart umgerissen hat, wird fast mit Sicherheit eine andere aufwachsen. Der Vorgänger hat durch seine ganz spezielle Nutzung der Ressourcen die Stelle für Artgenossen unbrauchbar gemacht. Erst wenn verschiedene andere Arten darüber hinweggegangen sind, wird es möglich sein, daß sich die erstgenannte wieder mit Erfolg etabliert.

Gäbe es diese vielen kleinen »Störungen« nicht, würde sich über kurz oder lang zwar ein Teil der Arten durchsetzen und die Diversität wieder senken. Das hätte ungünstige Folgen für die Anpassungsfähigkeit, wenn sich die äußeren Bedingungen verändern würden. Durch klimatische Verschiebungen, wie sie während der Eiszeit in großem Umfang aufgetreten sind, kommen solche veränderten Rahmenbedingungen zustande. Die hohe Artenvielfalt fängt natürliche Schwankungen der Umweltbedingungen, die nach fast allen Richtungen gehen können, dadurch ab, daß sie die Lösungsmöglichkeiten der neuen Umweltanforderungen schon parat hält.

Das lenkt den Blick auf die längerfristige Dynamik, die in diesem System wirkt, und damit auf die Entstehung der Artenvielfalt. Das Beispiel der Enten hatte gezeigt, daß in manchen Gattungen recht viele Arten stecken, in anderen aber nur jeweils eine einzige. Jene Wasservögel, die nur mit einer Art pro Gattung vertreten sind, gehören zu den stammesgeschichtlich älteren Gruppen, die artenreichen dagegen zu den jungen. Genau das gleiche gilt für die Waldvögel und ebenso für viele andere Artengruppen. Wo die Arten ökologisch »verträglich« sind, wo sie also im selben Lebensraum zusammen vorkommen, handelt es sich um ältere Anpassungsformen – wie die fischfressenden Wasservögel in Amazonien. Die jungen dagegen – in diesem Fall die Enten – weichen einander aus, wenn die Lebensgrundlagen knapp sind. Aus Amazonien und Afrika sind viele Fälle der sogenannten »Artenschwärme« bekannt, bei denen die einzelnen Arten einander geographisch ablösen, ohne sich zu überschneiden. Sie kann man in der Regel als »junge Arten« einstufen.

Ihre Entstehungszeit ist mit ziemlicher Sicherheit die Eiszeit gewesen. In dieser erdgeschichtlichen Periode starker Klimawechsel schrumpften die Tropischen Regenwälder und breiteten sich wieder aus, je nachdem, welche Niederschlagsverhältnisse herrschten. Das führte zu mehrfachen Trennungen ursprünglich zusammengehöriger Areale und isolierte die darin lebenden Arten voneinander. Über die Jahrtausende der Isolierung entwickelten sich Veränderungen, teils als besondere Anpassungen an die genauen örtlichen Lebensbedingungen, teils als Drift, weil die Restbestände sehr klein waren und seltene Merkmale sich dadurch besser durchsetzen konnten. Die Folge war eine starke Aufsplitterung in Artenschwärme und immer präzisere Anpassungen an die kargen Lebensbedingungen. Der Artenreichtum ist also die historische Antwort auf die Herausforderungen der sich immer wieder ändernden Umweltverhältnisse. Er ist der Ausdruck für den Fluß des Lebens. Ihn zu erhalten stellt eine der größten Herausforderungen unserer Zeit dar.

Wirklich »unberührte« Urwälder sind eine Fiktion. Seit Jahrtausenden leben Menschen in den Regenwäldern der Tropen.
Daß aber Millionen von Quadratkilometern Regenwald bis in
unser Jahrhundert in einem Zustand verblieben sind, der kaum
irgendwelche Einwirkungen von Menschen erkennen läßt, ist
ein deutliches Indiz dafür, daß in dieser Welt aus Wald und
Wasser dem Menschen nicht viel geboten wird. Von den Eis-
wüsten der Pole und den extremen Hitzewüsten der Erde abgesehen, siedelten die Menschen nirgends in so geringer Dichte
wie im Tropischen Regenwald. Die durchschnittliche Siedlungsdichte von 0,5 Menschen auf dem Quadratkilometer ver-
zerrt dabei die Wirklichkeit. Denn der größte Teil der Ansiedlungen befindet sich an den Flüssen und damit in einem Bereich
besserer Lebensbedingungen als im geschlossenen Hochwald.
Auf Borneo, Sumatra, in Amazonien und stellenweise im Kongobecken gab es Flächen mit Hunderten von Quadratkilometern ohne eine einzige Ansiedlung. Die durchschnittliche Siedlungsdichte vermittelt deshalb ein ähnlich falsches Bild, wie
wenn man in Ägypten die auf das Niltal konzentrierte Bevölkerung auch auf die Fläche der Wüste verteilt berechnen würde.
    Im Falle der Wüste verstehen wir sofort, warum dort nur
wenige Menschen und in der Regel nur als Nomaden leben
können. Daß aber im Tropischen Regenwald genau das gleiche
Verteilungsmuster der Menschen auftritt, wollte bis in die jüngste Zeit niemand so recht wahrhaben. Die Wälder zwischen den
größeren Flüssen sind »Wüstengebiete« für die Menschen,
trotz ihres üppigen Wachstums und der Fülle an Organismen,
die dort zu finden sind.
    Immer wieder versuchten Menschen, in die Wälder einzu-
dringen und darin zu leben. Für die meisten war es ein mehr
oder minder starker Zwang, weil sie von anderen Menschen-
gruppen verdrängt worden waren. Der Regenwald bot ihnen
Zuflucht, aber die Existenzmöglichkeiten waren mehr als bescheiden. Der oftmals nackte Kampf ums Überleben führte zu

einem Verfall ihrer Kultur und zur Angleichung ihrer Lebensform an die Bedingungen des Waldes. Was im Wald zählte, waren spezielle Kenntnisse über die Brauchbarkeit oder Gefährlichkeit von Pflanzen und Tieren. Lauern, Anschleichen, geräuschlose Jagd mit Pfeil und Bogen, Blasrohren oder Fallen wurden zu lebensnotwendigen Techniken. Die Naturvölker der Tropischen Regenwälder gleichen sich darin sehr viel mehr als Völker außertropischer Breiten. Die Verwendung von Giftpfeilen zur Jagd nach größeren Beutetieren drückt diese gleichsinnige Entwicklung (Konvergenz) quer über die tropischen Kontinente aus. In Amazonien mußten sogar für das Grundnahrungsmittel Maniok (Manihot utilissima), eine stärkereiche Knollenpflanze, ein eigenes Entgiftungsverfahren entwickelt werden, weil diese Pflanze ihren Stärkespeicher mit Blausäure schützt.

Zahlreiche, oft aus heutiger Sicht als naturerhaltend erkennbare Tabus schützten Tiere oder Fruchtbäume und regelten die Nutzung. Doch auch diese Maßnahmen, die natürlichen Ressourcen auf eine schonende Art und Weise zu nutzen, reichten in weiten Bereichen der Tropischen Regenwälder nicht für dauerhafte Ansiedlungen aus. Die südamerikanischen Waldindios mußten ähnlich wie die Nomaden in der Wüste umherstreifen und Gebiete, die sie einige Zeit genutzt hatten, wieder für längere Zeit sich selbst überlassen. Diese Erholungszeit war nötig, andernfalls hätten sie ihre Existenzgrundlage vernichtet.

Genau die gleichen Notwendigkeiten ergaben sich bei der einfachen Form des sogenannten Wanderfeldbaus (shifting cultivation). Die kleinen Rodungen, die meistens weniger als einen Hektar Fläche umfaßten, lieferten nur für ein paar Jahre magere Ernten. Dann mußten sie wieder aufgegeben werden, und der Wald eroberte sie zurück. Es dauerte Jahrzehnte bis Jahrhunderte, bis an derselben Stelle eine neue Nutzung möglich wurde. Wie der Sturmwurf im Wald fügten diese kleinen Rodungen nichts weiter als Mosaiksteinchen aneinander, die in die Vielfalt auf kleinem Raum paßten. Sie förderten diese Vielfalt und zerstörten sie nicht.

Von der Seite des Ertrags betrachtet, lohnten sie aber kaum den Aufwand. Der Wanderfeldbau konnte keinen Überschuß erzeugen. Er deckte gerade den Bedarf der Familien und nicht mehr. Deshalb blieb die Siedlungsdichte über Jahrhunderte gleichmäßig dünn, auch wenn allmählich tropische Feldfruchtarten und -sorten weltweit verbreitet wurden. Bananen, Maniok, Taro und andere Nutzpflanzen, die im Tropischen Regenwald gedeihen, waren längst über den gesamten Tropengürtel verbreitet, als um die Mitte des 20. Jahrhunderts von außen verstärktes Interesse an der Nutzung der Tropischen Regenwälder aufkam. Die Waldbewohner hatten sich mit ihren Kenntnissen und mit ihrer Kultur auf die Lebensbedingungen im Regenwald eingestellt. Sie kamen damit zurecht, wenngleich von paradiesischem Leben nicht die Rede sein konnte.

Claude Lévi-Strauss beschrieb ihre Lage mit dem Schlagwort von den »traurigen Tropen«; der Wirtschaftsgeograph Wolfgang Weischet prägte den Begriff der »ökologischen Benachteiligung der Tropen«. Völkerkundler argumentierten dagegen, daß Regenwaldindios beispielsweise nur 6 bis 8 Stunden am Tag arbeiten müßten, um sich ausreichend mit Nahrung zu versorgen. Solche Feststellungen gelten aber eben nur bei sehr geringer Siedlungsdichte, welche die Ressourcen nicht so weit nutzt, daß ihre Produktivität abnimmt. Sie lassen zudem außer acht, daß längere Ruhezeiten am Tag, das »Prinzip Siesta«, höchst wirkungsvolle Sparmaßnahmen sind. Sie senken die Energieausgaben und den Wasserbedarf zur Kühlung des Körpers. Gerade die Kühlung wird in den feuchten Tropen zu einem großen Problem, weil die hohe Luftfeuchtigkeit die Verdunstung senkt und damit die kühlende Wirkung. Die Vermeidung von intensiverer Muskelarbeit in Phasen hoher Temperaturen bei nahezu feuchtigkeitsgesättigter Luft begünstigt den Wärmehaushalt des Körpers und senkt den Bedarf an Nahrung.

Am tatsächlichen Energieverbrauch läßt sich daher am besten bemessen, wie aufwendig die Lebensweise ist. Fällt ein hoher Anteil des Energieverbrauchs auf die Energiebeschaffung (Nahrungserwerb), so können die Ruhezeiten nicht wirklich als »Freizeit« betrachtet werden. Die Parallelen zum Grundumsatz der tropischen Säugetiere werden nun deutlich: Ist das Faultier träge, weil es sich Trägheit leisten kann oder weil es bei seinem niedrigen Grundumsatz gar nicht mehr leisten könnte? Ursache und Wirkung bilden tatsächlich einen Kreis, einen Regelkreis, in dem der Energieumsatz auf die verfügbaren Nährstoffe abgestimmt wird.

Die Verminderung der Körpergröße bei den Regenwaldsäugetieren und die geringeren Niveaus im Stoffwechselgeschehen passen durch doppelte Sparmaßnahmen die Leistungsfähigkeit an die Möglichkeiten an, die der Wald bietet. Diese Anpassungen bewirken, daß sich die Arten in die Prozesse des Naturhaushaltes im Regenwald einpassen, daß sie sich einnischen.

Wenn wir die Lebensweise der Waldindios oder der Pygmäen im Kongo-Regenwald betrachten, dann zeigt sich die ökologische Einnischung. Die Regenwaldbewohner haben sich dem Wald angepaßt und nicht den Wald auf ihre Bedürfnisse eingestellt. Darin liegt der große Unterschied zwischen unserer Art der Naturnutzung und dem Leben der Naturvölker im Wald. Deshalb zerstört die gegenwärtige Nutzung der Tropischen Regenwälder sowohl den Wald an sich als auch die in ihm und von ihm lebenden Naturvölker. Mit der Vernichtung der Tropenwälder verbindet sich zwangsläufig ein Ethnozid, bei welchem in der Spanne eines halben Jahrhunderts mehr unterschiedliche Typen menschlicher Lebensformen und mehr ethnische Minderheiten ausgerottet worden sind, als im ganzen Jahrtausend davor.

Ergibt es einen Sinn, ihre traditionelle Form der Nutzung des Tropischen Regenwaldes als Vorbild für eine naturverträgliche Regenwaldnutzung anzustreben? Das wäre genauso verfehlt wie die verhalten vorgetragene, in der Praxis aber oft geübte – und mißlungene – Einsperrung dieser Menschen in »Indianerreservate« nach Art von Nationalparks oder großflächigen Naturschutzgebieten. Wer nach Art der Regenwaldbewohner dort siedeln will, ist nicht in der Lage, auf die traditionelle Lebensweise der waldbewohnenden Naturvölker umzusteigen. Es fehlen einem solchen Siedler nicht nur die für das Überleben im Regenwald nötigen Kenntnisse, sondern es zählen auch die so ganz anderen Wertvorstellungen. Er kommt aus einer gänzlich anderen Welt: aus einer Welt, die Überschuß produziert und davon lebt.

Diesen Überschuß gibt es im Regenwald nicht. Das gesamte System ist auf geschlossene Kreisläufe eingestellt. Jede Öffnung, um Überschuß zu erreichen, schädigt oder zerstört das

System. Nur das Sicheinfügen in ein ökologisches Großsystem mit »Nullwachstum« gäbe dem Menschen einen Platz im Tropischen Regenwald. Dieser Wald befindet sich in einem umfassenden Gleichgewicht; einem Fließgleichgewicht zwar, das große Mengen an Stoffen und Energien umsetzt, aber das in der Bilanz genausoviel herstellt, wie es wieder verbraucht. Deshalb liefert der Tropische Regenwald auch keinen Netto-Überschuß an Sauerstoff. Seine Biomasse nimmt nicht zu. Infolgedessen verbraucht er genau die gleiche Menge Sauerstoff, die bei der Photosynthese freigeworden ist, wieder für all die Abbauprozesse, die innerhalb des Systems stattfinden. Genauso verhält es sich mit dem Kohlendioxid. Was der Abbau davon freisetzt, nimmt die lebende Biomasse wieder auf und baut es zu Kohlenhydraten um. Die Bilanz bleibt ausgeglichen, solange der Regenwald lebt und sich selbst erhält.

Anders sieht es aus, wenn großflächige Rodungen an die Substanz des Regenwaldes gehen. Die Brandrodungen der vergangenen 30 Jahre vernichteten mehr als 6 Millionen Quadratkilometer Tropischen Regenwaldes. Rund 600 Milliarden Tonnen Wald wurden dabei verbrannt und belasten nun mit dem dabei erzeugten Kohlendioxid die Weltatmosphäre. Sie fördern den Treibhauseffekt. Der allergrößte Teil der mineralischen Nährstoffe, die dabei freigesetzt wurden, sind längst vom Regen in die Flüsse geschwemmt und dem Meer zugeführt worden. Sie fehlen für den Wiederaufbau des Regenwaldes für Jahrtausende; vielleicht für Zehntausende von Jahren.

Die Nährstoffmengen, die über die Luft nachgeliefert werden, stehen in keinem Verhältnis zu den plötzlichen Verlusten, die bei der Verbrennung entstehen. Die Regenwaldböden sind nicht in der Lage, die Mineralstoffe zu speichern. An ihrer Speicherfähigkeit hängt aber die Möglichkeit zur Überschußproduktion. Wir könnten sie in unseren Breiten nicht erzielen, auch wenn noch viel mehr Nährstoffe als gegenwärtig durch künstliche Düngung verfügbar wären, wenn die Böden wie in den meisten Tropischen Regenwäldern aus völlig ausgelaugten Sanden oder aus Aluminiumoxid bestehen würden. Die komplexen Tonmineralien und der Humus sind es, die unseren Böden die Fruchtbarkeit verleihen, weil sie die Mineralstoffe wie in Ionenaustauschern festhalten und an die Pflanzen abgeben, wenn diese sie brauchen. Die Ionenaustauschkapazität ist in den Böden der Tropischen Regenwälder, von wenigen kleinen Flächen abgesehen, gleich Null.

Diese Ausnahmen verdeutlichen, wie extrem die Verhältnisse tatsächlich sind. Tropeninseln mit vulkanischen Böden, wie Java und Bali, bilden solche Ausnahmen. Dort wird seit Jahrtausenden eine intensive Reiskultur betrieben, die hochproduktiv geblieben ist, obwohl die Bevölkerungsdichte auf westeuropäische Spitzenwerte anstieg. Die Böden sind so reich an Pflanzennährstoffen, daß sich unter geschickter Ausnutzung des Wassers vergleichbar hohe Ernten erzielen lassen wie in Mitteleuropa auf besten Weizenböden.

In viel kleinerem Maßstab gilt dies auch für viele Inseln im tropischen Pazifik, die trotz ihrer Festlandferne im größten Ozean der Erde dichter besiedelt sind als Amazonien. Hier lassen sich die Besiedelungsverhältnisse sehr eng mit den geochemischen Verhältnissen in Verbindung bringen. Der deutsche Tropenökologe Ernst Josef Fittkau entdeckte in den frühen siebziger Jahren diesen Zusammenhang. Er wies nach, daß sich Amazonien in drei Teilräume gliedern läßt, die sich durch unterschiedliche Nährstoffversorgung voneinander unterscheiden. Das Zentrum, der zentralamazonische Raum, hat die geringsten Nährstoffvorräte, aber die größte Artendiversität. Menschen fehlen weitgehend in diesem zentralen Raum. Er wird im Norden und im Süden umschlossen von einem deutlich reicheren Gebiet, das zum geologisch alten Brasilianischen Schild gehört. Die besten Nährstoffverhältnisse finden sich im westlichen Teil, nämlich im Andenvorland. Hier trägt die Verwitterung der Anden Nährstoffe über die Flüsse in den Regenwald. Entlang des Hauptstromes des Amazonas setzt sich dieses »andine Vorland« quer durch Amazonien bis zur Mündung des Flusses fort, wo sich die größte Nährstoffanreicherung im Mündungsdelta einstellt. Bezeichnenderweise gab es dort die einzige bislang im ganzen Amazonasgebiet gefundene »Hochkultur« indianischen Ursprungs mit befestigten Siedlungen kleinstädtischen Charakters und einer vergleichsweise hohen Siedlungsdichte. Das nährstoffreichere Wasser aus den Anden nutzen gegenwärtig auch nichtindianische Siedler für einen einfachen Feldbau, der vom Gang des Hochwassers abhängt. Auf

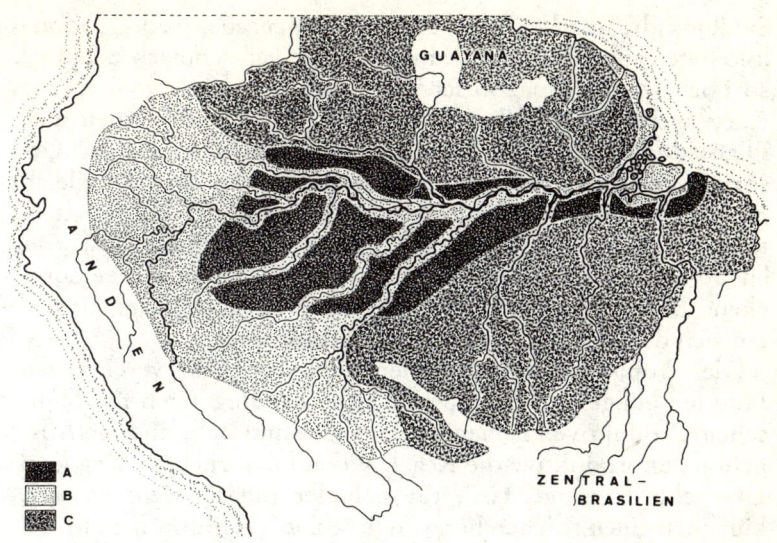

A
B
C

Ökologische Großgliederung Amazoniens nach dem Nährstoffgehalt der Böden. Die dunkle Kernzone (A) bildet den extrem nährstoffarmen, zentralamazonischen Bereich, der von den mineralstoffreicheren Schwemmböden der Várzea durchzogen wird. Sie entstammt dem Andenvorland (B), wo die sogenannten »Weißwasserflüsse« eine die gelblichweiße Farbe des Flußwassers bestimmende Fracht an Schwebstoffen aufnehmen und quer durch Amazonien bis zur Mündung in den Atlantik transportieren. Das ist die fruchtbarste Zone im gesamten Großraum, der im Norden und Süden von den gleichfalls recht mineralstoffarmen Zonen des nördlichen und südlichen Randgebietes eingefaßt wird. Dort liegt erdgeschichtlich sehr altes (präkambrisches) Gestein an, das nur wenig mineralische Nährstoffe abgibt, aber dennoch deutlich mehr liefert als der extrem verarmte, zentrale Raum.

diese Weise entstand in Amazonien eine Flußoasenkultur mitten im größten tropischen Waldland der Erde.

Wie gut die Zusammenhänge stimmen, zeigt ein etwas genauerer Blick auf die Verbreitung der Indios, so wie sie zu Beginn unseres Jahrhunderts noch gegeben war. Eine auffällige Häufung findet sich im Quellgebiet des Xingú-Flusses am südlichen Rand von Amazonien. Dort fanden sich Stämme unterschiedlichster ethnischer Herkunft zusammen und lebten neben- und miteinander in für Amazonien ungewöhnlich großer

183

Siedlungsdichte, die Werte bis über 5 Menschen pro Quadratkilometer annahm. Die Siedlungsdichte lag demnach zehnmal so hoch wie im amazonischen Durchschnitt. Die geologische Karte weist das Quellgebiet des Xingú als Besonderheit aus. Diabasdurchbrüche und andere Gesteine vulkanischen Ursprungs kommen hier an die Oberfläche und geben ungleich mehr pflanzenverwertbare Mineralien frei als die ausgewitterten Sandsteinformationen der umliegenden Gebiete. Entsprechend höher ist die Siedlungsdichte der Wildtiere und entsprechend besser wachsen Nutzpflanzen. Die Indios konzentrierten sich dort wie nirgends sonst in Amazonien.

Die Tropischen Regenwälder bieten also an vereinzelten Punkten einigermaßen günstige Lebensbedingungen für Menschen. Produktive Flächen, wie auf Java und Bali, sind die Ausnahme, unproduktive die Regel. Wo auf natürlichem Weg kein Überschuß erzeugt wird, tut sich der Mensch sehr schwer, künstlich einen solchen herzustellen. Die hierfür nötigen Mittel und Energien kommen im Endeffekt teurer als der mit ihnen erwirtschaftete Ertrag. Kurz: Die landwirtschaftliche Erschließung der Tropischen Regenwälder lohnt sich nicht. Wo sie lohnte, gibt es sie längst. Die Menschen haben immer probiert und zumeist auch gefunden, wo es etwas zu finden gab. Es ist kein Zufall, daß fast 15 Millionen Quadratkilometer Tropenwald bis in das 20. Jahrhundert, vom Menschen weitgehend unangetastet, überlebten. Sie waren und sind für Siedler eine »grüne Hölle«, die ihnen mehr abverlangte, als menschenmöglich war, es sei denn, sie hätten den Lebensstil der ursprünglichen Waldbewohner angenommen.

Wo keine nachhaltige Nutzung möglich ist, bleibt nichts weiter übrig als die kurzfristige Ausbeutung. Sie bestimmt bis heute das Geschehen in den Tropischen Regenwäldern. Jäger und Sammler holen Felle und Produkte des Waldes – Harze oder Rohgummi, Honig oder seltene Pflanzen – heraus. Den damit verbundenen Aufwand bestimmt der Weltmarktpreis und nicht der Nutzwert vor Ort. Das gleiche Raubbauprinzip wenden die Exporteure tropischer Edelhölzer an, wenn diese nicht aus ostasiatischen Plantagen, sondern aus Primärregenwäldern geholt werden.

Die Bestände vertragen diesen Raubbau nicht. Die meisten

Arten, deren Felle oder Häute auf den internationalen Märkten gefragt sind, leben in so geringer Bestandsdichte und so isoliert voneinander, daß sie als Endglieder von Nahrungsketten überhaupt keine zusätzliche Nutzung aushalten. Nur das, was pro Zeiteinheit ohnehin sterben würde, dürfte unter Umständen abgeschöpft werden. Der Fellhandel ruinierte die Vorkommen von Ozelot und Jaguar in Amazonien, nicht aber die Bestände des Leoparden in Afrika. Die Regenwald-Riesenschlangen, Krokodile und Echsen waren in wenigen Jahren fast ausgerottet, während sich in den produktiven Randtropen gute Bestände halten konnten. Der Mississippi-Alligator ist nicht gefährdet und lebt in Florida inmitten dichter Siedlungsgebiete, während Mohren- und Brillenkaiman in Zentralamazonien fast verschwunden sind.

Noch schlimmere Auswirkungen sind beim Orchideenhandel zu befürchten, weil die Regenwald-Arten so langsam wachsen und so kompliziert zu vermehren sind. Die internationalen Abkommen zur Kontrolle und Begrenzung des Handels mit gefährdeten Arten, insbesondere das Washingtoner Artenschutzübereinkommen, bleiben wirkungslos, wenn die Gier nach Seltenheiten graue Märkte schafft oder regelrechten Schmuggel begünstigt. Die Vernichtung der Regenwaldarten wird von Europa, Nordamerika und Japan aus betrieben, nicht von den Tropenländern selbst.

Das »grüne Paradies« ist in höchster Gefahr. Die Artenfülle wird in den Restbeständen nicht überleben können, wenn nicht ausreichend große Flächen erhalten bleiben. Wie groß diese sein müssen, weiß gegenwärtig niemand. Ansätze, wie die Arten-Areal-Beziehung, dargestellt im 2. Kapitel, liefern nur grobe Vorstellungen. Ihre Konsequenz ist erschreckend. Denn um beispielsweise die 1500 Vogelarten Amazoniens erhalten zu wollen, müßten allein mehrere Hunderttausend Quadratkilometer große Flächen als Reservate ausgewiesen und erhalten werden. Da sie nicht gleichmäßig über den gesamten Raum verbreitet sind, sondern Schwerpunkte in mehr als 10 geographisch unterschiedlichen Teilbereichen bilden, übersteigt der Flächenbedarf sicher die Million Quadratkilometer.

Diese Größenordnung ist für die Walderhaltung selbst nötig. Eine Zerstückelung der Regenwaldflächen in ein »Inselgebiet«

von Waldresten würde selbst dann keine Lösung sein, wenn die gemeinsame Fläche den kalkulierten Bedarf für die Erhaltung des Artenreichtums erreicht. Der Wald könnte sich selbst nicht mehr die hohen Niederschlagsmengen verschaffen, von denen sein Fortbestand langfristig abhängt.

Die herkömmlichen Vorstellungen zur »Urbarmachung« des Tropischen Regenwaldes können daher endgültig ad acta gelegt werden, sie waren eine Illusion, die sich, wenn die Entwicklung so weiterläuft, wohl in Kürze selbst zerstören wird. Was bleibt, sind kümmerliche und kümmernde Sekundärwuchsflächen, denen der Artenreichtum fehlt. Sie hinterlassen unproduktive Böden, die ohne den Wald, der auf ihnen stockt, eine Wüste darstellen. Heißt das Fazit: Es gibt keine Alternative?

Der wahre Wert der Tropischen Regenwälder

Not macht erfinderisch. In dieser Redewendung steckt die Lösung des Tropenwald-Dilemmas. »Grüne Hölle« und »grünes Paradies« sind die beiden Seiten des gleichen Phänomens. Für den Nutzer, der mit konventionellen Vorstellungen aus dem Regenwald »etwas machen« möchte, wird der Wald zur grünen Hölle. Der Nährstoffmangel wird ihm zur Not; sein Scheitern ist unausweichlich, weil sich der Siedler nicht leisten kann, mehr zu investieren, als herauszuholen ist. Ohne solche Nutzungsansprüche bleibt der Regenwald das grüne Paradies, das, der Not gehorchend, die unglaublichsten Erfindungen machte. In ihnen steckt der eigentliche Nutzwert des Tropischen Regenwaldes für den Menschen.

Greifen wir nun den Ansatz auf, der im 2. Kapitel erläutert wurde: die Diversität. Was man intuitiv als »Reichtum« oder »Mannigfaltigkeit« erfaßt, ist über die Diversitätsformel meßbar geworden. Bezeichnenderweise stammt sie von einem führenden Informationstheoretiker, einem der »Väter« des Computerzeitalters. C. E. Shannon hatte die Formel im Jahre 1949 entwickelt, mit deren Hilfe biologische Diversität meßbar gemacht wurde. Es gab mehrere andere Ansätze dazu, aber keiner brachte einen wirklichen Fortschritt. Shannons Index war eine Ausnahme. Denn er mißt eigentlich eine Information. Die Vielfältigkeit der Arten und ihre Häufigkeitsverhältnisse sind die beiden Teilgrößen, die in die Diversitätsbestimmung einbezogen werden. Es steckt ein tieferer Sinn dahinter! Denn die Unterschiedlichkeit der Arten beruht auf Unterschieden in ihrem Erbgut, im Genom.

Artenvielfalt ist somit gleich genetischer Vielfalt. Sie bedeutet, daß die Erbinformation der Arten die Rezepte zur Bewältigung von Herausforderungen der Umwelt enthält. So »weiß« die Raupe, die am Blatt einer hochgiftigen Passionsblume sitzt, weder um deren Giftigkeit, noch kennt sie ihre Fähigkeit, das Gift unschädlich zu machen und an den Falter weiterzugeben, zu dem sie sich entwickeln wird, der deswegen wiederum von

Vögeln gemieden wird und unbehelligt wieder ein paar Eier an der gleichen Passionsblumenart ablegen kann. Sie verhält sich aber so, als ob sie das Wissen um diesen Zusammenhang hätte – und sie hat es tatsächlich in der Rezeptur ihres Erbgutes. Dort befinden sich die Anweisungen zur Entwicklung von Schutzstoffen, welche die Giftwirkung hemmen und sie unbeschadet im Entwicklungszyklus zum Schmetterling hin weitertransportieren. Auf der anderen Seite enthält das Erbgut der Passionsblume die genaue Anweisung, wie der Giftstoff herzustellen ist, der sie vor dem Gefressenwerden schützt und der verhindert, daß die Schmetterlinge, die sich darauf spezialisieren konnten, zu häufig werden.

Tausende, Millionen solcher »Rezepte« stecken im Genom der Bewohner des Tropischen Regenwaldes. Darunter sind Rezepturen, die sich möglicherweise schon in naher Zukunft im Kampf gegen AIDS einsetzen lassen, so wie sich das Chinin des Chinarindenbaumes aus Amazonien als Mittel zur Bekämpfung von Malaria bewährte. Pilze scheiden als Produkt ihres Stoffwechsels höchst wirksame Antibiotika ab, in Lianen fanden Indios schon vor Jahrhunderten Säfte, welche die Empfängnis verhüten, ohne die Frauen unfruchtbar zu machen. Gürteltiere lassen sich als einzige Tiere mit dem Erreger der Lepra infizieren, weshalb sie sich zur Entwicklung wirksamer Medikamente gegen diese immer noch nicht besiegte, vorwiegend in den Tropen verbreitete Krankheit eignen. Die langlebigen Echsen müssen Mechanismen haben, die das Altern hinauszögern und anhaltendes Wachstum bis ins hohe Alter ermöglichen. Kaffee und Tee sind keineswegs die einzigen coffeinhaltigen Pflanzen, und Bixa orellana, das Urucú, färbt vorzüglich rot, ohne daß es die Haut gefährdet. Zahllose Beispiele ließen sich aufführen, aus denen hervorgeht, welches Potential in der genetischen Vielfalt des Tropischen Regenwaldes steckt. Für die Gentechnologen sind das Aussichten, denen sie höchste Bedeutung beimessen.

Die Internationale Gesellschaft für chemische Ökologie wurde am 11. August 1989 konkreter. Sie verabschiedete die »Göteborg Resolution«. Sie lautet:

Naturprodukte bilden einen Schatz von unermeßlichem Wert für die Menschheit. Die gegenwärtige alarmierende Rate der Ausrottung von Arten vermindert diesen Schatz in hohem Tempo. Die Folgen werden möglicherweise verheerend ausfallen. Die Internationale Gesellschaft für chemische Ökologie drängt darauf, daß weltweite Schutzmaßnahmen ergriffen werden, die sich mit Macht gegen die Vernichtung der Arten stemmen, und daß in ganz erheblich gesteigertem Maße biorationale Forschungen in Angriff genommen werden, deren Ziel die Entdeckung neuer chemischer Verbindungen ist, die in der Medizin, in der Landwirtschaft und in der Industrie eingesetzt werden können. Diese Forschungen sollen partnerschaftlich zwischen den Industrienationen und den Entwicklungsländern so vorgenommen werden, daß ihre Erträge den Entwicklungsländern zufließen und der ganzen Menschheit zugute kommen.

Die Chemiker wissen sehr gut, wovon sie hier sprechen. Der Tropische Regenwald ist mit Abstand das größte und vielfältigste Chemielabor der Erde. Was in ihm entwickelt worden ist, hat alle Umweltverträglichkeitsprüfungen bestanden. Die Vielfalt seiner Naturstoffe hat sich bewährt. Wofür oder wogegen sie gut sind, weiß man nur für ein paar Handvoll Stoffe. Myriaden chemischer Problemlösungen liegen in den biologischen Archiven der Pflanzen und Tiere.

Das bißchen, was gegenwärtig bekannt ist, reicht längst aus, um die Versuche, mit außertropischen Nutzungsmethoden den Regenwald zu bewirtschaften, als verfehlt einzustufen. Charles M. Peters, Alwyn H. Gentry und Robert O. Mendelsohn legten dazu im Sommer 1989 eine höchst aufschlußreiche Untersuchung aus einem peruanischen Regenwaldgebiet vor. Sie ermittelten den jährlichen Ertrag von 12 verschiedenen Baumarten, deren Früchte oder Säfte genutzt werden und einen Marktwert besitzen. Die 117 Bäume eines Hektars lieferten einen jährlichen Gesamtertrag von 698 Dollar. Der Holzwert derselben Fläche wurde mit 1000 Dollar bestimmt. Würde das Holz genutzt, gäbe es einmal diesen Ertrag und dann mehr als 100 Jahre lang keinen mehr. Der Ertrag der Früchte und Säfte übersteigt schon nach eineinhalb Jahren den Holzwert, wobei nicht berücksichtigt ist, daß das Sammeln von Früchten den Wald nicht schädigt, die Vielfalt der tierischen und pflanzlichen Arten nicht beeinträchtigt und natürlich auch keine Auswir-

Ein Bach im küstennahen Regenwald. Eine undurchdringliche Mauer aus Grün erweckt an den Flußufern den Eindruck dichten Dschungels, doch der Wald dahinter ist ziemlich leicht zugänglich. Selbst während der Mittagsstunden ist er in ein Dämmerlicht getaucht, weil kaum mehr als ein Prozent der Lichtmenge, die auf die Kronen trifft, den Boden erreicht. Schmetterlinge, wie die blauschillernden Morphos, fliegen gerne entlang der Flußufer. Lianen und Baumfarne, Epiphyten und Jungwuchs kennzeichnen den Uferbewuchs, der in besonderer Weise den irreführenden Eindruck der überschäumenden Fülle des Regenwaldes vermittelt.

kungen auf den Wasserhaushalt hat. Wie groß der Wert einer chemischen Verbindung sein oder werden könnte, die in einem der Bäume auf diesem Hektar steckt, deren Wirkung aber noch niemand kennt, läßt sich natürlich nicht einrechnen.

Die Vernichtung des Artenreichtums ist deshalb das zentrale Problem. Wir müssen davon ausgehen, daß mit den Millionen Quadratkilometern vernichteter Regenwälder auch schon Millionen von Arten ausgerottet worden sind, von deren Existenz wir nichts wußten. Dieses Artensterben erfüllt die Biologen der Welt mit größter Sorge. Alle anderen Umweltprobleme unserer Zeit lassen sich grundsätzlich bewältigen, weil es sich bei ihnen um reversible Prozesse handelt. Das Ozonloch ist wieder reparierbar, die Belastung der Erdatmosphäre mit Kohlendioxid oder mit Schadstoffen kann durch geeignete Gegenmaßnahmen rückgängig gemacht werden. Begradigte, kanalisierte Flüsse lassen sich wieder renaturieren, Wälder wieder nachpflanzen, oder sie werden sich in längeren Zeiträumen von selbst wieder entwickeln. Aber der Artentod ist endgültig. Keine einzige ausgerottete Art kann jemals wieder nachgemacht werden. Mit jedem Quadratkilometer Tropenwald, der fällt, werden Arten ausgelöscht. Über Hunderttausende oder über Millionen von Jahren hatten sie ihre genetische Information gesammelt und aufgebaut. Mit dem Aussterben verschwindet sie unwiederbringlich.

Das Wissen und die Ideen, die in Büchern niedergeschrieben worden sind, können wieder nach-gedacht werden, sollten die Bücher verbrannt sein. Wenn der Tropenwald brennt, vernichtet das Feuer des sogenannten Fortschritts ganze Bibliotheken genetischer Information. Es ist von uns, von den Industrienationen, geschürt worden. Deswegen überstürzt sich in unserer Zeit die Entwicklung, die jahrhundertelang im Gleichmaß von kleinflächiger Wanderfeldbaunutzung und Wiederbewaldung auf die Kapazität der Tropischen Regenwälder eingestellt gewesen war. Ohne die moderne Technologie, ohne die Nachfrage aus den Industrieländern und ohne die Kredite, die den Ländern mit Tropenwäldern gewährt werden, könnten Motorsägen und Feuer dem Regenwald nicht ans Leben gehen, hätten sich keine Straßen quer durch die Wälder hindurchgefressen, deren Hauptwirkung darin besteht, das Tempo der Waldzerstörung zu beschleunigen.

Die neuen Konzepte liegen längst auf dem Tisch. Könnten sich die Politiker zu schnellen Entscheidungen entschließen, würde sich die Wirtschaft rasch genug aus Projekten zurückziehen, die mit Regenwaldvernichtung verbunden sind, und wären die Wissenschaftler bereit, ihr ganzes Können der Tropenforschung zu widmen, hätte noch etwa die Hälfte des Regenwaldes die Chance durchzukommen. Es mangelt nicht am Geld. Die neuen Strategien der Umschuldung, die Tropenländern Schuldenerlaß gewähren, wenn sie im Gegenzug wertentsprechende Flächen an Tropischem Regenwald wirkungsvoll schützen, »dept for nature swap« genannt, erwecken einen Hoffnungsschimmer.

Die Zeit drängt! Ginge es um Eingriffe, die wieder umkehrbar sind, um reversible Prozesse, stünden die Chancen gar nicht schlecht, der Erde ihr größtes Erbe aus ferner Vergangenheit, die biologische Information, zu erhalten. Aber das Aussterben ist irreversibel; tagtäglich bleiben ungezählte Arten auf der Strecke.

Wir würden uns mit allen Mitteln dagegen wehren, daß innerhalb von Jahresfrist die gesamte Natur der Bundesrepublik Deutschland vernichtet wird. Die gesamte wohlgemerkt – ohne Ausnahme! Solcherart Undenkbares geschieht mit dem Tropischen Regenwald in einem einzigen Jahr. Die Folgen für die Welt sind ungleich größer. Wenn überhaupt, dann würde die Totalzerstörung der Natur in Mitteleuropa ein paar Arten die Existenz kosten. Für den Artenbestand der Erde wäre das unerheblich. In den Tropischen Regenwäldern wird der Artenschatz der Erde geplündert, und das für einen nichtswürdigen Preis.

Wir alle sind daran beteiligt – direkt oder indirekt! Wir alle tragen die Schuld!

Literatur

Ayensu, E. S. (Hrsg.) (1980): Der Dschungel. Die letzten tropischen Regenwälder der Erde. Christian Verlag, München. 200 S.

Baldwin, R. L. (1984): Digestion and Metablism of Ruminants. In: BioScience 34, S. 244–249.

Barlow, H. S./I. P. Woiwod (1989): Moth diversity of a tropical forest in Peninsular Malaysia. In: Journal of Tropical Ecology 5, 37–50.

Bates, H. W. (1864): Der Naturforscher am Amazonenstrom. Dyk Verlag, Leipzig. 430 S.

Beck, L. (1971): Bodenzoologische Gliederung und Charakterisierung des amazonischen Regenwaldes. In: Amazoniana 3, S. 69–132.

Beck, L. (1974): Ökosystem amazonischer Regenwald. Droht ein Kreislaufkollaps? In: Bild der Wissenschaft 4/1974, S. 42–48.

Beehler, B. M. (1987): Birds of Paradise and Mating System Theory. Predictions and Observations. In: Emu 87, S. 78–89.

Benzing, D. H./D. W. Ott (1981): Vegetative Reduction in Epiphytic Bromeliaceae and Orchidaceae: Its Origin and Significance. In: Biotropica 13, S. 131–140.

Black, H. L./K. T. Harper (1979): The Adaptive Value of Buttresses to Tropical Trees: Additional Hypotheses. In: Biotropica 11, S. 240.

Boulière, F. (1983): Animal species diversity in tropical forests. In: F. B. Golley (Hrsg.): Tropical Rain Forest Ecosystems. Elsevier Publishers, Amsterdam. S. 77–91.

Brinkmann, W. L. F./A. Neto Vieira (1970); Some Remarks on UV-Radiation at »Reserva Florestal Ducke« Forest Pilot Scheme near Manaus, Amazon. In: Amazoniana 2, S. 235–243.

Brown, S./A. E. Lugo (1982): The Storage and Production of Organic Matter in Tropical Forests and Their Role in the Global Carbon Cycle. In: Biotropica 14, S. 161–187.

Brown, S./A. E. Lugo (1990): Tropical secondary forests. In: Journal of Tropical Ecology 6, S. 1–32.

Bruijnzeel, L. A. (1989): Nurient content of bulk precipitation in south-central Java, Indonesia. In: Journal of Tropical Ecology 5, S. 187–202.

Buschbacher, R. J. (1986): Tropical Deforestation and Pasture Development. In: BioScience 36, S. 22–28.

Case, T. J. (1978): A general explanation for unsular body size trends in terrestrial vertebrates. In: Ecology 59, S. 1–18.

Caufield, C. (1987): Der Regenwald. Ein schwindendes Paradies. Wolfgang Krüger Verlag, Frankfurt. 333 S.

Clark, D. A./D. B. Clark (1984): Spacing dynamics of a tropical rain forest tree: Evaluation of the Janzen-Connell model. In: The American Naturalist 124, S. 769–788.

Colinvaux. P. A. (1989): Der Amazonas-Regenwald. In: Spektrum der Wissenschaft 7/189, S. 70–76.

Crosby, A. W. (1986): Ecological Imperialism. The Biological Expansion of Europe, 900–1900. Cambridge University Press, Cambridge. 368 S.

Dantas, M./J. Phillipson (1989): Litterfall and litter nutrient content in primary and secondary Amazonian ›terra firme‹ rain forest. In: Journal of Tropical Ecology 5, S. 27–36.

Davidson, J. (1985): Economic Use of Tropical Moist Forests. In: Commission on Ecology Papers Number 9. International Union for Conservation of Nature and Natural Resources, Gland, Schweiz. 28 S.

Davidson, J., T. Y. Pong und M. Bijleveld (Hrsg.) (1985): The Future of Tropical Rain Forests in South East Asia. In: International Union for Conservation of Nature and Natural Resources (Commission on Ecology Papers Number 5), Gland, Schweiz, 127 S.

Devivere, B. v. (1984): Das letzte Paradies. Die Zerstörung der tropischen Regenwälder und deren Ureinwohner. Fischer Taschenbuch, Frankfurt. 172 S.

Downhower, J. F. (1975): The Distribution of Ants on Cecropia Leaves. In: Biotropica 7, S. 59–62.

Duellmann, W. E. (Hrsg.) (1979): The South American Herpetofauna. Its Origin, Evolution and Dispersal. University of Kansas Museum of Natural History, Monograph 7. 485 S.

Elgar, M. A./P. H. Harvey (1987): Basal metabolic rates in mammals: allometry, phylogeny and ecology. In: Functional Ecology 1, S. 25–36.

Elton, C. S. (1975): Conservation and the low population density of invertebrates inside neotropical rain forest. In: Biological Conservation 7, S. 3–15.

Elton, C. S. (1973): The structure of invertebrate populations inside neotropical rain forest. In: Journal of Animal Ecology 42, S. 55–104.

Emmons, L. H./A. H. Gentry (1983): Tropical forest structure and the distribution of gliding and prehensile-tailed vertebrates. In: The American Naturalist 121, S. 513–524.

Erwin, T. L. 81982): Tropical forests: their richness in Coleoptera and other arthropod species. In: Coleopterists Bulletin 36, S. 74–75.

Fearnside, P. M. (1986): Human Carrying Capacity of the Brazilean Rainforest. Columbia University Press. New York. 293 S.

Fearnside, P. M. (1987): Rethinking Continuous Cultivation in Amazonia. In: BioScience 37, S. 209–214.

Fittkau, E. J. (1973): Crocodiles and the nutrient metabolism of Amazonian waters. In: Amazoniana 4, S. 103–133.

Fittkau, E. J. (1973): Artenmannigfaltigkeit amazonischer Lebensräume aus ökologischer Sicht. In: Amazoniana 4, S. 321–340.

Fittkau, E. J. (1982): Struktur, Funktion und Diversität zentralamazonischer Ökosysteme. In: Archiv für Hydrobiologie 95, S. 29–45.

Fittkau, E. J. (1987): Tropische Regenwälder. Ihre ökologischen Probleme am Beispiel Amazoniens. In: Engels, W. (Hrsg.): Die Tropen als Lebensraum. Attempto Verlag, Tübingen. S. 61–80.

Fittkau, E. J. (1989): Zur Ökologie tropischer Regenwälder. In: Gesellschaft für ökologische Forschung (Hrsg.): Amazonien – ein Lebensraum wird zerstört. Raben-Verlag, München. S. 11–23.

Fleming, T. H. (1979): Neotropical mammalian diversity: Faunal origins, community composition, abundance, and function. In: The Abundance of Animals in Malesian Rain Forests. Transactions of the Sixth Aberdeen-Hull Symposium on Malesian Ecology, S. 67–89.

Fleming, T. H./E. R. Heithaus (1981): Frugivorous Bats, Seed Shadows, and the Structure of Tropical Forests. In: Biotropical 13, S. 45–53.

Forsyth, A./K. Miyata (1984): Tropical Nature. Life and Death in the Rain Forests of Central and South America. Scribners Publishing Company, New York. 248 S.

Geisler, R./H. A. Knöppel/H. Sioli (1971): Ökologie der Süßwasserfische Amazoniens. Stand und Zukunftsaufgaben der Forschung. In: Naturwissenschaften 58, S. 303–311.

George, U. (1985): Regenwald. Vorstoß ins tropische Universum. Geo-Buch im Verlag Gruner + Jahr, Hamburg. 380 S.

Gessner, F. (1960): Untersuchungen über den Phosphathaushalt des Amazonas. In: Internationale Revue der gesamten Hydrobiologie 45, S. 339–345.

Gessner, F. (1962): Der Elektroytgehalt des Amazonas. In: Archiv für Hydrobiologie 58, S. 490–499.

Gibbons, J. W. (1987): Why Do Turtles Live So Long? In: BioScience 37, S. 262–269.

Gibbs, R. J. (1967): Amazon River: Environmental Factors That Control Its Dissolved and Suspended Load. In: Science 156, S. 1734–1737.

Goulding, M. (1980): The Fishes and the Forest. Explorations in Amazonian Natural History. University of California Press, Berkeley. 280 S.

Goulding, M./M. Leal Carvalho/E. G. Ferreira (1988): Rio Negro. Rich Life in Poor Water. SPB Publishing, The Hague. 200 S.

Haffer, J. (1974): Avian Speciation in Tropical South America. Publications of the Nuttall Ornithological Club Nr. 14. Cambridge, Massachusetts. 390 S.

Haffer, J. (1980): Avian Speciation Patterns in Upper Amazonia. In: Actis XVII Congressus Internationalis Ornithologici, Berlin. S: 1251–1279.

Haffer, J. (1983): Ergebnisse moderner ornithologischer Forschung im tropischen Amerika. In: Spixiana, Supplement 9, S. 117–166.

Hails, C. J. (1982): A Comparison of Tropical and Temperate Aerial Insect Abundance. In: Biotropica 14, S. 310–313.

Hails, C. J. (1983): The metabolic rate of tropical birds. In: The Condor 85, S. 61–65.

Harrison, J. L. (1962): The distribution of feeding habits among animals in a tropical rain forest. In: Journal of Animal Ecology 31, S. 53–63.

Hart, T. B./J. A. Hart/P. G. Murphy (1989): Monodominant and species-rich forests of the humid tropics: Causes für their co-occurrence. In: The American Naturalist 133, S: 613–633.

Hartmann, G. (Hrsg.) (1989): Amazonien im Umbruch. Aktuelle Probleme und deutsche Forschungen im größten Regenwaldgebiet der Erde. Verlag D. Reimer, Berlin. 387 S.

Heyer, W. R./R. W. McDiarmid/D. L. Weigmann (1975): Tadpoles, Predation and Pond Habitats, in the Tropics. In: Biotropica 7, S: 100–111.

Hodgson, J. G. (1987): Why do so few plants species exploit productive habitats? An investigation into cytology, plant strategies and abundance within a local flora. In: Functional Ecology 1, S. 243–250.

Hödl, W. (1977): Call Differences and Calling Site Segregation in Anuran Species from central Amazonian Floating Meadows. In: Oecologia (Berl.) 28, S. 351–363.

Holm-Nielsen, L. B./I. C. Nielsen/H. Balslev (1989): Tropical Forests. Botanical Dynamics, Speciation and Diversity. Academic Press. London. 380 S.

Horner, J. D./J. R. Gosz/R. G. Cates (1988): The role of carbon-based plant secondary metabolites in decomposition in terrestrial ecosytems. In: The American Naturalist 132, S. 869–883.

Howard-Williams, C. (1974): Nutritional Quality and Calorific Value of Amazonian Forest Litter. In: Amazoniana 5, S. 67–75.

Hubbell, S. P. (1979): Tree Dispersion, Abundance, and Diversity in a Tropical Dry Forest. In: Science 203, S. 1299–1309.

Inger, R. F. (1980): Densities of floor-dwelling frogs and lizards in lowland forests of Southeast Asia and Central America. In: The American Naturalist 115, S. 761–770.

Irmler, U. (1981): Überlegensstrategien von Tieren im saisonal überfluteten amazonischen Überschwemmungswald. In: Zoologischer Anzeiger, Jena 206, S. 26–38.

Irmler, U./K. Furch (1980): Weight, energy, and nutrient changes during the decomposition of leaves in the emersion phase of Central-Amazonian inundation forests. In: Pedobiologia 20, S. 118–130.

Janzen, D. H. (1970): Herbivores and the number of tree species in tropical forest. In: The American Naturalist 104, S. 501–528.

Janzen, D. E./D. E. Wilson (1974): The Cost of Being Dormant in the Tropics. In: Biotropica 6, S. 260–262.

Janzen, D. E. (1981): Patterns of Herbivory in a Tropical Deciduous Forest. In: Biotropica 13, S. 271–282.

Janzen, D. E. (Hrsg.) (1983): Costa Rican Natural History. University of Chicago Press, Chicago. 816 S.

Janzen, D. E. (1988): There are differences between tropical and extra-tropical national parks. In: Oikos 51, S. 121–123.

Johnstone, I. M. (1981): Consumption of Leaves by Herbivores in Mixed Mangrove Stands. In: Biotropica 13, S. 252–259.

Jordan, C. F. (1978): Stem flow and nutrient transfer in a tropical rain forest. In: Oikos 31, S. 257–263.

Jordan, D. F./R. Herrera (1981): Tropical rain forests: Are nutrients really critical? In: The American Naturalist 117, S. 167–180.

Kapos, V. (1989): Effects of isolation on the water status of forest patches in the Brazilean Amazon. In: Journal of Tropical Ecology 5, S. 173–185.

Karr, J. R. (1977): Ecological correlates of rarity in a tropical forest bird community. In: The Auk 94, S. 240–247.

Karr, J. R. (1980): Geographical variation in the avifaunas of tropical forest undergrowth. In: The Auk 97, S. 283–298.

Karr, J. R./K. E. Freemark (1983): Habitat selection and environmental gradients: Dynamics in the »stable« tropics. In: Ecology 64, S. 1481–1494.

Kellman, M./J. Hudson/K. Sanmugadas (1982): Temporal Variability in Atmospheric Nutrient Influx to a Tropical Ecosystem. In: Biotropica 14, S. 1–9.

Kiltie, R. A. (1981): Distribution of Palm Fruits on a Rain Forest Floor: Why White-lipped Peccaries Forage near Objects. In: Biotropica 13, S: 141–145.

Klausnitzer, B. (1982): Wunderwelt der Käfer. Herder Verlag, Freiburg. 211 S.

Klinge, H. (1962): Beiträge zur Kenntnis tropischer Böden. In: Zeitschrift für Pflanzenernährung, Düngung, Bodenkunde 97 (142.), S. 40–51.

Klinge, H./W. Ohle (1964): Chemical properties of rivers in the Amazonian area in relation to soil conditions. In: Verhandlungen der Internationalen Vereinigung für Limnologie XV, S. 1067–1076.

Klinge, H. (1966): Humus im Kronenraum tropischer Wälder. In: Umschau in Wissenschaft und Technik 1966/4, S. 123–126.

Klinge, H. (1968): Litter Production on an Area of Amazonian Terra Firme Forest. I & II. In: Amazoniana 1, S. 287–310.

Kohlhepp, G. (1987): Tropische Naturräume und ihre Nutzung durch den Menschen. In: Engels, W. (Hrsg.): Die Tropen als Lebensraum. Attempto Verlag, Tübingen. S. 7–36.

Lamprecht, H. (1986): Waldbau in den Tropen. Verlag P. Parey, Hamburg. 318 S.

Lande, R./G. F. Barrowclough (1987): Effective population size, genetic variation, and their use in population management. In: M. E. Soulé: (Hrsg.): Viable Populations for Conservation. Cambridge University Press, Cambridge, UK. S. 87–123.

Lévi-Strauss, C. (1960): Traurige Tropen. Suhrkamp Verlag, Frankfurt. 400 S.

Lovejoy, T. E. (1985): Rehabilitation of Degrades Tropical Rainforest Lands. Commission on Ecology Occasional Papers Number 5. International Union for Conservation of Nature and Natural Resources, Gland, Schweiz. 8 S.

MacArthur, R. H./E. O. Wilson (1971): Biogeographie der Inseln. Goldmann Verlag, München. 201 S.

Marbut, C. F./C. B. Manifold (1926): The soils of the Amazon basin in relation to agricultural possibilities. In: The Geographical Review 16, S. 414–442.

May, R. M. (1988): How Many Species Are There on Earth? In: Science 241, S. 1441–1449.

McNab, B. K. (1982): The physiological ecology of South American mammals. In: Mammalian Biology in South America. Pymatuning Symposia in Ecology 8, S. 187–207.

McNab, B. K. (1983): Energetics, body size, and the limits of endothermy. In: Journal of Zoology London 199, S. 1–29.

McNab, B. K. (1984): Physiological convergence amongst ant-eating and termite-eating mammals. In: Journal of Zoology London 203, S. 485–510.

Meermann, H. (1980): Reicher Wald auf armem Boden. In: MPG-Spiegel 1/1980, S. 35–37.

Meggers, B. J. (1971): Amazonia. Man and Nature in a Counterfeit Paradise. Aldine, Atherton Press, Chicago. 182 S.

Mitchell, A. W. (1986): The Enchanted Canopy. Secrets from the Rainforest Roof. Collins Publishers, London. 255 S.

Moore, P. D. (1989): Upwardly moile roots. In: Nature 341, S. 188.

Moreau, R. E. (1966): The Bird Fauna of Africa and its Islands. Academic Press, London. 348 S.

Myers, N. (1988): Tropical forests: much more than stocks of wood. In: Journal of Tropical Ecology 4, S. 209–221.

Nadkarni, N. M. (1981): Canopy Roots: Convergent Evolution in Rainforest Nutrient Cycles. In: Science 214, S. 1023–1024.

Oniki, Y. (1979): Is Nesting Success of Birds Low in the Tropics? In: Biotropica 11, S. 60–69.

Owen, D. F. (1983): The abundance and biomass of forest animals. In: F. B. Golley (Hrsg.): Tropical Rainforest Ecosystems. Elsevier Publishers, Amsterdam. S. 93–100.

Pagel, M. D./P. H. Harvey (1988): How mammals produce large-brained offspring. In: Evolution 42, S. 948–957.

Parfit, M. (1989): Whose hands will shape the future of the Amazon's green mansions? In: Smithsonian 11/1989, S. 58–74.

Perry, D. A./M. P. Amaranthus/J. G. Borchers/S. L. Borchers/R. E. Brainerd (1989): Bootstrapping in Ecosystems. In: BioScience 39, S. 230–237.

Peters, C. M./A. W. Gentry/R. O. Mendelsohn (1989): Valuation of an Amazonian rainforest. In: Nature 339, S. 655–656.

Pianka, E. R. (1974): Evolutionary Ecology. Harper and Row Publishers, New York. 356 S.

Pielou, E. C. (1975): Ecological Diversity. John Wiley and Sons, New York. 165 S.

Posey, D. A. (1982): The Keepers of the Forest. In: Garden 6/1, S. 18–24.

Powers, D. R./K. A. Nagy (1988): Field metabolic rate and food consumption by free-living Anna's Hummingbirds (Calypte anna). In: Physiological Zoology 61, S. 500–506.

Prance, G. T. (Hrsg.) (1986): Tropical Forests and the World Atmosphere. American Association for the Advancement of Science and Westview Press, Boulder, Colorado. 105 S.

Pregill, G. (1986): Body size of insular lizards: A pattern of Holocene dwarfism. In: Evolution 40, S. 997–1008.

Prospero, J. M./R. A. Glaccum/R. T. Nees (1981): Atmospheric transport of soil dust from Africa to South America. In: Nature 289, S. 570–572.

Reichholf, J. (1973): »Honigtau« der Bracaatinga-Schildlaus als Winternahrung für Kolibris (Trochilidae) in Südbrasilien. In: Bonner Zoologische Beiträge 24, S. 7–14.

Reichholf, J. (1975): Biogeographie und Ökologie der Wasservögel im subtropisch-tropischen Südamerika. In: Anzeiger der ornithologischen Gesellschaft in Bayern 14, S. 1–69.

Reichholf, J. (1980): Komponenten des Artenreichtums der ostafrikanischen Avifauna. In: Verhandlungen der ornithologischen Gesellschaft in Bayern 23, S. 371–385.

Reichholf, J. (1983): Analyse von Verbreitungsmustern der Wasservögel und Säugetiere in Südamerika. In: Spixiana Supplement 9, S. 161–178.

Reichholf, J. (1983): Extreme Wasservogelarmut am Rio Negro. In: Verhandlungen der ornithologischen Gesellschaft in Bayern 23, S. 525–528.

Reichholf, J. (1984): Die Tierwelt des Tropischen Regenwaldes. In: Spixiana Supplement 10, S. 35–45.

Reichholf, J. (1986): Is Saharan Dust a Major Source of Nutrients for the Amazonian Rain Forest? In: Studies in Neotropical Fauna and Environment 21, S. 251–255.

Reichholf, J. (1989): Amazonien als Ökosystem. In: Gesellschaft für ökologische Forschung (Hrsg.): Amazonien – ein Lebensraum wird zerstört. Raben-Verlag, München. S. 24–68.

Reichholf, J. (1989): Die Säugetiere Amazoniens – warum sind sie so klein, so selten und so gefährdet? In: G. Hartmann (Hrsg.): Amazonien im Umbruch. D. Reimer Verlag, Berlin. S. 83–105.

Reichholf, J. (1990): Der unersetzbare Dschungel. BLV Verlagsgesellschaft, München. 216 S.

Reiss, F. (1976): Charakterisierung zentralamazonischer Seen aufgrund ihrer Makrobenthosfauna. In: Amazoniana 6, S. 123–134.

Richards, P. W. (1966): The Tropical Rain Forest. Cambridge University Press, Cambridge, UK. 450 S.

Riehm, H. (1970): Ökologie und Verhalten der Schwanzmeise (Aegithalos caudatus). In: Zoologische Jahrbücher Systematik 97, S. 338–400.

Rockwood, L. L./K. E. Glander (1979): Howling Monkeys and Leaf-Cutting Ants: Comparative Foraging in a Tropical Deciduous Forest. In: Biotropica 11, S. 1–10.

Ryan, M. J. (1986): The Panamanian Love Call: In: Natural History 6/86, S. 37–42.

Rylands, A. B./M. A. O. M. da Cruz/S. F. Ferrari (1989): An association between marmosets and army ants in Brazil. In: Journal of Tropical Biology 5, S. 113–116.

Salati, E./P. B. Vose (1984): Amazon Basin: A System in Equilibrium. In: Science 225, S. 129–138.

Saldarriaga, J. G./D. C. West/M. L. Tharp/C. Uhl (1988): Long-term chronosequence of forest succession in the Upper Rio Negro of Colombia and Venezuela. In: Journal of Ecology 76, S. 938–958.

Sanchez, P. A./E. E. Bandy/J. H. Villachica/J. J. Nicholaides (1982): Amazon Basin Soils: Management for Continuous Crop Production. In: Science 216, S. 821–827.

Schaller, F. (1971): Über den Lautapparat von Amazonas-Fischen. In: Naturwissenschaften 58, S. 573–574.

Schaller, F. (1973): Zur Ernährungsbiologie neotropischer Bodentiere. In: Naturwissenschaften 60, S. 203.

Schaller, F. (1980) Entwicklungsproblem Amazonas in biologischer Sicht. In: Naturwissenschaftliche Rundschau 33, S. 1–11.

Schaller, F. (1987): Leben zwischen Wald und Wasser am Amazonas. In: W. Engels (Hrsg.): Die Tropen als Lebensraum. Attempto Verlag, Tübingen S. 81–102.

Schmidt, G. W. (1973): Primary production of Phytoplankton in the three types of Amazonian waters. In: Amazoniana 4, S. 135–138.

Scott, N. J. Jr. (1976): The Abundance and Diversity of the Herpetofauna of Tropical Forest Litter. In: Biotropica 8, S. 41–58.

Seibert, P. (1984): Die Vegetation des tropischen Regenwaldes. In: Spixiana Supplement 10, S. 13–33.

Shannon, C. E./W. Weaver (1949): The Mathematical Theory of Communication. University of Illinois Press, Urbana. 220 S.

Simpson, G. G. (1980): Splendid Isolation. The Curious History of South American Mammals. Yale University Press, New Haven, Connecticut. 266 S.

Sioli, H./H. Klinge (1961): Über Gewässer und Böden des brasilianischen Amazonasgebietes. In: Die Erde. Zeitschrift der Gesellschaft für Erdkunde zu Berlin. 92. Jahrgang, S. 205–219.

Sioli, H. (1969): Ökologie im brasilianischen Amazonasgebiet. In: Naturwissenschaften 56, S: 248–255.

Smith, N. J. H. (1981): Colonization Lessons from a Tropical Forest. In: Science 214, S. 755–761.

Snow, D. W. (1976): The Web of Adaptation. Collins Publishers, London. 176 S.

Stanton, N. (1975): Herbivore Pressure on Two Types of Tropical Forests. In: Biotropica 7, S. 8–11.

Stark, N. (1978): Man, Tropical Forests, and the Biological Life of a Soil. In: Biotropica 10, S. 1–10.

Stark, N. M./C. F. Jordan (1978): Nutrient retention by the root mat of an Amazonian rain forest. In: Ecology 59, S. 434–437.

Stevens, G. C. (1989): The latitudinal gradient in geographical range: How so many species coexist in the tropics. In: The American Naturalist 133, S. 240–256.

Stork, N. E. (1988): Insect diversity: facts, fiction and speculation. In: Biological Journal of the Linnean Society 35, S. 321–337.

Strong, D. R. Jr. (1977): Epiphyte loads, tree falls, and perennial forest disruption: a mechanism for maintaining higher tree species richness in the tropics without animals. In: Journal of Biogeography 4, S. 215–218.

Suchantke, A. (1982): Der Kontinent der Kolibris. Landschaften und Lebensformen in den Tropen Südamerikas. Verlag Freies Geistesleben, Stuttgart. 443 S.

Tangley, L. (1988): Studying (and saving) the tropics. In: BioScience 38, S. 375–385.

Terborgh, J. (1983): Five New World Primates. A Study in Comparative Ecology. Princeton University Press, Princeton, New Jersey. 261 S.

Tilman, D. (1982): Resource Competition and Community Structure. Princeton University Press, Princeton, New Jersey. 214 S.

Traniello, J. F. A. (1989): Foraging strategies of ants. In: Annual Review of Entomology 34, S. 191–210.

Vitousek, P. M./P. R. Ehrlich/A. H. Ehrlich/P. A. Matson (1986): Human Appropriation of the Products of Photosynthesis. In: BioScience 36, S. 368–373.

Wallace, A. R. (1889): A Narrative of Travels on the Amazon and the Rio Negro. Ward, Lock & Company Publishers, London. 355 S.

Walton, S. (1980): Replacing Trees with Wasteland: The Demise of Tropical Moist Forests. In: BioScience 30, S. 377–380.

Weischet, W. (1977): Die ökologische Benachteiligung der Tropen. B. G. Teubner Verlag, Stuttgart. 127 S.

Weischet, W. (1984): Schwierigkeiten tropischer Bodenkultur. In: Spektrum der Wissenschaft 7/1984, S. 112–122.

Wetterberg, G. B./G. T. Prance/T. E. Lovejoy (1981): Conservation Progress in Amazonia: A Structural Review. In: Parks, An International Journal for Managers of National Parks, Historic Sites, and other Protected Areas 2/6, S. 5–10.

Whitmore, T. C. (1975): Tropical rain forests of the Far East. Clarendon Press, Oxford. 282 S.

Wilson, E. O. (1975): Sociobiology: The new synthesis. Belknap Press of Harvard University Press, Cambridge, Massachusetts. 684 S.

Wilson, E. O. (1985): The Biological Diversity Crisis. In: BioScience 35, S. 700–706.

Wolda, H. (1980): Seasonality of Tropical Insects I. Leafhoppers (Homoptera) in Las Cumbres, Panama. In: Journal of Animal Ecology 49, S. 277–290.

Wolda, H./P. Glaindo (1981): Population fluctuations of mosquitoes in the non-seasonal tropics. In: Ecological Entomology 6, S. 99–106.

Wolda, H. (1983): »Long-term« Stability of Tropical Insect Populations. In: Researches on Population Ecology Supplement 3 (Tokyo), S. 112–126.

Young, A. M. (1982): Population Biology of Tropical Insects. Plenum Press, New York. 511 S.

Zimmerman, B. L./R. O. Bierregaard (1986): Relevance of the equilibrium theory of island biogeography and species-area relations to conservation with a case from Amazonia. In: Journal of Biogeography 13, S. 133–143.

Die Abbildungen sind mit freundlicher Genehmigung des Zeichners den folgenden Büchern entnommen:

A. Suchantke (1972): Sonnensavannen und Nebelwälder. Pflanzen, Tiere und Menschen in Ostafrika. Verlag Freies Geistesleben, Stuttgart. (Abbildung S. 135.)

A. Suchantke (1982): Der Kontinent der Kolibris. Landschaften und Lebensformen in den Tropen Südamerikas. Verlag Freies Geistesleben, Stuttgart. (Alle übrigen Abbildungen.)

Register

Acrocodia indica (Schabrackentapir) 137
Affen 140 f., 143–150
Affenadler (Pithecophaga jefferyi) 53
Affenfrösche (Phyllomedusa) 97
Alcedinidae (Eisvögel) 52
Aldabra 105 f.
Algen 19 f., 24 f.
Alouatta (Brüllaffe) 143 f., 146
Amazonasseeschwalbe (Sterna supercilia-
ris) 119
Ambrosiakörper (Pilz-Fruchtkörper)
63 ff., 73 f.
Ameisen 43, 58–74, 79, 142, 173
Ameisenbären (Myrmecophagidae) 140 ff.
Ameisenbaum (Cecropia) 67, 73, 173
Ameisenvögel (Formicariidae) 43 ff., 69
Anakonda (Eunectes murinus) 104, 107
Anas strepera (Schnatterente) 116
Anavilhanas 119
Ani-Kuckuck (Crotophaga ani) 49
Anthoscopus caroli (Schließbeutelmeise)
47
Antilope 136
Anubispavian (Papio anubis) 148
Ara (Gattung Ara) 52
Arakakadu (Probosciger aterrimus) 52
Arten-Areal-Beziehung 32–39, 185
Artendiversität siehe Diversität
Arapaima gigas (Pirarucú) 109
Arthropoden (Gliedertiere) 58 f.
Ateles (Klammeraffe) 143
Attinae (Blattschneiderameisen) 62–67,
157
Australopithecus 148

Baird-Tapir (Tapirus bairdi) 137
Bajaweber (Ploceus philippinus) 47
Bali 182, 184
Bambus 31
Bananen 179
Barro Colorado 56
Bates, Henry 77
Baumfarne 14, 28, 31, 190
Baumsteigerfrosch (Dendrobates trivit-
tatus) 95 f., 101
Bengalwaran (Varanus bengalensis) 104
Benguela-Strom 21
Bergmann, Carl 136

Bergmannsche Regel 136 f.
Beuteltiere (Marsupialier) 140
Bienen 58, 60, 70 f., 73, 79
– stachellose (Meliponinae) 60
Biom (Großlebensraum) 19
Biomasse 20, 124, 144, 153–157, 160, 181
Bixa orellana (Urucú) 188
Bläßhuhn (Fulica atra) 116
Blattgrün siehe Chlorophyll
Blatthornkäfer (Scarabaeidae) 80
Blattläuse (Aphidae) 58, 79
Blattschneiderameisen (Attinae) 62–67,
157
Boa 107
Borneo 13, 30, 39, 41, 57, 59 f., 76 f., 117,
170, 177
Bracaatinga-Schildläuse 131
Breitnasenaffen (Platyrrhina) 142
Brillenkaiman (Caiman crocodilus) 185
Bromelien 96 f., 161–164
Brüllaffe (Alouatta) 143 f., 146
Brutto-Primärproduktion 23
Bubulcus ibis (Kuhreiher) 52 f.
Buckelzirpen (Membracidae) 78
Bulldoggfledermäuse (Molossidae) 139 f.

Cathartes melambrotos (Gelbkopfgeier)
53
Cathartes aura (Truthahngeier) 53
Cebuella pygmaea (Zwergseidenäffchen)
143, 146
Cecropia (Ameisenbaum) 67, 73, 173
Chinarindenbaum 188
Chlorophyll (Blattgrün), Chlorophyll-
Dichte 19–24
Chloroplasten (Blattgrünträger) 20
Cichliden (Fischgruppe) 114
Collembolen (Springschwänze) 59
Crotophaga ani (Ani-Kuckuck) 49
Cuculus canorus (Kuckuck) 126
Cygnus olor (Höckerschwan) 116
Cyphorinus arada (Flötenzaunkönig, Ui-
rapurú) 42
Cypseloides senex (Greisenkopfsegler) 47

Delphin 113
Dendrobates trivittatus (Baumsteiger-
frosch-Art) 96, 101

Dendrocygna bicolor (Gelbe Baumente) 121
Diptera (Zweiflügler) 58
Dipterocarpus (»Zweiflügelfrucht«-Bäume) 30
Diskusfische (Symphysodon) 114
Diversität, Artendiversität 29–31, 33, 39f., 69, 170–176, 187
Dynastes hercules (Herkuleskäfer) 80
Dytiscus marginalis (Gelbbrandkäfer) 97

Eidechsen (Lacerta-Arten) 107
Eisvögel (Alcedinidae) 52
Eiszeit 126, 143, 175
Elefant (Loxodonta und Elephas) 134ff., 149
Elephas maximus (Indischer Elefant) 137
Entenvögel 116–123, 129, 174
Epiphyten 161–164, 190
Erwin, Terry 56f.
Etruskerspitzmaus (Suncus etruscus) 80
Eukalyptus 11, 15
Eunectes murinus (Anakonda) 104, 107

Faultiere (Bradypodidae) 140ff.
Felsenpython (Python sebae) 104
Fische 108–115
– Maulbrüter 114ff.
Fitislaubsänger (Phylloscopus trochilus) 40
Fittkau, Ernst Josef 182
Flachlandtapir (Tapirus terrestris) 137
Flechtlinge (Psocoptera) 58
Fledermäuse (Chiroptera) 102, 139f.
Flötenzaunkönig, Uirapurú (Cyphorinus arada) 42
Flußdelphine (Gattungen Inia/Sotalia) 118f.
Ford, Henry 168
Formicariidae (Ameisenvögel) 43ff.
Frösche, Froschlurche 95–103
Fruchttauben 51
Fulica atra (Bläßhuhn) 116

Galapagos 106
Gambusia affinis (Moskitofisch) 118
Gartengrasmücke (Sylvia borin) 40, 50
Geier 53
Gelbbrandkäfer (Dytiscus marginalis) 97
Gelbe Baumente (Dendrocygna bicolor) 121
Gelbkopfgeier (Cathartes melambrotos) 53

Gelbspötter (Hippolais icterina) 40
Gentry, Alwyn H. 189
Ghilianella (Raubwanze) 84, 87
Gibbon (Hylobates) 144
Giraffa camelopardalis (Giraffe) 134, 136
Giraffe (Giraffa camelopardalis) 134, 136
Gliedertiere (Arthropoden) 58f.
Gmelina (schnellwüchsige Baumart) 168
Goliathkäfer (Goliathus druryi) 80
Goliathus druryi (Goliathkäfer) 80
Gonepteryx rhamni (Zitronenfalter) 89
Gorilla (Gorilla gorilla) 143, 147ff.
Goulding, Michael 155
Graulangur (Presbytis entellus) 143
Greifvögel 53
Greisenkopfsegler (Cypseloides senex) 47
Grillen 80
Großlebensraum siehe Biom
Grüne Meerkatze (Cercopithecus aethiops) 148
Grundumsatz, relativer Grundumsatz 139–142
Guereza (Gattung Colobus) 144
Gürteltiere (Dasypodidae) 140f., 188
Gummibaum (Hevea brasiliensis) 168

Hevea brasiliensis (Gummibaum) 168
Halbaffen (Prosimia) 141
Harpia harpyja (Harpyie) 53
Harpyie (Harpia harpyja) 53
Hautflügler (Hymenoptera) 58, 60f., 71, 76
Helladotherium (Kurzhalsgiraffe) 133
Heliconius (Tagfalter-Gattung) 90
Hemiptera (Wanzen) 58, 60, 80
Herkuleskäfer (Dynastes hercules) 80
Heuschrecken (Saltatoria) 58, 68, 80, 82ff.
Hirsche (Cervidae) 136
Hirschkäfer (Lucanus cervus) 83
Höckerschwan (Cygnus olor) 116
Holarktis 36
Humboldt, Alexander von 152
Humboldt-Strom 21
Hummeln (Bombus-Arten) 60, 70
Humus 154f., 181
Hyla (Laubfrösche) 96
Hyläa 152
Hylochoerus meinertzhageni (Riesenwaldschwein) 136

Ibisse (Threskiornithidae) 118
Indios 179, 183f.
Indischer Elefant (Elephas maximus) 137

Ionen 98
Island 21

Jaguar (Panthera onca) 150, 185
Java 182 f.

Käfer (Coleoptera) 58, 60 f., 76, 80, 105
Kaffernbüffel (Syncerus caffer) 134
Kaiman (Caiman-Krokodile) 107
Karibenkiefer (Pinus caribaea) 168
Klammeraffe (Ateles) 143
Kleinbären (Procyonidae) 140
Klinge, Hans 27 f., 159, 170
Königsgeier (Sarcorhamphus papa) 53
Kohlweißling (Pieris-Arten) 90
Kolibri (Trochilidae) 52, 128–132, 146
Komodo-Waran (Varanus komodoensis) 104
Kormoran (Phalacrocorax-Arten) 118 f.
Korallenriff 23
Krokodile, Panzerechsen 104–107, 185
Kuckuck (Cuculus canorus) 126
Kuhreiher (Bubulcus ibis) 52 f.
Kurzhalsgiraffe (Helladotherium) 133

Lagothrix (Wollaffe) 143, 146
Langur 144
Laubenvögel 51
Laubwald 26 f., 38
Leopard (Panthera pardus) 185
Leptodactylidae (Südfrösche, Pfeiffrösche) 95
Lévi-Strauss, Claude 179
Lianen 27 f., 38, 161, 170, 190
Libellen (Odonata) 97
Liebig, Justus von 171
Lieth, Helmut 24
Lucanus cervus (Hirschkäfer) 83
Ludwig, Daniel K. 168
Luftmassenaustausch 17 f.

MacArthur, Robert 34, 36 f.
Macrotermes (Termiten-Gattung) 70
Madagaskar 11
Mammutbäume (Sequoia), Urwaldriesen 15, 156 f., 174
Mangrovedschungel 15
Manihot utillissima (Maniok) 178 f.
Maniok (Manihot utillissima) 178 f.
Marsupialier (Beuteltiere) 140
Mato Grosso 11
May, Robert M. 57
Meerkatzen (Cercopithecidae) 144

Megalochelys gigantea (Riesenschildkröten) 105 f.
Megasoma actaeon (große Käferart) 80
Meliponinae (stachellose Bienen) 60
Membracidae (Buckelzirpen) 78
Mendelsohn, Robert O. 189
Menschenaffen (Pongidae) 143
Mississippi-Alligator (Alligator mississippiensis) 185
Miyata, Ken 134
Mimosa bracaatinga 131
Minimumgesetz 171
Mönchsgrasmücke (Sylvia atricapilla) 40
Mohrenkaiman (Melanosuchus niger) 185
Molche (Schwanzlurch-Gruppe, Candata) 97
Molossidae (Bulldoggfledermäuse) 139 f.
Monsun 15, 18
Morphos (Schmetterlinge, Gattung Morpho und Verwandte) 80, 92, 190
Moskitofisch (Gambusia affinis) 118
Mykorrhiza 158

Nabelschwein (Pekari) 140
Nadelwald 26, 38
Nasenbär (Nasua nasua) 140
Nearktis 36
Neogaea 36
Neonfisch (Cheirodon axelrodi u. a.) 109
Neotropis 36
Nepa (Wasserskorpione) 97
Neufundland 21
Neuguinea 80
Neuweltaffen (Platyrrhina) 142, 144, 146
Netzpython (Python reticulatus) 104
Niederschlag 13–18, 156 f., 165 ff.

Okapi (Okapia johnstoni) 133 f., 136
Orang Utan (Pongo pygmaeus) 143, 147
Orchideen 161–164, 185
Ornithoptera (Vogelflügelfalter) 80
Ozelot (Leopardus pardalis) 185

Paläarktis 36
Palmen 15, 27, 170
Panama 32, 56
Pangoline (Schuppentiere) 141
Panzerechsen siehe Krokodil
Papageien 51 f.
Paradiesvögel (Paradisaeidae) 51
Passat 17 f., 166
Pará 11
Pavian (Papio) 147

Pekari (Nabelschwein) 140
Peru 30, 39, 56, 101, 144
Peters, Charles M. 189
Pfeiffrösche siehe Südfrösche
Pfeilgiftfrösche 100 f.
Photosynthese 22, 25, 68, 131 f., 161, 173, 181
Phyllomedusa (Affenfrösche) 97
Physalaemus pustulosus (Tungara-Frosch) 102
Phytomasse 24, 153–157, 160, 181
Pilze 63–67, 157–160, 162, 188
Pinus caribaea (Karibenkiefer) 168
Piranha (Serrasalmus-Arten) 108
Pirarucú (Arapaima gigas) 109, 119
Pirol (Oriolus oriolus) 50, 126
Pithecophaga jefferyi (Affenadler) 53
Ploceus philippinus (Bajaweber) 47
Pongidae (Menschenaffen) 143
Presbytis entellus (Graulangur) 143
Probosciger aterrimus (Arakakadu) 52
Psocoptera (Staubläuse) 58, 60
Pteronura brasiliensis (Riesenotter) 118
Python 107
Python molurus (Tigerpython) 104
Python reticulatus (Netzpython) 104
Python sebae (Felsenpython) 104

Queensland 19

Raubwanze (Ghilianella) 84, 87
Reiher (Ardeidae) 118 f., 121
Rauchschwalbe (Hirundo rustica) 50
Rhizotes gongylophora 63–66
Riesenbockkäfer (Titanus giganteus) 80
Riesenotter (Pteronura brasiliensis) 118 f.
Riesenschildkröten (Megalochelys gigantea) 105 f.
Riesenwaldschwein (Hylochoerus meinertzhageni) 136
Rindenschildläuse 146
Rio Negro 115, 119 f.
Rondonia 11
Ruanda 147

Saimiri sciureus (Totenkopffäffchen) 145
Saison-Regenwald 15 f., 27
Salati, Eneas 165
Salmler (Characoidei) 109
São Paulo 11
Sarcorhamphus papa (Königsgeier) 53
Scarabaeidae (Blatthornkäfer) 80
Schabrackentapir (Acrocodia indica) 137

Schaller, Friedrich 112
Schaller, Georg B. 147
Schaumnestbauer 95
Schimpanse (Pan troglodytes) 146 f.
Schlammröhrenwurm (Tubifex) 116
Schleichkatzen (Viverridae) 141
Schließbeutelmeise (Anthoscopus caroli) 47
Schmetterlinge (Lepidoptera) 58, 60, 68, 72, 77, 80, 83, 86, 89–93, 150, 188, 190
Schnatterente (Anas strepera) 116
Schnecken 170
Schützenfisch (Toxotes) 111
Schuppentiere (Pangoline) 141
Schwanzmeise (Aegithalos caudatus) 48
Seram 59
Serra do Mar 11
Serrasalmus (Piranhas) 108
Seychellen 105
Shannon, C. E. 29, 187
Spermatophore 91
Spinnen 57, 59, 72
Springschwänze (Collembolen) 59
Spritzsalmler (Copella arnoldi) 109
Stabheuschrecken 83 f.
Stärling (Icteridae) 47
Stanley, Henry 133
Sterna superciliaris (Amazonasseeschwalbe) 119
Staubläuse (Psocoptera) 58, 60
Storch (Ciconiidae) 118 f., 121
Stork, Nigel 76
Südfrösche, Pfeiffrösche (Leptodactylidae) 95
Sumatra 13, 30, 41, 117, 177
Sumpfwälder 15
Symbiose 157 f.
Symphysodon (Diskusfisch) 114
Syncerus caffer (Kaffernbüffel) 134

Taiga 23
Tapirus bairdi (Baird-Tapir) 137
Tapirus terrestris (Flachlandtapir) 137
Taro 179
Tausendfüßler 59
Terborgh, John 144, 146, 150
Termiten 60, 70 f., 142, 146
Tiger (Panthera tigris) 136
Tigerpython (Python molurus) 104
Titanus giganteus (Riesenbockkäfer) 80
Totenkopffäffchen (Saimiri sciureus) 145
Toxotes (Schützenfisch) 111
Trauerschnäpper (Ficedula hypoleuca) 40

Treibhauseffekt 181
Trochilidae (Kolibri) 52, 128–132
Troglodytes troglodytes (Zaunkönig) 128
Truthahngeier (Cathartes aura) 53
Tungara-Frosch (Physalaemus pustulosus 102
Turako (Musophagidae) 51

Uganda 147
Uirapurú siehe Flötenzaunkönig
Urucú (Bixa orellana) 188

vant'Hoffsche Regel 21
Varanus bengalensis (Bengalwaran) 104
Varanus komodoensis (Komodo-Waran) 104
Venezuela 56
Virunga-Berge 147
Vögel 31–40, 42–55, 73, 75, 80, 124–127, 175, 185, 188
– Fischfresser 52
– Fruchtfresser 51, 54
– Insektenfresser 51, 54
– Nektarvögel 51, 54
– Samenfresser 51
Vogelflügelfalter (Ornithoptera) 80
Vose, Peter B. 165

Waldbüffel (Syncerus caffer nana) 134
Waldelefant (Loxodonta africana cyclotis/ pumilio) 134, 136

Wallace, Alfred Russel 77
Wanderfeldbau 178 f.
Wanze (Hemiptera) 58, 60, 80
Waschbär (Procyon) 140
Wasserbilanz 165 f.
Wasserskorpion (Nepa) 97
Wasservögel 35, 116–123, 175
– Fischfresser 118
Weischet, Wolfgang 179
Welse (Siluridae) 115, 118
Wespen 58, 60, 70 ff., 76 f.
Wickelbär (Potos flavus) 140
Wilson, Edward O. 34, 36 f.
Wollaffe (Lagothrix) 143, 146
Wüste 17, 19, 23

Xingú 183 f.

Zaire 147
Zaunkönig (Troglodytes troglodytes) 128
Zikade 80
Zilpzalp (Phylloscopus collybita) 40
Zitronenfalter (Gonepteryx rhamni) 89
Zitteraal (Electrophorus) 114
Zitterrochen (Torpedo) 114
Zuckmücke (Chironomidae) 116
Zweiflügelfrucht-Bäume (Dipterocarpus) 30
Zweiflügler (Diptera) 58
Zwergseidenäffchen (Cebuella pygmaea) 143, 146